"十二五"职业教育国家规划教材
经全国职业教育教材审定委员会审定

U0649728

城市轨道交通信号与通信系统

（第 4 版）

张利彪　主　编
李　莉　杨　绚　副主编
郭京波　主　审

人民交通出版社

北　京

内 容 提 要

本书是"十二五"职业教育国家规划教材,系统阐述了城市轨道交通信号与通信两大核心系统。在信号系统方面,以运营安全保障为主线,深入解析信号基础设备、联锁系统和列车自动控制系统的功能架构及协同工作机制,重点阐明其对列车运行指挥与安全控制的支撑作用。在通信系统方面,采用"传输—支持—专用"三级分类体系,全面介绍传输系统、无线传输、时钟系统、电话系统、无线通信系统、广播系统、视频监视系统和乘客信息系统等子系统的技术原理及应用场景,着重分析其在运营管理中的通信保障功能。全书通过理论与实践相结合的方式,构建完整的知识体系,充分体现职业教育特色。

本书可作为职业院校城市轨道交通类专业教材,可供从事城市轨道交通行业工作的专业技术人员培训使用,也可供相关人员参阅。

本书配套教学课件,任课教师可加入"职教轨道教学研讨群"(QQ 群号:129327355)获取。

图书在版编目(CIP)数据

城市轨道交通信号与通信系统/张利彪主编.

4 版.—北京:人民交通出版社股份有限公司,2025.

1. —ISBN 978-7-114-20271-1

Ⅰ.U239.5

中国国家版本馆 CIP 数据核字第 2025Q62219 号

"十二五"职业教育国家规划教材
Chengshi Guidao Jiaotong Xinhao yu Tongxin Xitong

书　　名:**城市轨道交通信号与通信系统**(第4版)
著 作 者:张利彪
责任编辑:司昌静
责任校对:龙　雪
责任印制:张　凯
出版发行:人民交通出版社
地　　址:(100011)北京市朝阳区安定门外外馆斜街 3 号
网　　址:http://www.ccpcl.com.cn
销售电话:(010)85285911
总 经 销:人民交通出版社发行部
经　　销:各地新华书店
印　　刷:北京市密东印刷有限公司
开　　本:787×1092　1/16
印　　张:16.5
字　　数:401 千
版　　次:2010 年 3 月　第 1 版
　　　　　2015 年 3 月　第 2 版
　　　　　2021 年 11 月　第 3 版
　　　　　2025 年 1 月　第 4 版
印　　次:2025 年 1 月　第 4 版　第 1 次印刷　总第 24 次印刷
书　　号:ISBN 978-7-114-20271-1
定　　价:49.00 元

前言
PREFACE

【编写背景】

本书第一版于 2010 年 3 月出版;第二版于 2015 年 3 月出版,并入选"十二五"职业教育国家规划教材;第三版于 2021 年 11 月出版。本次修订基于前三版教材的使用经验,紧密围绕国家战略和产业发展需求,秉承"以学生为中心、以任务为导向"的教学理念,结合行业新技术、新工艺、新规范的发展趋势,注重提升学生的综合职业素质和行动能力。同时,教材应进一步强化育人功能,有机融入课程思政,致力于培养学生的职业精神和职业道德。

【课程定位】

"城市轨道交通信号与通信系统"是城市轨道交通类专业的核心课程。本课程旨在使学生全面掌握信号与通信系统的设备组成、功能原理及其在实际运营中的作用,同时培养学生的操作实践能力,为后续专业核心课程的学习奠定坚实基础。此外,课程内容紧密结合行业实际,为学生毕业后从事城市轨道交通生产、技术管理及相关工作提供系统的理论支持和实践指导,助力学生职业发展。

【修订要点】

1. 优化教材结构

以项目和典型工作任务为载体,重构教材架构,突出"做中学、学中做"的教学模式。每个项目按照"项目说明—项目准备—项目实施与评估—项目拓展—课后巩固"的体例进行设计。项目说明部分明确项目目标和学习重点,帮助学生理解项目的实际意义和应用场景;项目准备部分提供必要的理论知识、技术原理和操作规范,为学生完成任务奠定基础;项目实施与评估部分通过实训任务、操作步骤及分析,引导学生动手实践,并设置技能考核环节,检验学生的学习成果;项目拓展和课后巩固部分设计拓展信息和练习题,鼓励学生深入探索,培养创新思维。

2．更新行业技术与规范

根据城市轨道交通智能化列车控制、车地无线通信技术、全自动运行系统（FAO）等技术的发展，更新教材中的技术内容和案例，确保学生能够掌握行业前沿技术。同时，引入《城市轨道交通信号系统通用技术条件》（GB/T 12758—2023）等最新行业标准规范，确保教学内容与实际工作场景一致，帮助学生更好地适应行业实际需求。

3．融入课程思政

根据信号与通信设备的功能特点，深入挖掘思政元素并融入知识讲解。信号机应用强调其作为列车运行"眼睛"的重要性，融入"精益求精、安全至上"的工匠精神；联锁系统应用突出其保障安全的职责，融入"责任重于泰山"的职业操守；通过列车自动控制系统智能化、国产化特点讲授，融入创新驱动意识。引导学生树立正确的职业观和价值观，实现专业知识与思政教育的有机融合。

4．强化数字化资源建设

构建"线上线下融合、理实一体"的现代化教学体系，配套开发了数字教学资源。资源库以"教学做评"一体化为设计理念，包含课程标准、电子教案、教学课件、习题库、任务工单、项目案例集等基础教学资源，还包括3D仿真系统、设备操作视频、原理演示动画等数字资源，以及行业标准汇编、规范解读、案例分析等拓展学习资源。所有资源均经过系统化设计，支持混合式教学模式，满足教师备课及课堂讲授、学生自学及实训操作等多元化需求，为提升教学效果提供全方位支持。

【编写团队】

本书由北京交通运输职业学院张利彪担任主编，负责教材结构编排、体例设计和统稿工作。李莉和杨绚担任副主编，负责全书文字校对和部分实训任务设计审核。具体编写分工为：张利彪编写项目1部分内容和项目4，李莉、杨绚编写项目1部分内容和项目3，张伟华和樊少锋编写项目2，张荐和刘金梅编写项目4和项目5，薛瑞和李桃编写项目6。本书由东莞市轨道交通有限公司高级工程师郭京波担任审核工作，编写组对其为本书编审所做的工作表示衷心的感谢。

鉴于编者掌握资料的局限，书中疏漏及不当之处在所难免，敬请读者予以批评指正。反馈邮箱：26485854@qq.com。

作　者
2024 年 8 月

数字资源索引

目 录
CONTENTS

项目6　城市轨道交通视频与图像通信系统应用　/219

缩略语中英文对照表　/251

参考文献　/254

城市轨道交通信号与通信系统及其发展

学习目标

◇ 知识目标

1. 掌握信号系统的作用和组成。
2. 了解信号系统的发展历史。
3. 掌握通信系统的作用和组成。
4. 了解通信系统的发展历史。

◇ 能力目标

1. 能分析信号系统各组成部分的关系。
2. 能描述通信系统各部分的应用场景。

◇ 素质目标

1. 从城市轨道交通信号系统国产化发展感受技术创新带来的自立、自强、自信。
2. 从城市轨道交通信号与通信系统智慧化升级促进创新思维养成和创新意识提升。

◇ 建议学时

2 课时

思维导图

　　本课程是一门综合性较强的专业基础平台课,与城市轨道交通运营管理、城市轨道交通通信信号技术、城市轨道车辆应用技术、城市轨道交通工程技术等专业的核心课程学习都密切相关。因此,本教材整理出一张城市轨道交通信号与通信系统同其他相关专业的知识联系图,以便于发挥专业基础平台课对其他课程的重要衔接与支撑作用,为学生构建综合专业认识与实践提供帮助。

二维码

知识联系图

城市轨道交通具有运载量大、运行速度快、安全准时、环保节能和节约用地的特点。在世界范围内,专家学者普遍认同解决大城市交通难题的根本出路在于优先发展以城市轨道交通为骨干的城市公共交通体系。而城市轨道交通安全与高效运行的技术要求较高,其关键在于信号系统与通信系统的有效应用。

一、城市轨道交通信号系统概述

(一) 城市轨道交通信号系统的作用

城市轨道交通信号系统是城市轨道交通最重要的子系统之一,它不仅保证列车安全运行,防止列车追尾和超速、防止列车正向和侧向撞车等安全事故的发生,还能够在有限的交通建设规模下,通过提高列车运行速度、缩短发车间隔,最大限度地发挥线路的运输能力,提高运输效率和服务质量,还通过智慧化系统的应用实现城市轨道交通线路的统一指挥。信号技术的应用大大降低了工作人员的劳动强度和企业的运营成本等。

(二) 城市轨道交通信号系统的组成

城市轨道交通信号系统已经不是传统意义上简单的信号显示。随着经济的发展,特别是城市发展带来的城市人口快速增长,对城市轨道交通的运载能力提出了更高的要求,即在保证安全的前提下要逐渐地缩短列车的发车间隔、提高列车运行速度。现在的城市轨道交通信号系统已经发展成一个以信号机、转辙机等设备为基础,以联锁为安全手段、以列车自动控制系统为核心的综合的自动化系统。城市轨道交通信号系统组成如图 0-1 所示。

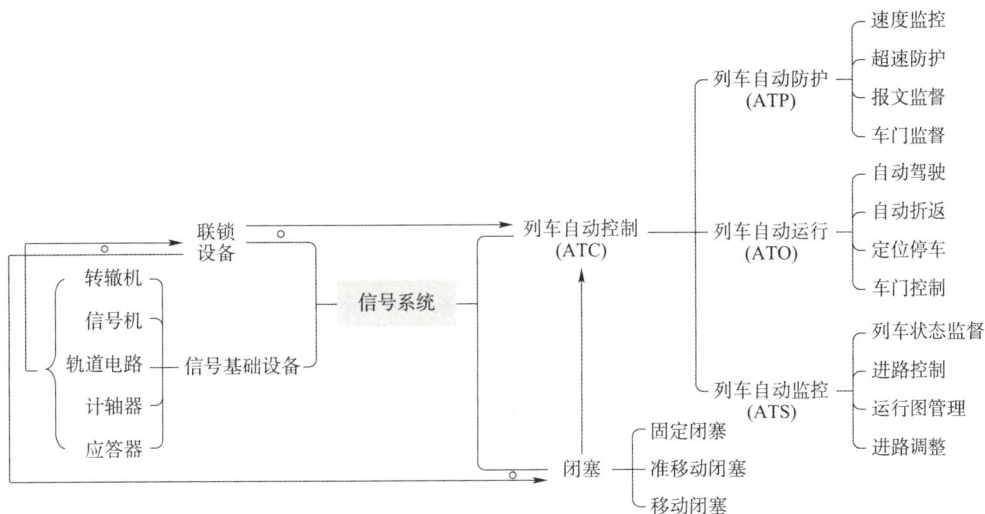

二维码

城市轨道交通
信号系统概述

图 0-1　城市轨道交通信号系统组成

1. 信号基础设备

城市轨道交通信号基础设备也称轨旁信号设备,包括信号机、转辙机、轨道电路、计轴器和应答器等。轨旁信号设备设置于轨道沿线,用于完成列车行车指令发出、道岔转换、线路状态监督、信息传输等。其中,信号机、转辙机、轨道电路、计轴器、应答器与联锁设备相连,完成地面信号的控制功能,应答器也用于为车载设备提供信息。

2.联锁设备

联锁设备主要用于进路控制,并保障信号设备与站台门、站台紧急停车按钮之间具有制约关系,保证列车在正线、车站和车辆段安全运行。

3.列车自动控制系统

列车自动控制系统(Automatic Train Control, ATC)包含列车自动防护(Automatic Train Protection, ATP)系统、列车自动运行(Automatic Train Operation, ATO)系统和列车自动监控(Automatic Train Supervision, ATS)系统三个功能子系统和数据通信子系统(Communication System, DCS)。

ATP子系统的主要功能是:实现列车的速度监督和超速防护,通过实时的测速和测距,保证列车在安全的速度下行驶,必要时给出各种信号的提醒,甚至自动启动紧急制动,同时还能对列车进行安全性停车点防护和列车车门控制,在列车不能停稳时不允许列车运行等。

ATO子系统的主要功能是:完成站间自动运行,进行列车速度调节和进站定点停车,控制车门和站台门,接受运营控制中心(Operation Control Center, OCC)的运行调度命令,实现站台扣车、站台跳停等。使用ATO系统,可以使列车处于最佳的运行状态,提高列车的正点率和乘客的舒适度。

ATS子系统是整个城市轨道交通系统的运营核心,在ATP、ATO系统的支持下完成对列车状态的监督和控制。其主要功能有:进路的控制、运行图的管理、运行调整、仿真培训、乘客向导等。ATC系统与行车直接相关,所以它必须是安全、可靠和实时的。

DCS子系统用于为城市轨道交通信号系统构建连续双向的数据通信网络。其主要作用是为ZC、CI、ATP、ATO、ATS等设备提供数据交互通道,完成任何子系统间的数据交互。

(三)我国城市轨道交通信号系统的发展

我国信号技术研发起步较晚,其发展大致可以分为以下三个阶段。

1.起步阶段

该阶段我国开始自己研发设备。伴随着北京地铁的建设,我国自主研制的具有完全知识产权的信号系统首先被应用在北京地铁1号线一期工程。当时的主要设备是自动闭塞、调度集中、列车自动驾驶和继电集中设备。在20世纪70年代,结合北京地铁1号线二期工程,我国又相继研发了ATP和ATO等列车自动控制系统,以实现列车行车指挥和运行的自动化。虽然该系统接近国际先进水平,但由于当时我国的电子工业整体水平比较落后,系统的可靠性达不到运营的要求,有些设备很难使用。调度集中设备在1984年进行了大修,又继续使用到1996年,而列车自动驾驶系统自1969年起在北京地铁1号线一期线路试用4年,因性能不够稳定而未能得到全面使用和推广。

2.改造和自主研发阶段

该阶段主要是对早期设备进行改造和对ATP进行研制。北京地铁于20世纪80年代,对苹果园到复兴门段(1号线一期工程)进行技术改造;于1990年对环线调度集中设备进行改造,研制计算机调度集中系统;于1998年对北京地铁环线的车载设备进行改造,自主研发了ATP车载系统。ATP车载系统极大地提高了列车运行的安全性,也在一定程度上减小了操作人员的工作强度。

3. 快速发展阶段

进入21世纪以来,我国城市轨道交通蓬勃发展,信号系统也得到了快速发展,北京、上海、广州、重庆、南京等新建的城市轨道交通项目相继引入阿尔卡特、US&S、西门子、阿尔斯通等国外公司的信号系统设备。这些设备的引入,大大缩短了行车间隔,提高了运输效率和安全性,但也带来了诸多的问题,如造价高、耗资巨大,需要大量的资金用于设备的更新维护;返修渠道不畅,备件不能保证,维修十分困难,成本高,受制于人;制式混杂,给路网的扩张带来麻烦。因此,从1999年起,我国开始推行国产化策略,但是短期内全面掌握这些技术还有一定的困难,信号系统的引进还在继续。2010年起,我国一批掌握基于通信的列车控制系统(Communication Based Train Control System,CBTC)核心技术的高科技公司逐渐发展起来,国产化信号系统被用在各地的城市轨道交通线路上,特别是具有完全自主知识产权的全自动运行(Fully Automatic Operation,FAO)系统在北京地铁的使用,标志着我国国产化信号系统的发展进入一个新的阶段。

4. 新发展阶段

城市轨道交通信号系统的新发展阶段以信号系统的智慧化为主要特征。城市轨道交通信号系统的第五代产品,基于车车通信的列车控制系统已由我国信号企业研发成功。基于车车通信的列车控制系统以车载移动体为核心,实现列车运行控制,突破CBTC基于进路的控车模式,通过双向、大容量、高速度的车地无线通信、多传感器融合列车测速定位、列车自主协同移动闭塞控制技术,依靠自身感知、自主决策实现智能运行控制。

第五代移动通信技术(5th Generation Mobile Communication Technology,5G)作为新型基建的底层技术,为整个信息基础设施带来革命性升级,给城市轨道交通体系智能化转型带来新的基础能力。其在城市轨道交通行车组织、大客流疏导、突发事件应急处理等方面的创新应用,为城市轨道交通智慧运营、智慧服务和智慧维保的综合运营服务体系的建设提供了保障。

二、城市轨道交通通信系统概述

(一)城市轨道交通通信系统的作用

城市轨道交通通信系统是指挥列车运行、公务联络、传递各种信息、提高运输效率的重要手段,是保证列车安全、快速、高效运行必不可少的综合通信设备。通信系统还要与信号系统共同完成行车调度,为信号系统等提供信息传输通道。在发生火灾等事故的情况下,通信系统对应急处置、抢险救灾发挥重要作用。

(二)城市轨道交通通信系统的组成

城市轨道交通通信系统是保证列车安全运行、提高运营效率和服务质量的重要设备,主要由传输系统、支持系统和专用通信系统构成。具体组成如图0-2所示。

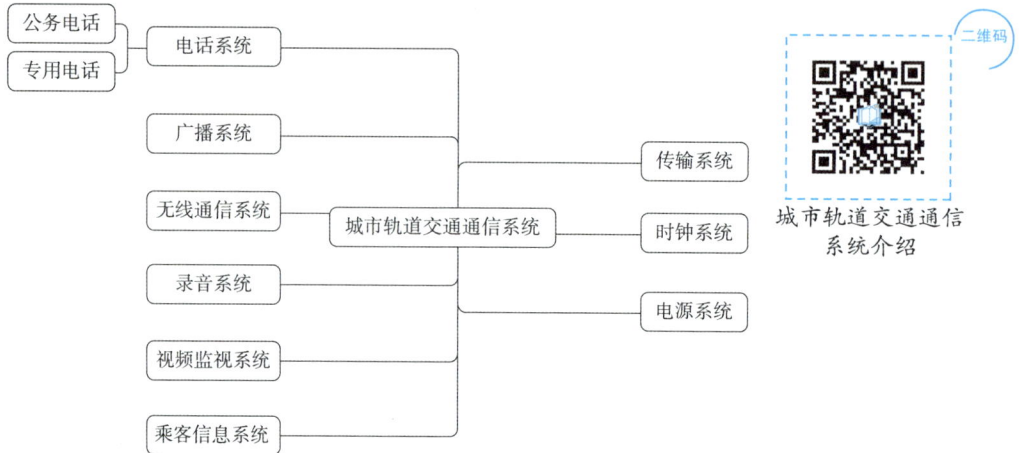

图 0-2　城市轨道交通通信系统组成

（1）传输系统是城市轨道交通通信系统的基础,是系统各站点与控制中心及站与站之间的信息传输通道,是不同线路之间信息交换的通道。

（2）支持系统包括时钟系统和电源系统。时钟系统是为准时运营、服务乘客、统一全线设备标准时间而设置的,该系统采用全球定位系统标准时间信息。电源系统为所有通信设备提供稳定的交直流电,保障通信系统安全、稳定运行。

（3）专用通信系统包括电话系统、广播系统、无线通信系统等语音通信系统和视频监视系统、乘客信息系统等视频图像通信系统。电话系统是为城市轨道交通管理、运营和维修人员提供固定语音通信的系统,由公务电话和专用电话组成。无线通信系统是调度员与司机通信的手段,也是移动作业人员、抢险人员实现通信的重要手段。为了保证调度员和司机通话的可行性,城市轨道交通并没有采用公众移动通信网络通信,而是建设了轨道交通专用的无线通信网络。广播系统是城市轨道交通运营的必要手段,它用于乘客广播,通知列车到站、列车离站、线路换乘、时间表变更、列车误点、安全状况,播放音乐改善站厅、站台、列车车厢的候车和乘车环境;进行防灾广播,遇突发或紧急情况,组织指挥事故抢险,提高应急响应能力;在办公区、站台、站厅、运用库、段内道岔群附近、人行道,对运营人员进行广播,发布有关通知,要求各岗位协同配合工作。视频监视系统用于运营控制中心调度员、车站值班员、站台管理人员和司机实时监控车站客流、列车出入站、乘客上下车,以提高运营组织效率,保证列车安全、正点,同时借助车站和控制中心视频监视进行安全及事故取证。乘客信息系统根据现行列车时刻表设定的信息和列车运行状况,向乘客提供自动、实时的可视或语音通知。

(三)我国城市轨道交通通信系统的发展

1. 起步阶段

我国城市轨道交通通信系统的建设始于北京地铁 1 号线一期工程,当时是边研究、边设计、边投产、边安装,70% 以上的设备属于试验性产品。在通信业务上只考虑了单一模拟制,传输方式为语音实线传输,设备统一为机电式,设备组网基本上是分散多址、封闭型状态,通信手段只有有线一种方式。虽然 1981 年建成 150MHz 调频、三话路、数话兼容、异频、双工电台,但是面对巨大的运输任务,在联动上显现出很多不协调、不适应的局限性。

2. 发展阶段

20 世纪 90 年代初,为了满足城市轨道交通安全、大容量、快捷运营的要求,必须更换陈旧、损耗严重、质量低劣、故障频繁的设备,增加通信设备容量,扩大通信能力,提高通信的安全保障。因此我国建立了光纤传输系统、光电复用、电视图像和文字、数据和传真兼容、有线和无线立体通信的多种业务的一体化网络。但是,这个阶段的设备仍然存在故障多、性能不稳定、设备功能不完善等问题。

3. 快速发展阶段

进入 21 世纪,随着现代通信技术快速发展和城市轨道交通大规模兴建,通信系统也进入了快速发展期。光纤通信的发展为城市轨道交通通信的发展奠定了基础。光纤通信技术是以光信号作为信息载体、以光纤作为传输介质的通信技术。在光纤通信系统中,因光波频率极高以及光纤介质损耗极低,故而光纤通信的容量极大,是微波等通信方式带宽的几十倍。当前的通信系统是一个由传输系统、电话系统、无线通信系统、广播系统、视频监视系统、时钟系统和乘客信息系统等组成的集语音、文字、数据、图像和视频等信息传递的通信系统。

4. 未来发展阶段

随着计算机技术、图像技术、AI 技术的发展和应用,通过计算机图像分析视觉的技术,可对图片或视频进行检测、分类、识别,提高视频分析准确率,与城市轨道交通综合监控平台进行联动。量子通信也以其具有极高的安全性和保密性,时效性高、传输速度快,没有电磁辐射的优点,有望在 10～15 年内成为继电子和光电子之后的新一代通信技术。未来城市轨道交通通信系统将形成一个高度智能化、集成化的综合、实时、交互的多媒体系统。

课后巩固

一、填空题

1. 城市轨道交通信号系统的作用是,保证_____,提高_____,统一_____,降低_____,降低_____。

2. 城市轨道交通信号系统是以_____为核心,包含_____、_____、_____ 3 个功能子系统和_____的综合的自动化系统。

3. 城市轨道交通通信系统是一个集_____、_____、_____、_____和_____等信息传递的通信系统。

二、简答题

1. 简述城市轨道交通信号系统的作用。
2. 简述城市轨道交通通信系统的作用。

城市轨道交通信号
基础设备应用

项目说明

城市轨道交通列车在轨道上行驶需要遵从一定的信号指挥。为了保证列车安全行驶,提高运输效率,城市轨道交通设有多种信号用来指挥列车的行车作业。城市轨道交通信号主要有地面固定信号、车载信号、轨旁指示标志和手信号等。

地面固定信号是固定设置在规定位置的信号装置(如地面信号机。城市轨道交通地面信号机采用色灯信号机,其通过信号机颜色显示来指示列车运行)发出的信号。

二维码

信号的种类

城市轨道交通为实现大容量和小间隔的运输,多采用列车自动控制系统,其自动化程度比较高,一般采用"以车载信号系统为主,地面信号显示与车载信号系统相结合"的运用方式,列车的运行速度不取决于地面信号机的显示。地面固定信号只起辅助作用,所以地面固定信号在一定程度上失去其主导地位,司机驾驶的命令信息以车载信号为主。

轨旁指示标志是在线路上提醒司机注意或者是在施工时临时加入的部分需要注意的信息。

手信号多在信号设备故障或者特殊的运营时段情况下使用。手信号员必须手持信号旗或手提信号灯发出手信号。司机看到任何错误展示的手信号、看不见或看不清楚控制行车的手信号时,必须停车。手信号员撤销停车信号后,允许列车运行时,必须给出相应的「前进」或「减速」手信号。手信号有红、绿、黄、白4种,其中红、绿、黄所表示的意思与地面固定信号基本一致。白色手信号是末班车的指示,表示所有进入付费区的乘客已上车,末班车司机可按信号指示行进。

城市轨道交通信号如图1-1所示。

a)地面固定信号

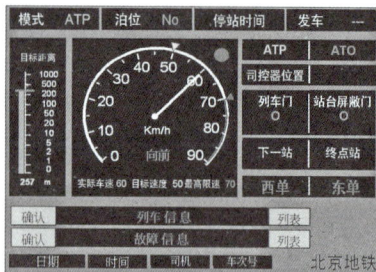

b)车载信号

c)轨旁指示标志

d)手信号

图1-1 城市轨道交通信号

学习目标

◇ 知识目标

1. 了解信号机的种类。

2. 了解信号机点灯电路。

3. 掌握信号机的设置及其显示意义。

4. 掌握转辙机的作用和要求。

5. 掌握 ZD6 和 ZD(J)9 型电动转辙机的结构和使用。

6. 掌握继电器的基本原理。

7. 掌握轨道电路的作用和基本原理。

8. 掌握计轴器和应答器的应用和基本原理。

◇ 能力目标

1. 会识别手信号的意义,会手信号的基本打法。

2. 会进行手摇道岔操作。

3. 会分析继电器基本电路的应用。

4. 会根据轨道电路的状态判断轨道的占用。

5. 会根据计轴器的状态判断轨道的出清。

6. 会分析应答器的使用场景。

◇ 素质目标

1. 通过信号基础设备对行车安全进行指挥,强化安全意识。

2. 使用信号基础设备能够实现安全可靠的行车组织与运营,树立责任意识。

◇ 建议学时

16 课时

项目准备

课题 1.1 信号机的应用

一、信号机的种类

城市轨道交通信号机采用色灯信号机,以其显示灯光的颜色、数目和亮灯的状态来表示信号。色灯信号机有高柱和矮柱两种。高柱信号机安装在钢筋混凝土信号机柱上,主要使用在需要显示距离远、观察位置明显的地方,如车辆段的进段、出段信号机。矮柱信号机安装在信号机水泥地基上,一般使用在信号显示距离近的地方,如隧道等安装空间有限的地方。色灯信号机主要包括透镜式色灯信号机和LED(Light Emitting Diode,发光二极管)色灯信号机。

二维码
色灯信号机

1. 透镜式色灯信号机

透镜式色灯信号机(图1-2)的种类分为高柱(安装在钢筋混凝土信号机柱上,由机柱、机构、托架、梯子组成)、矮柱(安装在信号机水泥地基上)、单机构(单显示、双显示、三显示)、双机构(四显示、五显示,还可以带引导信号、容许信号机构和进路表示器)信号机。透镜式色灯信号机的机构为:每个灯位由灯泡(采用直丝双丝铁路信号灯泡)、灯座(定焦盘式灯座,调好焦后换灯无须再调)、透镜组、遮檐(防止光线直射时产生错误的幻影显示)、背板(黑色,背景暗,衬托信号灯光亮度,改善瞭望条件)等组成。透镜式色灯信号机的光系统灯泡置于透镜组的焦点处,使灯泡发出的光呈平行射出,光线集中,照射远。

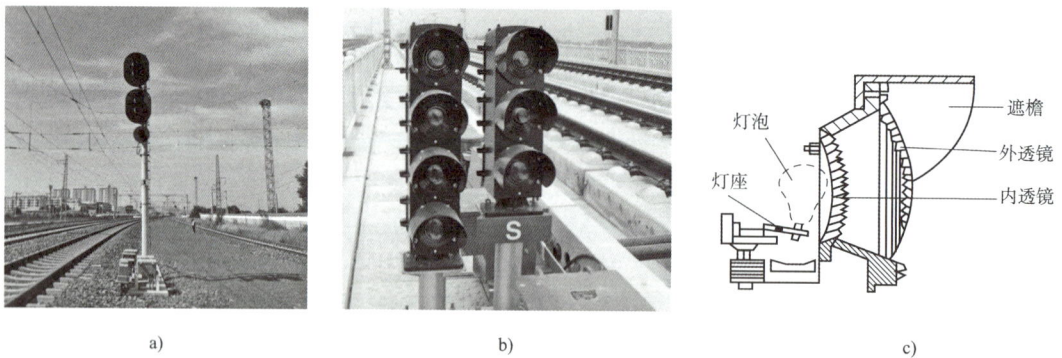

a)   b)   c)

遮檐
灯泡
外透镜
灯座
内透镜

图1-2　透镜式色灯信号机

2. LED 色灯信号机

LED 色灯信号机采用高亮度发光二极管作为信号机构的发光器件,解决了 LED 散射光聚焦等关键问题;采用高强度聚碳酸酯材料(用于多点 LED 聚焦的蜂房式透镜),大幅度提高了 LED 显示距离;采用铸铝外壳的密封拼装组合结构,使信号机构的宽度由 260mm 减小到 150mm,机箱宽度由 200mm 减小到 170mm,实现了信号机的小型化。

LED 色灯信号机(图 1-3)大小同透镜式色灯信号机,机构采用铝合金材料,信号点灯单元由 LED 发光二极管构成。LED 色灯控制系统,在与现有点灯控制电路兼容、LED 驱动电路与二极管供电方式的设计方面取得突破;从机械结构到电路的安全可靠性以及现场安装、操作、更换等方面,经不断完善、改进已形成系列产品;用 LED 发光盘取代信号灯泡,显示距离超过 1.5km,使用寿命可达 10 万小时,节能,聚焦稳定;显示颜色包括红、黄、绿、白等,与透镜式色灯信号机构颜色一致,满足灯光信号颜色标准要求。

二、信号机点灯电路

控制信号机灯光显示的电路称为信号机点灯电路。城市轨道交通信号机点灯电路一般采用继电电路,通过室内控制设备对有关继电器进行驱动和信号采集,实现对地面信号机的控制和监督。调车信号机点灯电路如图 1-4 所示。

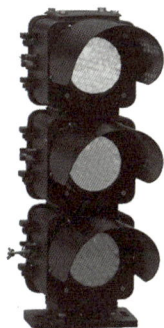

图 1-3　LED 色灯信号机　　　图 1-4　调车信号机点灯电路

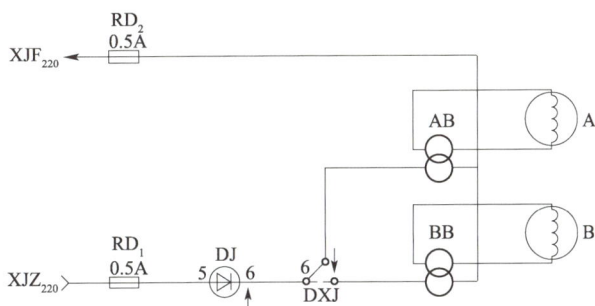

图 1-4 中,一次侧点灯电源为 AC220V 50Hz,当主灯丝完好,调车信号继电器(DXJ)吸起时,变压器次级电压为 AC13 ~ AC14V,B(白)灯亮起,表示允许调车;DXJ(调车信号继电器)落下时 A(蓝)灯亮起,表示禁止调车。

三、信号机的设置及显示

1. 信号机的设置

城市轨道交通采用右行车制,地面信号机设于列车运行方向的右侧,地下信号装置一般装在隧道壁上。特殊情况下,可设于列车运行方向的左侧或其他位置。

信号机柱的选择:为了提高通过能力以及运输效率,进站、出站、通过、预告信号机采用高柱,调车信号机等采用矮柱。

正线信号机和站线信号机应满足建筑限界的要求。在曲线线路上,应按有关规定进行加宽。

2. 信号机的显示意义

色灯信号机基本上采用灯光颜色特征和灯光数目特征组合的显示方式,个别情况下采用闪光特征,并以信号机的外形来辅助区别一些特定的含义。常用的信号灯显示意义如下:

二维码

色灯信号机的使用

红色:停车信号。列车必须在信号机前停车,不准越过该信号机(信号熄灭或显示不明时,也应视为停车信号),除非获得授权,否则不得前进。

绿色:允许信号。前方进路空闲并锁闭,信号处于正常开放状态。前方进路已排好且锁闭,当列车操作显示屏有目标速度或在行车调度员的许可下,可以驶过该信号机。

黄色:允许信号。信号处于有限开放状态,前方进路空闲并锁闭,道岔开通反位。注意列车操作显示屏并降低速度,当列车操作显示屏有目标速度或在行车调度员的许可下,可以驶过该信号机。

红色+黄色:开放引导信号。准许列车在该信号机处继续运行,但需准备随时停车,仅对防护站台的信号机设引导信号。

白色:用于指示调车作业时,表示前方进路空闲并锁闭,允许越过该信号机调车。在车辆段、停车场内调车进路时,列车按规定速度可安全行至下一个信号机或指示标志。

蓝色:调车进路时表示停车。列车必须在信号机前停车,不准越过该信号机,除非获得授权,否则不得前进。

我国城市轨道交通信号系统没有对地面信号的显示方式和显示意义进行统一规定,因此信号显示存在一定差异,例如有的城市轨道交通运营企业采用一个白色灯光和一个黄色灯光构成引导信号。信号机上同时点亮的基本灯光,原则上不能超过两个(附加灯光除外,如进路表示器)。

3. 信号机显示的要求

信号显示定位是指信号机经常显示的状态,其定位的选择一般考虑行车安全、行车效率等,除进出站信号机和采用自动闭塞时自动通过信号机以绿色为定位,其他信号机以禁止信号为定位。

信号机关闭时机:调车信号机在调车车列全部通过该信号机时自动关闭,其他信号机都在列车第一轮对越过该信号机后自动关闭。另外,目前部分城市轨道交通线路在 CBTC 级别下运行时,采用全线灭灯的方式,以车载设备运行显示要求为准。

停车信号:地面信号机点亮红色信号,地面信号机灭灯、显示不明或不正确,车载信号显示的目标速度为「0」,手信号员使用红色手信号,任何人高举双手或任何物件用力摇动都是停车信号。在非运营时间内,所有地面信号必须保持为停车信号,除非正在进行信号调试,工程车或特别列车需要通过进路区段,或已刊登在行车通告上的其他情形。

四、各种用途的信号机灯光配列及命名

1. 进站信号机

进站信号机设置在车站入口外方适当距离,用于保障车站内作业安全,如图 1-5 中的 F。

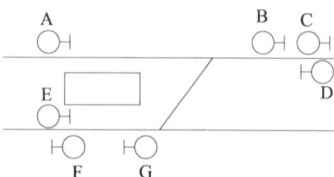

图 1-5　进站信号机、出站信号机
和预告信号机

进站信号机显示一个红色灯光表示不准列车越过信号机进入站内,显示一个绿色灯光表示允许列车按规定速度越过信号机进入站内。进站信号机一般采用高柱双机构(两个显示机构)带引导信号机构,自上而下灯位为黄、绿、红、黄、白。其命名是按列车运行方向,如用 X(下行)、S(上行)加数字表示。

2. 出站信号机

出站信号机设置在车站出口,即列车由车站向区间发车处前方,指示列车能否由车站进入区间,如图 1-5 中 A。出站信号机显示一个红灯表示不准列车出站,显示一个绿灯表示允许列车出发进入区间。出站信号机是按列车运行方向右下角加股道号命名的。如 X_1、S_5 等,多车场时先加入车场号再加股道号。车站可根据需要设置进、出站信号机,或仅设置出站信号机。

3. 预告信号机

预告信号机将主体信号机的信号显示状态提前告诉司机,如图 1-5 中的 C。其灯光配列与主体信号相同。预告信号机名称第一字母为 Y,后缀为主体信号机编号。

4. 防护信号机

在正线道岔岔前和岔后适当地点设置防护信号机,如图 1-6 中的 X_3、X_7。一般采用黄绿红三显示机构。正线上防护信号机用"X""F"等命名,以数字序号作为下标,其中下行咽喉编为单号,上行咽喉编为双号,从站外向站内顺序编号。

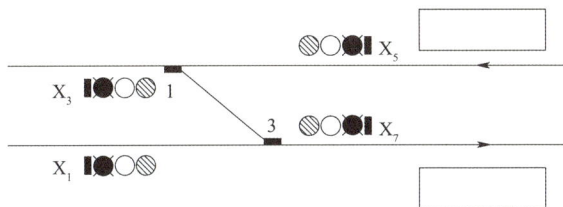

图 1-6 防护信号机

5. 阻拦信号机

在线路尽头处设置阻拦信号机,表示列车停车位置,如图 1-7 中的 X_9、X_{11}。阻拦信号机采用单显示机构,只有一个红灯。当阻拦信号机显示红灯时,列车应在距信号机至少 10m 的安全距离前停下。当车站设有阻拦信号机时,其与防护信号机共同顺序编号。

6. 调车信号机

调车信号机装设在经常进行调车作业的线路上,用来指示车辆进行调车作业,如图 1-8 所示。一般采用白蓝两显示机构。其编号从列车到达方向顺序编号,上行咽喉用双数,下行咽喉用单数。

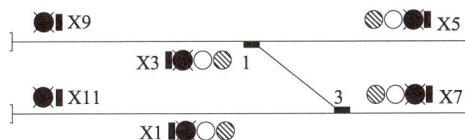

图 1-7 阻拦信号机

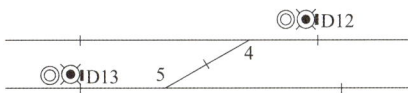

图 1-8 调车信号机

7. 通过信号机

采用 ATC 系统的城市轨道交通,自动闭塞通过信号机的信号已经失去主体信号的作用,一般在区间不设置通过信号机。为便于司机在 ATP 设备发生故障时控制列车运行,可以根据需要设置通过信号机。图 1-5 中通过信号机采用红绿两显示机构。该信号机以所在地点坐标公里数和百米数命名,上行为双数,下行为单数。

📘 知识链接

(一)信号常用图形符号(表 1-1)

信号常用图形符号 表 1-1

名称	图形符号	名称	图形符号
红色灯光	●	空灯位	⊗
黄色灯光	◐	稳定绿灯	○
绿色灯光	○	稳定红灯	●
蓝色灯光	◉	高柱信号	⊢○ ○⊣
月白灯光	◎	矮型信号	⊩○ ○⊪

(二)信号表示器

地面信号除了信号机信号,还有一些附加意义的铁路信号机具——信号表示器信号,用以表示某些行车设备的位置和状态。与信号机不同的是,信号表示器没有防护(进路和区间等)意义。常用的信号表示器有:

(1)进路表示器:设在出站以及发车进路兼出站信号机上,指示发车进路开通的方向。

(2)发车表示器:反映列车出发时,车站值班员是否向运转车长发出了发车信号,或运转车长是否向司机发出了发车信号。

(3)发车线路表示器:调车场的编发线上,补充说明哪条线路发车。

(4)调车表示器:指挥调车人员进行调车。

课题 1.2 转辙机的应用

一、道岔

道岔是城市轨道交通车辆从一股轨道转入或越过另一股轨道时必不可少的线路设备,是轨道的重要组成部分。由于道岔具有数量多、构造复杂、使用寿命短、限制列车速度、行车安全性低、养护维修投入大等特点,其与曲线、接头并称为轨道的三大薄弱环节。道岔的基本形式有三种,即连接、交叉、连接与交叉的组合。常用的连接有各种类型的单开道岔和复式道岔;交叉有单式交分道岔;连接与交叉的组合有复式交分道岔等,如图 1-9 所示。

城市轨道交通中最常见的道岔类型是普通单开道岔,简称单开道岔。其主线为直线,侧线由主线向左侧(称左开道岔)或右侧(称右开道岔)岔出,其数量占各类道岔总数的 90% 以上。

单开道岔以钢轨每米质量及道岔号数区分类型。目前我国的钢轨有 75kg/m、60kg/m、50kg/m、45kg/m 和 43kg/m 等类型,标准道岔号数(用辙叉号数来表示)有 6、7、9、12、18、24

号等。城市轨道交通正线和站线常用 9 号道岔,车场线多采用 7 号道岔。

a)左开道岔　　　　　　　b)右开道岔　　　　　　　c)对称单开道岔

d)复式道岔　　　　　　　e)单式交分道岔　　　　　　f)复式交分道岔

图 1-9　道岔

📖 **知识链接**

道 岔 号

道岔号代表道岔主要尺寸,通常用辙叉角(由岔心所形成的角)α 的余切来表示,即 $N = \cot\alpha$。

道岔号越大,辙叉角越小,列车通过速度受到的影响越大;反之道岔号越小,辙叉角越大,列车通过速度受到的影响就变小。

二、转辙机的作用和要求

转辙机是道岔控制的执行机构,它对于保证行车安全、提高行车效率有着非常重要的作用。在集中联锁设备中,转辙机的作用是接收到命令后带动道岔转换,其主要功能为:转换道岔、锁闭道岔、表示道岔和监督道岔。其具体作用和要求如下。

(1)转换道岔。根据操作要求,将道岔转换至定位或者反位。转辙机应具有足够大的拉力,带动尖轨作直线往返运动;当尖轨受阻不能转换到底时,应随时通过操作使尖轨恢复原位。

(2)锁闭道岔。道岔转换至规定位置而且密贴后,自动实行机械锁闭,防止外力改变道岔位置。当尖轨和基本轨不密贴时,不应进行锁闭;一旦锁闭,不应由于车辆通过道岔时的振动而错误解锁。

(3)表示道岔。当道岔尖轨与基本轨密贴后,正确反映道岔位置,并给出相应表示。

(4)监督道岔。发生挤岔以及道岔长时间处于"四开"位置(尖轨与基本轨不密贴)时,及时发出报警;道岔被挤后,在未修复前不应再使道岔转换。

通常一组道岔由一台转辙机牵引,如正线采用的 9 号道岔和车场线采用的 7 号道岔。如果正线上采用的是 12 号道岔(如 8A 编组列车的折返点),其一般需要两点牵引,即一组道岔需两台转辙机牵引。

三、转辙机的分类

1. 按动作能源和传动方式分类

转辙机按动作能源和传动方式,可分为电动转辙机、电动液压转辙机。电动转辙机由电动机提供动力,采用机械传动方式。ZD6 系列、ZD(J)9 型、S700K 型转辙机属于电动转辙机。电动液压转辙机由电动机提供动力,采用液压传动方式,简称电液转辙机,如 ZYJ7 型转辙机。

2. 按供电电源分类

转辙机按供电电源,可分为直流转辙机和交流转辙机。直流转辙机采用直流电动机,目前使用较多的 ZD6 系列电动转辙机就是直流转辙机。交流转辙机采用三相交流电,电动机为三相异步电动机。一些地铁公司采用的 S700K 型、ZD(J)9 型等转辙机即为交流转辙机。交流电动机没有换向器和电刷,故障率低,单芯电缆控制距离远。

3. 按锁闭方式分类

转辙机按锁闭方式,可分为内锁闭转辙机和外锁闭转辙机。内锁闭转辙机锁闭机构设置在转辙机内部,尖轨通过锁闭杆与锁闭装置连接。ZD6 系列电动转辙机大多采用内锁闭方式。外锁闭转辙机依靠转辙机之外的锁闭装置直接锁闭密贴尖轨和基本轨,不仅锁闭可靠程度较高,而且列车过岔时对转辙机冲击力小,有利于减少转辙机故障。

四、ZD6 型电动转辙机

城市轨道交通车辆段和停车场通常使用 ZD6 型电动转辙机。

二维码

ZD6型电动转辙机

1. ZD6 型电动转辙机结构

ZD6 型电动转辙机主要由电动机、减速器、摩擦连接器、主轴、自动开闭器、锁闭齿轮、齿条块、动作杆、表示杆、移位接触器等组成,如图 1-10 所示。

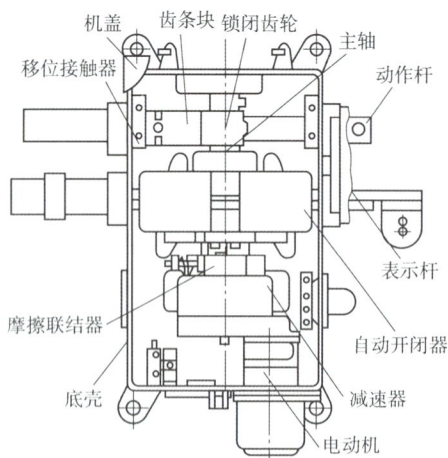

a) 结构图

b) 实物图

图 1-10　ZD6 型电动转辙机的结构与实物图

（1）电动机。

电动机是电动转辙机的动力源，要求具有足够的功率，以获得必要的转矩和转速。电动机要有较大的起动转矩，以克服尖轨与滑床板之间的静摩擦。同时，道岔需要定反位转换，要求电动机能够逆转。为配合四线制道岔控制电路，采用正转和反转分开定子绕组的方式，两个定子绕组通过改变定子绕组中或电枢（转子）中的电流方向来实现，如图1-11所示。两个定子绕组通过公共端子分别与转子的绕组串联。电动机额定电压160V，额定电流2.0A，额定转速2400r/min，额定转矩0.8826N·m。

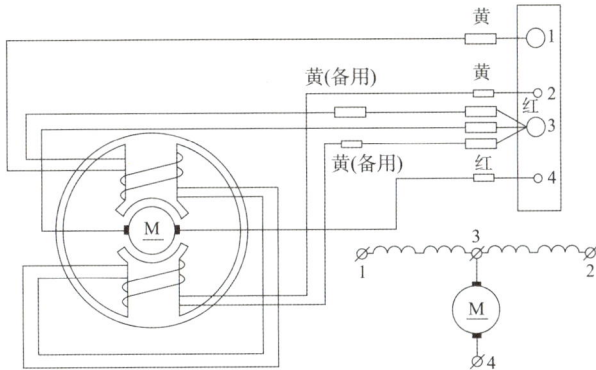

图1-11　电动机接线图

（2）减速器。

因体积、质量的限制，转辙机所用电动机功率不可能很大，为了得到足够的转矩，要求将电动机的速度通过减速器降下来。ZD6型电动转辙机的减速器由两级组成：第一级定轴传动外啮合齿轮，即小齿轮带动大齿轮，减速比103∶27；第二级为渐开线内啮合行星传动式减速器，如图1-12所示，减速比为41∶1。减速器总的减速比为（103/27）×（41/1）=156.4。

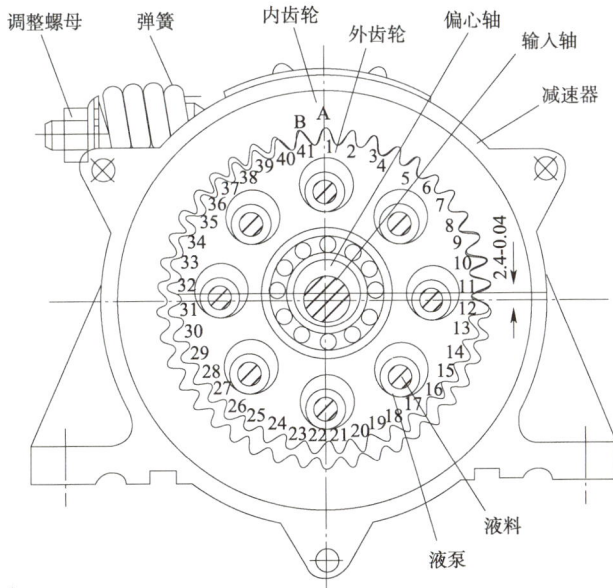

图1-12　行星传动式减速器

（3）摩擦联结器。

摩擦联结器是保护电动机和吸收转动惯量的连接装置。因为，当道岔因故转不到底时，电动机电路不能断开，如果电动机突然停转，电动机将会因电流过大而烧坏。另外，在正常使用中，道岔转换到位，电动机的惯性将使内部机件受到撞击或毁坏。要解决这两个问题，又要在正常情况下能带动道岔转换，就要求机械传动装置不能采用硬性连接装置而必须采用摩擦联结器，如图1-13所示。

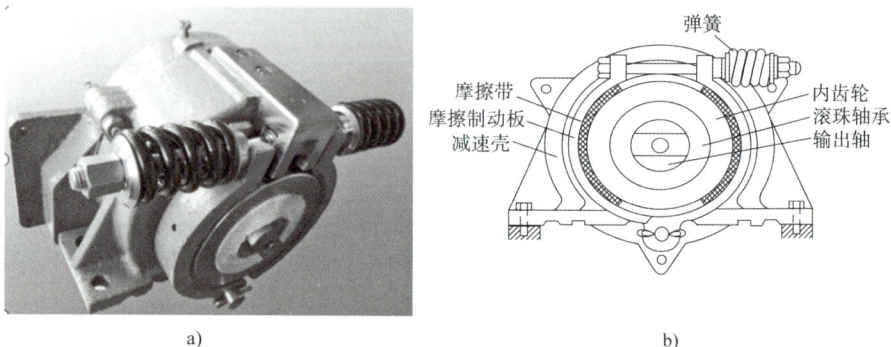

图 1-13　摩擦联结器

（4）起动片和主轴。

起动片是介于减速器和主轴间的传动媒介。它连接输出轴与主轴，利用其正反两面互相垂直成"十"字形的沟槽，在旋转时自动补偿两轴不同心的误差。它还与速动片相配合，在解锁、锁闭过程中控制自动开闭器的动作。

起动片除了起连接主轴的作用外，还对自动开闭器起控制作用。起动片的十字连接方法，使它与输出轴、主轴同步动作，因此能反映锁闭齿轮各个动作阶段（解锁、转换、锁闭）所对应的转角。用它来控制自动开闭器的动作能满足要求。起动片上有一梯形凹槽，道岔锁闭后总会有一个速动爪占据其中。道岔解锁时，起动片一方面带动主轴转动，另一方面利用其凹槽的坡面推动速动爪上的小滚轮，使速动爪抬起，以断开表示接点。在道岔转换过程中，两个速动爪均抬起。在道岔接近锁闭阶段，起动片的凹槽正好转到速动爪下方，与速动片配合，完成自动开闭器的速动。

主轴主要由主轴套、轴承、止挡栓等组装而成，主轴带动锁闭齿轮，通过与齿条块配合完成转换和锁闭道岔。主轴上的止挡栓用来限制主轴的转角，使锁闭齿轮和齿条块达到规定的锁闭角，并保证每次解锁以后都能使两者保持最佳的啮合状态，使整机动作协调。

（5）转换锁闭装置。

转换锁闭装置由锁闭齿轮、齿条块、动作杆组成，用来把旋转运动改变为直线运动，以带动道岔尖轨位移，并最后完成内部锁闭。

锁闭齿轮如图1-14a）所示，共有7个齿，其中1和7是位于中间的起动小齿，在它们之间是锁闭圆弧。齿条块上有6个齿7个齿槽，如图1-14b）所示，中间4个是完整的齿，两边的两个是中间有缺槽的削尖齿。缺槽是为了锁闭齿轮上的起动小齿能顺利通过而设的。

当道岔在定位或反位，尖轨与基本轨密贴时，锁闭齿轮的圆弧正好与齿条块的削尖齿弧面重合，如图1-15a）所示。这时如果尖轨受到外力要使之移动，或列车经过道岔使齿条块受到水平作用力,这些力只能沿锁闭圆弧的半径方向传给锁闭齿轮,锁闭齿轮不会转动,齿条块及固定在其圆孔中的动作杆也不能移动,这样就实现了对道岔的锁闭。

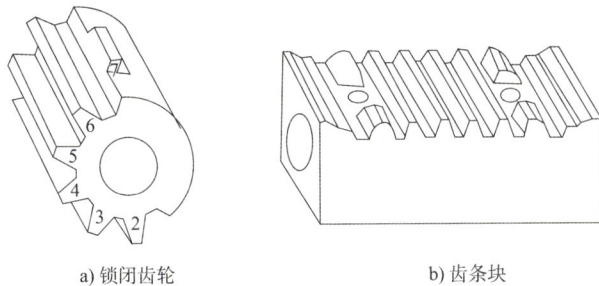

a) 锁闭齿轮 b) 齿条块

图 1-14　锁闭齿轮和齿条块

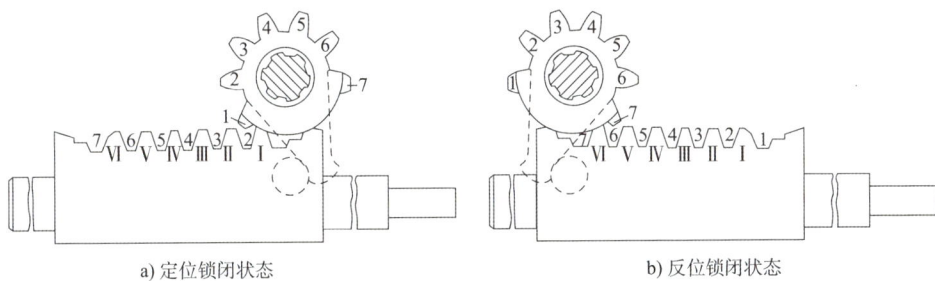

a) 定位锁闭状态 b) 反位锁闭状态

图 1-15　锁闭位置

电动转辙机每转换一次,锁闭齿轮与齿条块要完成解锁、转换、锁闭三个过程。

①解锁。

图 1-15a)为定位锁闭状态,若要将道岔转至反位,电动机必须逆时针旋转,输入轴顺时针旋转,使输出轴逆时针旋转,通过起动片带动主轴及锁闭齿轮作逆时针转动。此时,锁闭齿轮的锁闭圆弧面首先在齿条块的削尖齿上滑退,锁闭齿轮上的起动小齿1从削尖齿Ⅰ旁经过。当主轴旋转32.9°时,锁闭圆弧面全部从削尖齿上滑开,起动小齿1与齿条块齿槽1的右侧接触,解锁完毕。

②转换。

起动小齿拨动齿条块,锁闭齿轮带动齿条块移动,即将转动变为平动。锁闭齿轮转至306.1°时,齿条块及动作杆向右移动了165mm,使原斥离尖轨转换到反位,与另一基本轨密贴。

③锁闭。

道岔转换完毕必须进行锁闭,否则齿条块及动作杆在外力作用下可倒退,造成"四开"的危险。道岔转换完毕后,锁闭齿轮继续转动到339°,锁闭齿轮的起动小齿7在削尖齿Ⅵ旁经过,锁闭齿轮上的圆弧面与齿条块削尖齿弧面重合,实现锁闭,如图 1-15b)所示。此时,止挡栓碰到底壳上的止挡桩,锁闭齿轮停止转动。

动作杆是转辙机转换道岔的最后执行部件。动作杆一端与道岔的密贴调整杆相连,带动尖轨运动。通过挤切削和齿条块连成一体,正常工作时,与它们一起运动。挤岔时,动作杆与齿条块能够迅速脱离联系,保护机内的部件。

(6)自动开闭器。

自动开闭器用来及时、正确地反映道岔尖轨的位置,并完成控制电动机和挤岔表示的功能。在解锁过程中,由自动开闭器接点断开原表示电路,接通准备反转的动作电路;锁闭后,由自动开闭器接点自动断开电动机动作电路,接通表示电路。

拉簧、速动片、检查柱在正常转换过程中,对表示杆缺口起到探测作用。道岔不密贴,缺口位置不对,检查柱不会落下,它阻止动接点块动作,不构成道岔表示电路;挤岔时,检查柱被表示杆顶起,迫使动接点块转向外方,断开表示电路。速动片配合起动片完成解锁和锁闭功能,使速动爪落入其梯形凹槽之中,如图1-16所示。

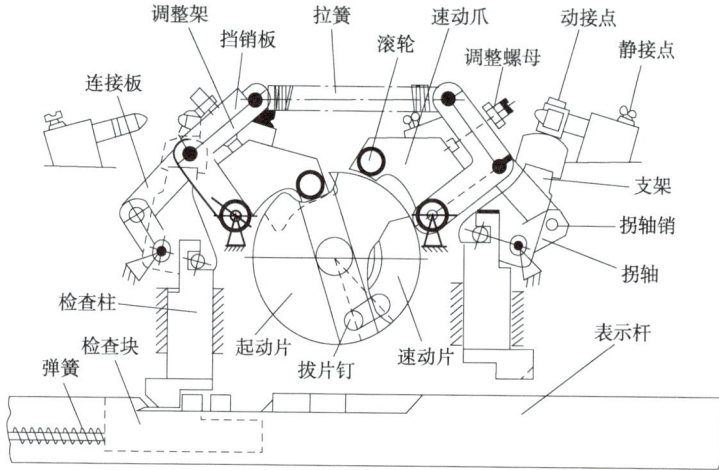

图1-16 自动开闭器及与表示杆的动作关系

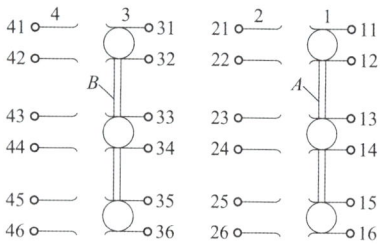

图1-17 自动开闭器接点(部分)

自动开闭器有2排动接点、4排静接点。编号是站在电动机处观察,自右向左分别为1、2、3、4、5、6排,每排有3组接点,自上向下顺序编号,如11、12、13、14、15、16,如图1-17所示。

定位状态时,第1、3排接点闭合;反位状态时,第2、4排接点闭合。11、12、41、42用于动作电路,其他均用于表示电路。道岔转换时,先断开表示接点组,最后断开动作接点组。

(7)表示杆。

电动转辙机的表示杆与道岔的表示连接杆相连,随道岔动作,用来检查尖轨是否密贴,以及确定道岔在定位还是在反位。

表示杆由前表示杆、后表示杆及两个检查块组成,如图1-18所示。两杆通过并紧螺栓和调整螺母固定在一起。前表示杆的前伸端设有连接头,用来和道岔的表示连接杆相连。并紧螺栓装在后表示杆的长孔与相对应的前表示杆圆孔里。前表示杆后端有横穿后表示杆的调整螺母,后表示杆末端有一轴向长孔,内穿一根调整螺杆并拧入调整螺母内,在调整螺杆颈部用销子将它与后表示杆连成一体。松开并紧螺栓,拧动调整螺杆时,它带动后表示杆在调整螺母内前后移动。

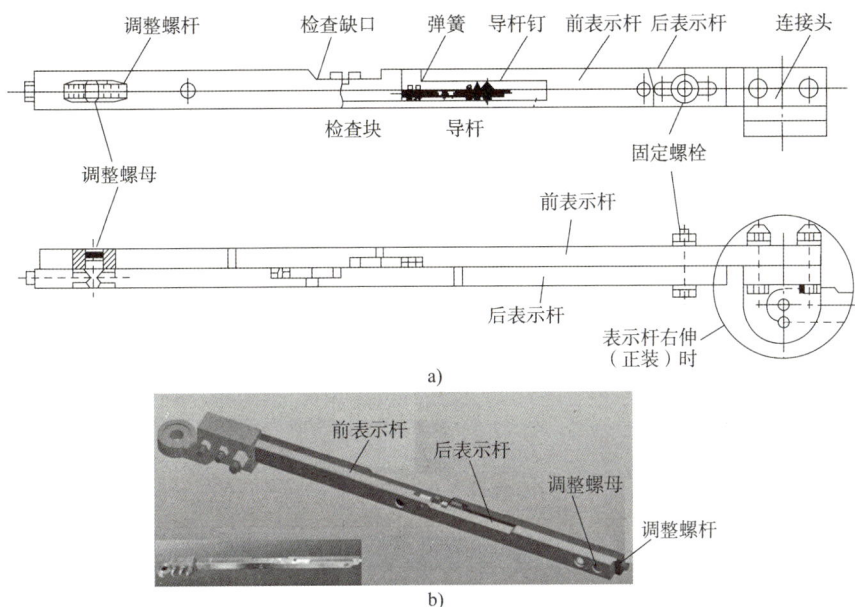

图1-18 表示杆

为检查道岔是否密贴,在前后表示杆的腹部空腔内分别设一个检查块。每个检查块上有一个缺口,道岔转换到位并密贴后自动开闭器所带的检查柱落下此缺口,使自动开闭器动作。设两个检查块是为了满足道岔定位和反位检查的需要。若左侧检查柱落在后表示杆缺口中,则右侧检查柱将落在前表示杆缺口中,如图1-19所示。检查柱落入表示杆缺口时,两侧应各有1.5mm的空隙。

(8)挤切装置。

挤切装置包括挤切削和移位接触器,用来进行挤岔保护,并给出挤岔表示。

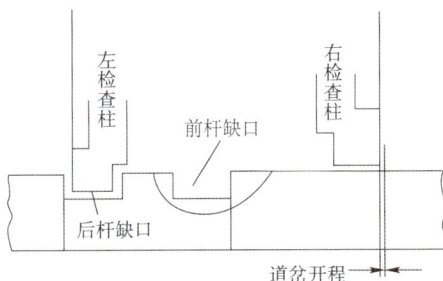

图1-19 表示杆与检查柱的关系

两挤切削将动作杆与齿条块连成一体。正常转换时,带动道岔。当来自尖轨的挤岔力超过挤切削能承受的机械力时,主副挤切削先后被挤断,动作杆在齿条块内移动,道岔即与电动转辙机脱离机械联系,保护了转辙机的主要机件和尖轨不被损坏。

2. ZD6型电动转辙机控制电路

ZD6型电动转辙机的启动、动作和状态显示是由控制电路完成的。转辙机的控制电路由启动电路和表示电路组成。启动电路的作用是根据操作意图接通电机电路,带动道岔转换至规定位置;表示电路的作用是道岔转换完毕并锁闭后,给出道岔的实际位置表示。ZD6型电动转辙机控制电路如图1-20所示。

如图1-20所示,道岔处于定位,如果选定将道岔由定位向反位转换,FCJ励磁吸起检查进路解锁后,此时接通$1DQJ_{3-4}$线圈的励磁电路。其电路如图1-20中启动电路1,即:$KZ \rightarrow CA_{61-63} \rightarrow SJ_{81-82} \rightarrow 1DQJ_{3-4} \rightarrow 2DQJ_{141-142} \rightarrow AJ_{11-12} \rightarrow KF-ZFJ$。

$1DQJ$吸起后接通电路$KZ \rightarrow 1DQJ_{41-42} \rightarrow 2DQJ_{2-1} \rightarrow AJ_{11-12} \rightarrow FCJ_{61-62} \rightarrow KF-ZFJ$,使$2DQJ$转

极,电路如图1-20中启动电路2。

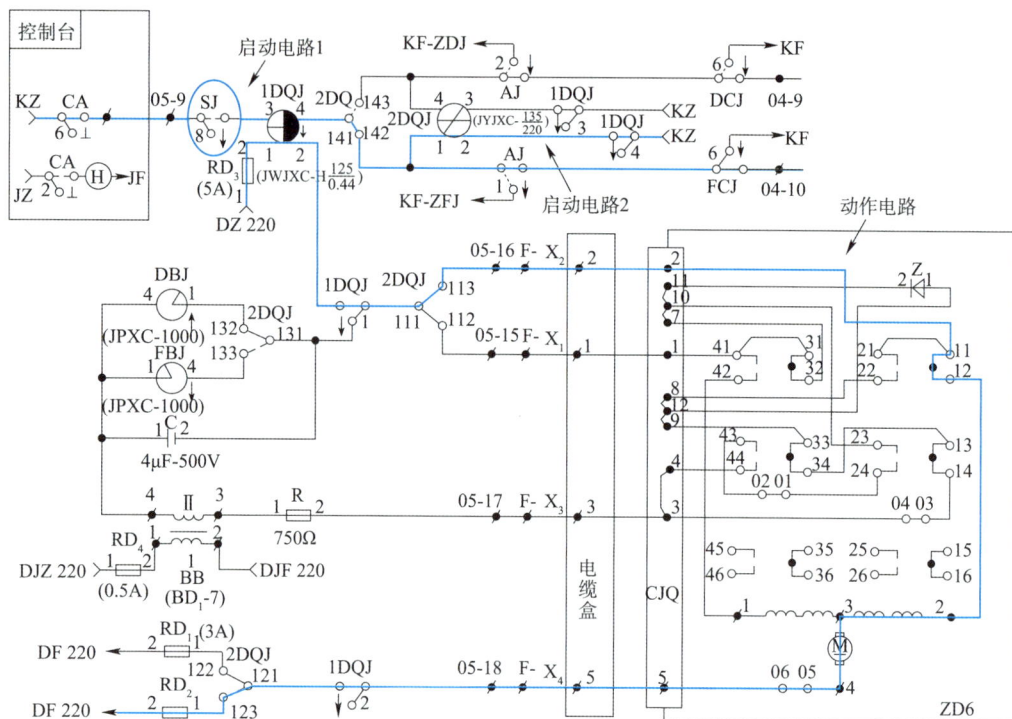

图1-20 ZD6 型电动转辙机控制电路

接通$1DQJ_{1-2}$线圈的自闭电路,第二道岔启动继电器$2DQJ$,控制电动机旋转方向,最后由直流电动机转换道岔,使电动机转动,电路为:$DZ220 \rightarrow RD3_{1-2} \rightarrow 1DQJ_{1-2} \rightarrow 1DQJ_{12-11} \rightarrow 2DQJ_{111-113} \rightarrow X2 \rightarrow$自动开闭器$11-12 \rightarrow$电机定子线圈$2-3 \rightarrow$电机转子线圈$3-4 \rightarrow$遮断器$05-06 \rightarrow X4 \rightarrow 1DQJ_{21-22} \rightarrow 2DQJ_{121-123} \rightarrow RD2_{1-2} \rightarrow DF220$,如图1-20中动作电路。

当道岔转至反位后,自动开闭器$11-12$接点断开,使电动机停转。同时断开$1DQJ$的$1-2$线圈自闭电路,使$1DQJ$缓放落下,接通道岔表示电路:$BB \text{II} 4 \rightarrow FBJ_{1-4} \rightarrow 2DQJ_{133-131} \rightarrow 1DQJ_{13-11} \rightarrow 2DQJ_{111-113} \rightarrow X2 \rightarrow$开闭器$11 \rightarrow$开闭器$21-22 \rightarrow X8 \rightarrow X12 \rightarrow$二极管$Z1-2 \rightarrow X11 \rightarrow X10 \rightarrow$开闭器$23-24 \rightarrow$移位接触器$02-01 \rightarrow$开闭器$43-44 \rightarrow X4 \rightarrow X3 \rightarrow R1-2 \rightarrow BB \text{II} 3$,如图1-21所示。

五、ZD(J)9 型电动转辙机

ZD(J)9 型电动转辙机是一种能适应交、直流电源的新型转辙机。它有着安全可靠的机内锁闭功能,因此既可适用于联动内锁道岔,又可适用于分动外锁道岔;既适用于单点牵引,又适用于多点牵引;安装时既能角钢安装,又能托板安装。城市轨道交通正线以及车辆段试车线使用 ZD(J)9 型交流转辙机,如图1-22 所示。

ZD(J)9 型电动转辙机主要由电动机、减速器、摩擦连接器、滚珠丝杠、推板套、动作板、锁块、锁闭铁、接点组、动作杆、锁闭(表示)杆等零部件组成,结构采用

ZD(J)9型电动转辙机

模块化设计,便于维护和维修,如图1-23所示。

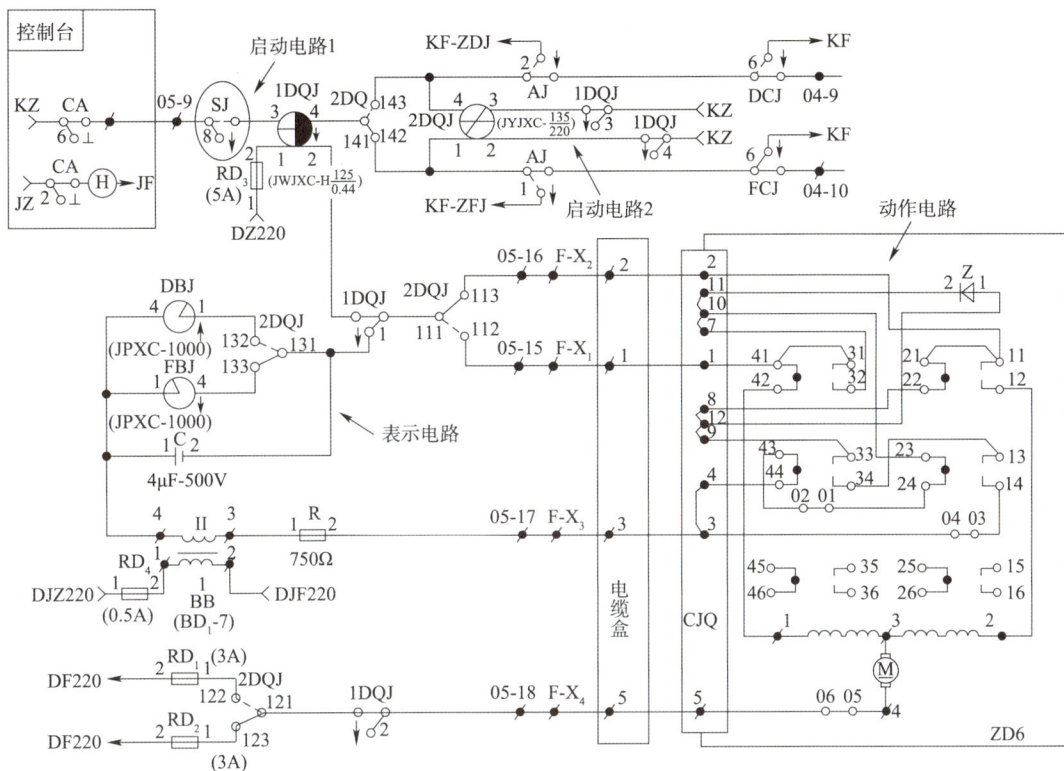

图1-21 道岔反位表示电路

图1-22 ZD(J)9型交流转辙机

1. ZD(J)9型电动转辙机工作原理

(1)电动机接通电源后,电动机上的小齿轮通过齿轮箱中的传动齿轮进行两级减速,把动力传递到摩擦联结器的齿轮上。

(2)通过摩擦联结器中的内外摩擦片的摩擦作用,齿轮的旋转运动传递到滚珠丝杠上。滚珠丝杠把传动齿轮的旋转运动转换成与滚珠丝杠连接的推板套的水平运动。

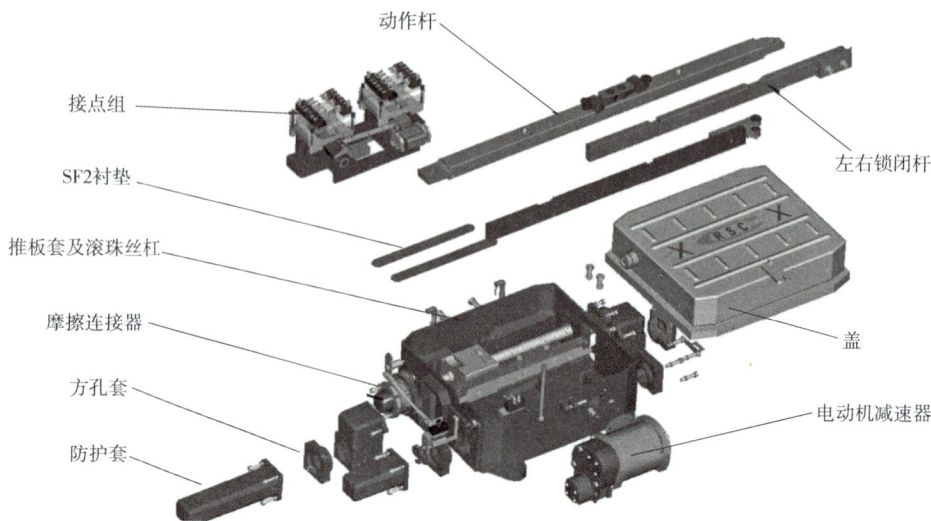

图 1-23　ZD(J)9 型电动转辙机零部件

（3）推板套水平运动，即推动安装在动作杆上的锁块，在锁闭铁的辅助下使动作杆水平运动，完成道岔的锁闭功能。图 1-24 为推板套、动作杆、锁块、锁闭铁的运动关系简图。

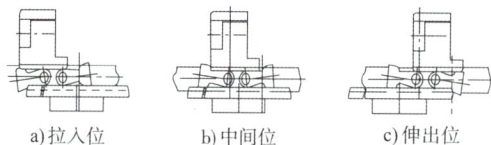

图1-24　推板套、动作杆、锁块、锁闭铁的运动关系简图

2. ZD(J)9 型电动转辙机的表示

ZD(J)9 型电动转辙机表示功能的完成是由动作板、接点组、表示杆共同完成的。

（1）推板套动作的同时，安装在推板套上的动作板随着推板套一起运动。

（2）动作板开始运动后，动作板滑动面一端的斜面推动与起动片连接的滚轮，切断表示，同时接通下一转换方向的动作接点；当动作到位时，滚轮从动作板滑动面落下，动作接点断开，同时表示接点接通，给出道岔表示。在这一过程中，滚轮通过左右支架的作用，使锁闭柱（检查柱）抬起或落入锁闭（表示杆）槽内，达到检测道岔状态的作用。

（3）当挤岔时，锁闭铁可推动水平顶杆。水平顶杆推动竖顶杆，竖顶杆推动接点组的左右支架，从而完成接点断开。

（4）不可挤机型 ZD(J)9 型电动转辙机的锁闭杆与尖轨相连。当一根锁闭杆通过锁闭柱将尖轨锁闭时，在斥离尖轨上固定的另一根锁闭杆则成为挤岔表示杆。当挤岔时，通过斥离尖轨动作作为挤岔表示杆的锁闭杆上有斜面的缺口，推动检查柱断开表示接点，给出挤岔表示。

（5）在锁闭位置的锁闭柱不动作，同时由于两根尖轨用拉杆连接在一起而同时转换，动作杆在超过挤脱力后就解锁。而处于锁闭位置的锁闭杆，由于安装装置的连接杆，当挤岔时就因变形而损坏。一根锁闭杆上的锁闭用的直缺口和挤岔表示用的斜缺口的距离与尖轨动程有关，只能适用于相应的尖轨动程，当超过此动程范围需另配该动程范围的锁闭杆。对于可挤机型 ZD(J)9 型电动转辙机来讲，表示杆装有检查块，挤岔原理与不可挤机型相同。

（6）挤岔时，当挤脱器中的锁闭铁在动作杆上的锁块作用下脱开挤脱柱，在锁闭铁上的凹槽推动水平顶杆，水平顶杆推动竖顶杆，竖顶杆推动接点支架，从而切断表示，非经人工恢复锁闭铁，不可能再接通表示。

六、锁闭装置

1. 内锁闭装置

内锁闭装置包括连接杆、密贴调整杆、尖端杆和表示连接杆，如图 1-25 所示。

图 1-25　内锁闭转换装置

连接杆固定在两根尖轨之间，保持尖轨间距、尖端杆固定在两根尖轨之间。密贴调整杆通过立式杆架连接在连接杆上，另一端连接转辙机动作杆，用来调整道岔的密贴。

表示连接杆通过舌铁尖端杆连接，另一端连接转辙机表示杆，用来调整转辙机的表示缺口大小。

内锁闭转换装置的特点是：

（1）结构简单，便于日常维护，且转换比较平稳。

（2）道岔的两根尖轨由若干根连接杆组成框架结构，使尖轨部分的整体刚性较大，而且框架结构造成的反弹力和抗劲较大。

（3）由于两尖轨由杆件连接，当杆件受到外力冲击时，如发生弯曲变形，会使密贴尖轨与基本轨分离，严重威胁行车安全。

（4）当列车通过道岔产生冲击时，其冲击力经过杆件将直接作用于转辙机内部，使转辙机部件易于受损，挤切销折断，移位接触器跳开等。

因此，内锁闭方式已不能满足提速道岔的需要，必须采用外锁闭道岔转换设备。

2. 外锁闭装置

外锁闭装置直接把尖轨与基本轨锁住，大大提高了道岔及转换设备工作的可靠性，降低了维修工作量，延长了使用寿命。

当道岔由转辙机带动转换至某个特定位置后，通过外锁闭装置直接把尖轨与基本轨密贴夹紧并固定，即道岔的锁闭主要不是依靠转辙机内部的锁闭装置，而是依靠转辙机外部的锁闭装置实现的。外锁闭装置受力合理，基本上避免了轮对对尖轨产生的侧向冲击，克服了内锁闭道岔的缺陷。

外锁闭装置有两种，即燕尾锁和钩锁式。其中钩锁式外锁闭装置被广泛采用。

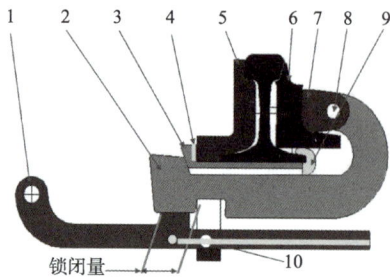

图 1-26 钩锁式外锁闭装置的结构
1-锁闭动作杆;2-锁钩;3-锁闭铁;4-调整片;5-锁闭框;6-尖轨;7-尖轨连接铁;8-销轴;9-固定螺栓;10-导向销

钩锁式外锁闭装置的结构如图 1-26 所示。

尖轨连接铁用固定螺栓固定在尖轨上,并用销轴与锁钩连接。锁闭框与基本轨连接,锁闭铁插入锁闭框方孔内,用固定螺栓紧固。

锁闭杆的作用是通过安装装置与转辙机动作杆相连,锁闭杆上对应每一尖轨的下面有一块向上凸起的锁闭块。锁钩与锁闭杆上下排列被限制在锁闭框内,锁钩下部缺口与锁闭杆凸台作用,通过连接铁带动尖轨运动。

钩锁式外锁闭装置及安装装置主要功能是将道岔的密贴尖轨与基本轨、心轨与翼轨直接进行锁闭,同时将斥离尖轨保持在标准开口位置,其对道岔的锁闭是在转辙机外部实现的,这种锁闭方式提高了道岔的结构刚性,保证了高速、重载列车行车安全。安装装置的主要功能是完成转辙机的正确安装,将转辙机与外锁闭装置、转辙机与道岔连接起来,辅助实现道岔转换、锁闭,并表示尖轨和心轨的正确位置。

当操纵道岔时,转辙机的动作杆动作,通过连接杆带动外锁闭装置的锁闭杆动作,实现道岔的解锁、转换和锁闭过程,如图 1-27 所示。

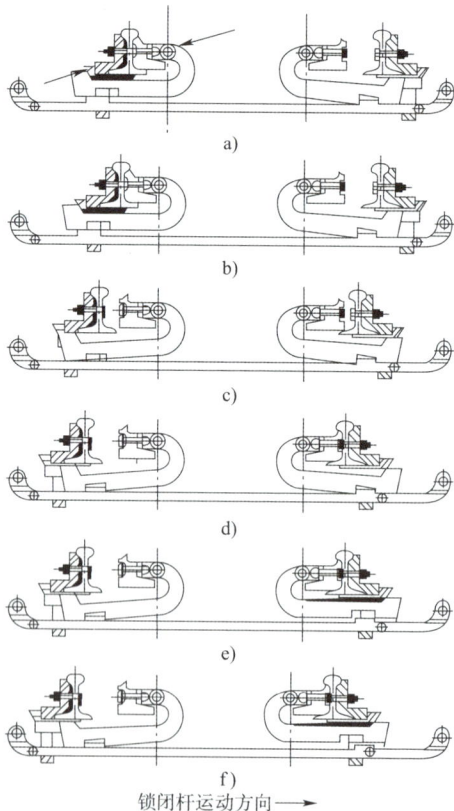

图 1-27 转换到位,右侧尖轨锁闭,左侧尖轨斥离

课题 1.3 **轨道电路的应用**

轨道电路是城市轨道交通信号系统的重要基础设备,它的性能直接影响行车安全和运输效率。轨道电路是利用钢轨线路和钢轨绝缘构成的电路。轨道电路的作用是监督列车的占用,反映线路的空闲状况,为开放信号、建立进路或构成闭塞提供依据,以及传递行车信息。例如,移频自动闭塞利用轨道电路传递不同的频率信息来反映列车的位置,决定通过信号机的显示或决定列车运行的目标速度,从而控制列车运行。

一、轨道电路的基本原理

轨道电路是以钢轨作为导体,两端加以机械绝缘,接上送电和受电设备构成的电路,如图 1-28 所示。

轨道交通系统的两根钢轨是传输轨道电流的导体。在两节钢轨的接头处,为了减少钢轨与钢轨夹板间的接触电阻,用接续线连接。

钢轨绝缘安装在相邻两个轨道电路衔接处,以保证相邻轨道电路在电气上的可靠隔离。

轨道电路的送电设备设在送电端,由轨道电源 E 和限流电阻 R_x 组成。限流电阻的作用是保护电源不致因过负荷而损坏,同时保证列车占用轨道电路时,轨道继电器可靠落下。

接收设备设在受电端,一般采用继电器,称为轨道继电器,由它来接收轨道电路的信号电流,用于反映轨道电路范围内有无列车、车辆占用和钢轨是否完整。当轨道继电器中有充足电流时,轨道继电器吸起,继电器前接点和中接点闭合;当轨道继电器电流不足或者没有电流时,轨道继电器落下,继电器后接点和中接点闭合。

当轨道电路内钢轨完整且没有列车占用轨道时,轨道继电器有足够电流通过,轨道继电器吸起,表示轨道电路空闲,此为轨道电路的调整状态,如图 1-29 所示。

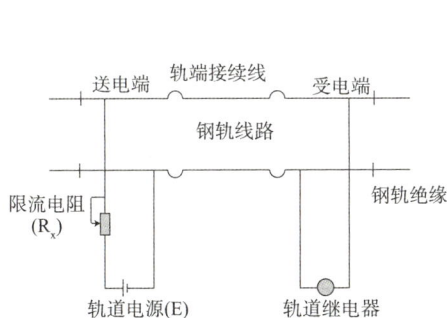

图 1-28　轨道电路

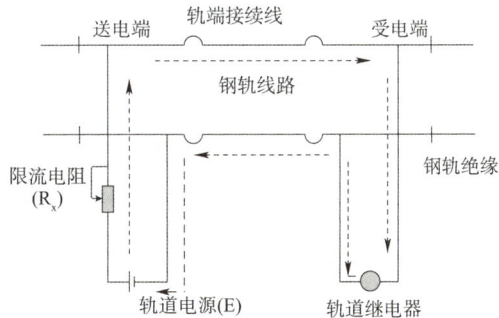

图 1-29　轨道电路的调整状态

当轨道被列车占用,轨道电路被轮对分路,因轮对电阻远小于轨道继电器线圈的电阻,流经轨道继电器的电流大大地减小,轨道继电器落下,表示轨道电路被占用,此为轨道电路的分路状态,如图 1-30 所示。

轨道电路的钢轨在某处断裂,此时轨道继电器中无电流,继电器落下,中接点与后接点接通,此为轨道电路的断轨状态,如图 1-31 所示,满足故障导向安全设计技术要求。

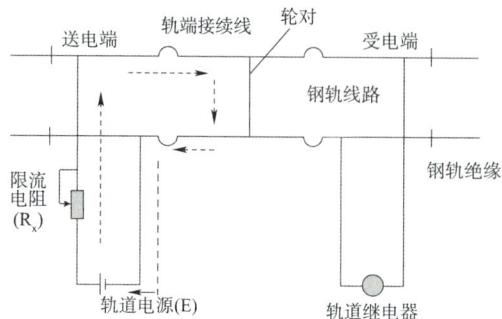

图 1-30　轨道电路的分路状态　　　　　　　　图 1-31　轨道电路的断轨状态

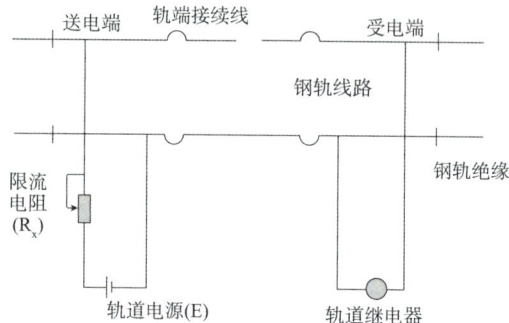

二、轨道电路的作用

轨道电路的作用是监督列车占用和传递行车信息。

1. 监督列车占用

可利用轨道电路检测该轨道区段是否空闲,为开放信号、建立进路、锁闭或解锁进路、构成闭塞提供依据。还可利用轨道电路的占用,自动关闭信号,从而把信号显示与列车运行结合起来。

2. 传递行车信息

在铁路的自动闭塞区段,可利用轨道电路传递不同的频率来反映先行列车的位置,决定各个闭塞分区防护信号机的显示,为列车前行提供行车命令。城市轨道交通 ATP 系统可利用轨道电路中传递的行车信息,为列车运行自动控制系统直接提供控制列车运行所需要的先行列车的位置、运行前方信号机状态和线路条件等有关信息,以决定列车运行的目标速度,控制列车在当前的运行速度下是否停车或减速。所以轨道电路也可作为传递行车信息的通道。

三、轨道电路的类型及应用

1. 工频交流轨道电路

工频交流轨道电路采用工频 50Hz 交流电源,有连续式轨道电路和相敏轨道电路的区分。工频交流连续式轨道电路以 JZXC-480 型继电器为轨道继电器,故又称 JZXC-480 型轨道电路。这种轨道电路实质上是交直流轨道电路,电源是交流电,钢轨中传输的是交流电,而轨道继电器是整流继电器。工频交流连续式轨道电器结构简单,是目前轨道电路运用最为广泛的制式,但是该轨道电路存在许多缺点,如道床电阻变化适应范围小,极限传输长度短,分路灵敏度低,防雷性能差,形成雨天"红光带"和分路不良等影响行车的情况。所以,工频连续式轨道电路逐渐用相敏轨道电路等制式所代替。

用于城市轨道交通的交流工频轨道电路是 50Hz 相敏轨道电路,这种轨道电路只有监督列车占用的功能,不能传输其他信息,所以一般只用于车辆段。

50Hz 相敏轨道电路包括继电式和微电子式。继电式可不注明,即 50Hz 相敏轨道电路一般专指继电式。

50Hz 相敏轨道电路的组成如图 1-32 所示,它由送电端、受电端、钢轨绝缘、钢轨引接线、钢轨接续线、回流线以及钢轨组成。

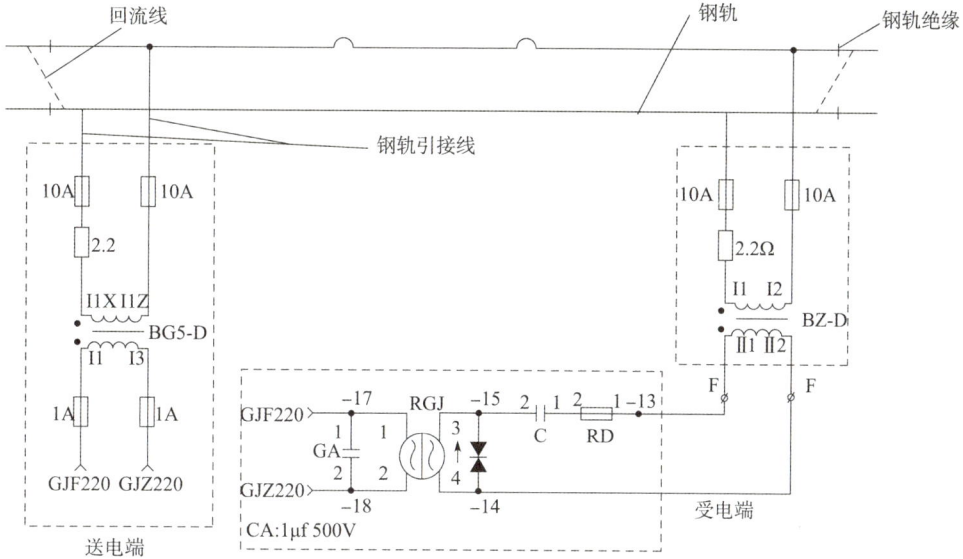

图 1-32 50Hz 相敏轨道电路组成

送电端包括 BG5-D 型轨道变压器、R-2.2/220 型变阻器以及断路器(或熔断器),安装在室外的变压器箱内。轨道电源从室内通过电缆送至送电端。受电端包括 BZ-D 型中继变压器、R-2.2/220 型变阻器、断路器(或熔断器)、轨道继电器、电容器、防雷元件等。其中中继变压器、变阻器及断路器(或熔断器)安装在室外的变压器箱或电缆盒内,其他安装在室内的组合架上。送电端、受电端视相邻轨道电路的不同组合,有双送、一送一受、双受以及单送、单受等不同情况,除双受、单受可采用电缆盒外,其他情况必须采用变压器箱。变压器箱或电缆盒用钢轨引接线接向钢轨。钢轨接续线用来连接相邻钢轨,以减小钢轨接头处的接触电阻。钢轨绝缘设于轨道电路分界处,用以隔离相邻的轨道电路。回流线连接相邻的不同侧钢轨,为牵引回流提供越过钢轨绝缘节的通路。

50Hz 相敏轨道电路为有绝缘双轨条轨道电路,牵引回流为单轨条流通。

电源屏分别供出 50Hz 轨道电源和局部电源。送电端轨道电源 GJZ220、GJF220 经轨道变压器降压后送至钢轨。受电端由钢轨来的电压经中继变压器升压后送至轨道继电器 RGJ 的轨道线圈 3-4。轨道继电器 RGJ 的局部线圈 2-1 接局部电源 GJZ220、GJF220。

当轨道线圈和局部线圈电源满足规定的相位和频率要求时,GJ 吸起,轨道电路处于调整状态,表示轨道电路空闲。列车占用时,轨道电源被分路,GJ 落下。频率、相位不符合要求时,GJ 也落下(当 ϕ_J 超前 ϕ_G 90°时,在翼板上得到正方向转矩,接通前接点;而当 ϕ_J 滞后 ϕ_G 90°时,则在翼板上得到反方向转矩,使后接点更加闭合)。轨道继电器 RGJ 所使用的交流二元二位继电器结构如图 1-33 所示。

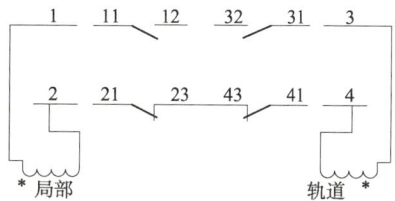

图 1-33 交流二元继电器结构

2. 音频轨道电路

城市轨道交通的轨道电路不仅用来检测列车的占用,更重要的是传输列车的行车信息。正线区段一般采用音频轨道电路,其原理如图 1-34 所示。音频轨道电路采用无绝缘的轨道电路,用电气隔离的方法形成电气绝缘节,取代机械绝缘,进行两相邻轨道电路的隔离和划分。

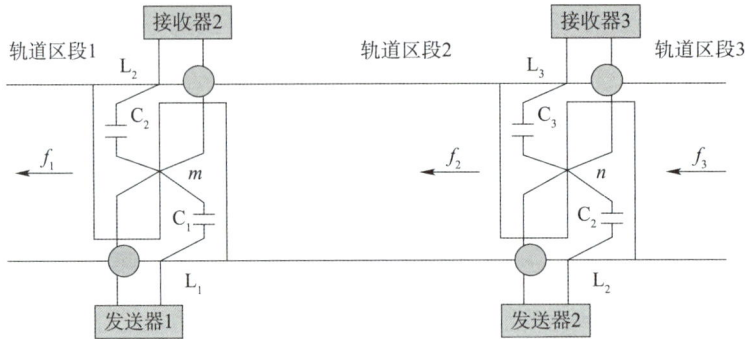

图 1-34 音频轨道电路原理

图 1-34 中,发送器和接收器的一个输出端接在 S 形导线的中间。电容器 C_1 与钢轨 L_1 及 S 形电缆的一半组成谐振于轨道区段 1 音频频率 f_1 的并联谐振电路;电容器 C_2 与钢轨 L_2 及 S 形电缆的另一半组成谐振于轨道区段 2 音频频率 f_2 的并联谐振电路。两个并联谐振回路分别对 f_1、f_2 信号呈现高阻抗,以使信号能够发送/接收。C_3 与 L_3 组成谐振于轨道区段 3 音频频率 f_3 的并联谐振电路。

S 形电缆将信号 f_1 与 f_2 阻隔,使它们不能向相邻区段传输。这样,就实现了 f_1 轨道区段与 f_2 轨道区段相互隔离。

在音频条件下,轨道电路的衰耗很大,限制了音频轨道电路的有效作用距离,频率为 10kHz 时,轨道电路的有效作用距离为 300m。为了增加音频轨道电路的有效作用距离,通常采用中间馈电式音频轨道电路(在轨道电路中间发送信号,两端接收信号),该电路如图 1-35 所示。当两个接收器均接收到高电平时,说明轨道电路空闲。当两个接收器接收到的电平为一高一低或者均为低电平时,说明轨道电路被占用。采用中间馈电式后,音频轨道电路的有效作用距离可以增加一倍。

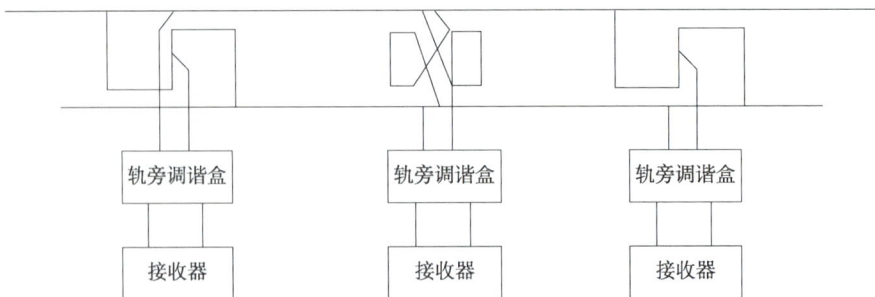

图 1-35 中间馈电式音频轨道电路

在轨道电路的检测过程中,接收器对收到的信号幅值进行计算,当接收到的轨道电压幅值足够高,并且轨道电路调制器鉴别编码调制正确,接收器发送"轨道空闲"信号,轨道继电器吸起表示"轨道区段空闲"。当车辆进入区段,因为车辆轮对的分路作用,该区段被短路,接收端的接收电压减小,轨道继电器达不到相应工作电压落下,发出"轨道占用"的信号。

音频轨道电路有模拟音频轨道电路和数字编码轨道电路两种。模拟音频轨道电路用代表不同速度信息的低频调制载频。其调制信号是模拟量,以实现对列车速度的控制。模拟音频轨道电路只能传输速度信息,不能传输更多的 ATP 信息,因此只能实现阶梯式控制模式的固定闭塞。数字编码轨道电路则用报文形式,通过数字编码对载频进行数字调频。其调制信号是数字量,以实现列车控制所用的各种信息(包括目标速度、目标距离、线路坡度、区间限制、轨道电路长度等信息)的传输。通过数字编码轨道电路可实现曲线型控制模式的准移动闭塞。

音频轨道电路的工作方式分为以下四种:

(1)传输轨道电路报文,用于检查轨道电路区段占用情况。

(2)传输 ATP 列车报文。当列车进入区段,接收电平下降,电平监测模块产生触发信号给报文转换控制器,控制器位置发生翻转,使轨道电路发送 ATP 列车报文。

(3)双向发送信息(具有方向性)。ATP 设备从联锁系统获得进路方向信息,输出控制信息给轨道电路双向切换装置,切换发送端和接收端。

(4)作为列车的定位设备。轨道之间的分割点作为列车因空转/打滑等引起的位置变化的校正点。

3. 道岔区段轨道电路

道岔区段轨道电路主要有串联式、并联式和一送多受式。

如图 1-36 所示,串联式轨道电路电流要流经整个区段的所有钢轨,可以检查所有跳线和钢轨的完整,较安全,但其结构复杂,增加了一组道岔绝缘和 2 根用电缆构成的连接线,给施工和维修带来不便。

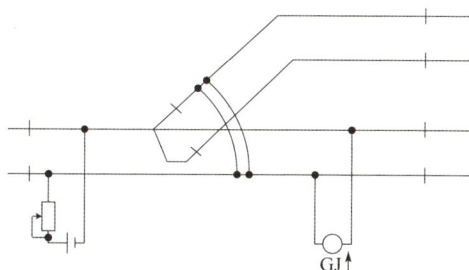

如图 1-37 所示,并联式轨道电路较简单,但是因侧线只检查了电压,而没有检查电流,当跳线或连接线折断,列车进入弯股时,因弯股并没有设置继电器,GJ 仍在吸起状态,这是非常危险的。不过可以用双跳线来防护。但是,当弯股钢轨折断,列车占用时,轨道继电器也不会落下,不符合故障-安全原则。

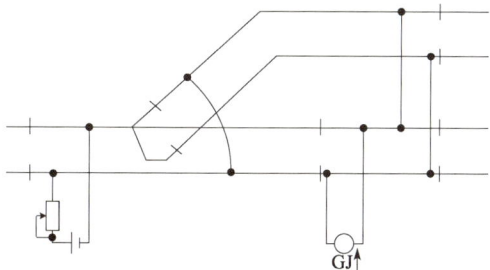

图 1-36　串联式轨道电路　　　　图 1-37　并联式轨道电路

一送多受轨道电路(图 1-38),设有一个送电端,在每个分支轨道电路的另一端各设一个受电端,当任一分支分路时,分支轨道继电器落下,主轨道继电器也落下,实现对轨道电路空闲与否的检查。

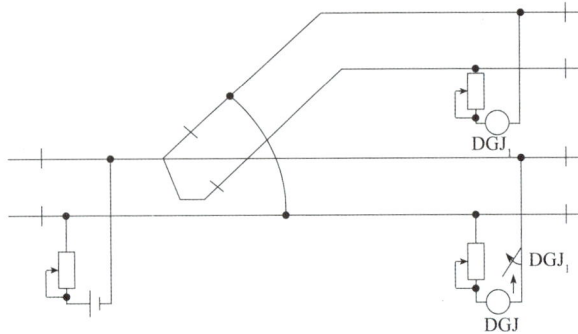

图 1-38　一送多受轨道电路

计轴器的应用

一、计轴器的作用与构成

计轴器可通过计算车辆进出区段的车轴数来监督列车占用情况,它不受轨道线路、道床状况的影响,在 CBTC 城市轨道交通线路无线设备故障时用计轴器检查列车位置,构成"降级"信号。计轴器由室外的计轴磁头(图 1-39,又称车轮传感器)、电子连接以及室内的计轴主机等部分组成。

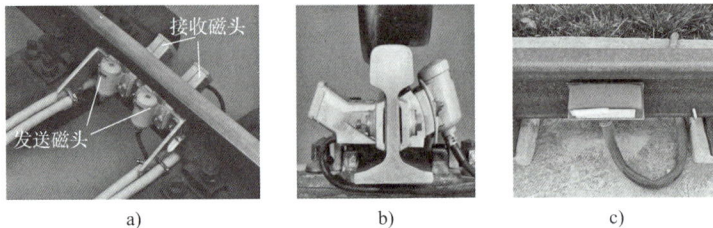

图 1-39　计轴磁头

计轴磁头是计轴器的基础设备,其作用是将车辆通过的车轴数转换成电脉冲信号,一般采用电磁式传感器。电磁式传感器由磁头、发送器、接收器三部分组成。磁头有一个发送线圈和一个接收线圈分别装在钢轨的两侧。发送器向磁头的发送线圈馈送较高频率的电流,使其周围产生交变磁场,并通过空气、钢轨、扣件等不同介质环链到磁头的接收线圈,感应出一交流电压。车轴通过磁头时,车轮的屏蔽作用和轮缘的扩散作用,使环链到磁头的接收线圈的磁通量发生变化,并使感应电压显著降低。接收器将这个变化的感应电压转换成车轴电脉冲信号。

电子连接如图 1-40 所示,向轨道传感器的发送磁头发送频率为 32.768kHz 的一定功率的信号,以推动发送磁头产生交变磁场;将接收磁头中感应的信号电压经过选频、放大、滤波、整形、鉴相等预处理,再进行电-光转换,由光缆送至室内计轴处理机处理。

计轴主机(图 1-41)通过主机传感器接收板接收由室外发送的计数器信息,并将之传至主机的 CPU（中央处理器，Central Processing Unit）进行处理，通过计算给予区段是占用或空闲的判定，同时控制室内轨道继电器（GJ）的吸起和落下，实现区段的检测及锁闭功能。

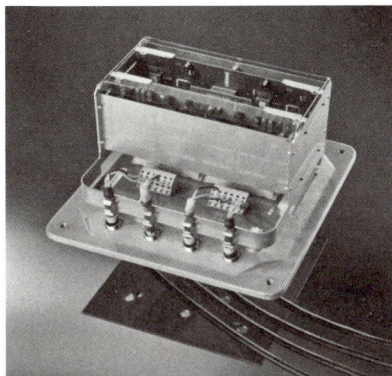

图 1-40　电子连接

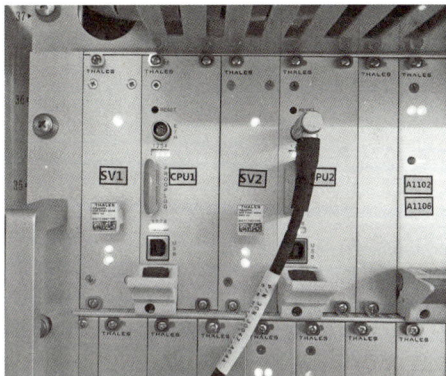

图 1-41　计轴主机

二、计轴器的工作原理

计轴器利用轨道传感器、计数器来记录和比较驶入和驶出轨道区段的轴数。如图 1-42 所示，计轴器在区间始端和末端各有一套传感器，当车轮进入始端轨道传感器作用区时，传感器发出电脉冲信号给计数器，开始计轴，进行加轴运算；当车轮进入末端轨道传感器作用区时，传感器同样发出电脉冲给计数器，进行减轴运算。如果计数器为 0，表明此时区间无车占用；如果不为 0，则表明此时区间有车占用。

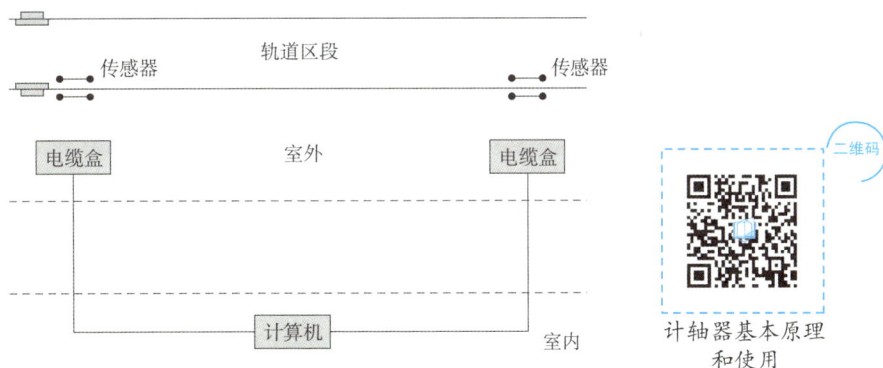

图 1-42　计轴器工作原理

计轴器基本原理和使用

计轴器除了应具备计数列车轮轴经过轨道传感器的轴数的基本功能，还需要考虑列车轮轴运行方向的问题。列车沿一个方向经过轨道传感器时，有可能停在轨道传感器上。过后，如果列车又沿同一方向继续运行，计轴器在原来所计轴数的基础上进行累加计数。如果列车沿相反方向运行，则计轴器在原计轴数的基础上进行累减计数。列车一旦压上轨道传感器，计轴器开始计轴，则使计轴继电器落下，以此表示区间占用。只有在轨道区段入口、出口计轴器所计轴数相减为零时，才能使计轴继电器吸起，以表示区间空闲。为了鉴别列车运行方向，一个计轴点有两个发送磁头和两个接收磁头。

课题 1.5 应答器的应用

一、应答器的作用和组成

1. 应答器的作用

城市轨道交通列车运行自动控制系统中,应答器的应用很普遍。最早在上海地铁 1 号线的 ATC 系统中,采用无源和有源应答器,实现列车在车站的程序定位停车控制。其后在"距离定位"的 ATC 系统中,轨间采用了大量的定位应答器,也称"信标",如图 1-43 所示。近年来,我国城市轨道交通陆续采用 CBTC 系统,而为了检测列车在线路的精确位置,普遍大量地采用了应答器。应答器可以发送线路速度、线路坡度、轨道区段、信号点类型、临时限速、进路参数、轨道区段等信息。

图 1-43 信标

2. 应答器的组成

应答器主要由地面设备和车载设备两部分组成。

地面设备包含地面应答器和地面电子单元,实现地对车的数据传输。地面无源应答器具有列车运行固定信息。有源应答器与地面电子单元相连接时,能提供实时可变的信息。地面电子单元是一种数据采集与处理单元,当有数据变化时,将变化后的数据形成报文,并送给地面应答器,传送给列车。

地面应答器可以单个设置,也可以按编组形式设置,组内每个应答器均发送一组报文,所有报文综合定义了该应答器组所代表的信息含义,如图 1-44 所示。例如,在 CBTC 系统中,在线路入口处设有两个距离固定的地面应答器,它们为一组,构成"初始化"应答器,不仅使列车识别运行方向和在线路的绝对位置,而且可以计算"轮径"补偿值,校正距离定位的误差。

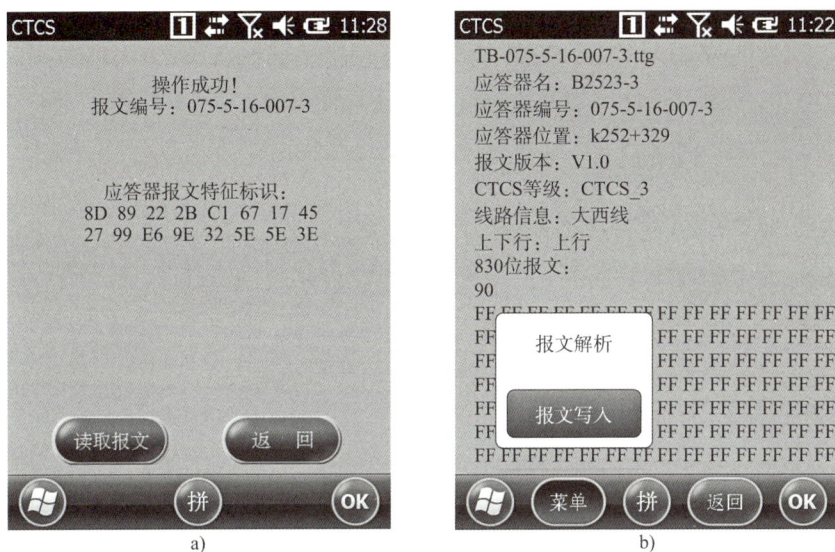

图1-44 应答器报文

车载部分包括车载查询天线和车载应答器。车载查询天线是一个双工的收发天线,既可以向地面发送激活地面应答器的功率载波,还要接收地面应答器发送的数据报文。车载查询器对地面应答器的数据进行处理分析,然后传送给车载 ATC 系统,完成相应的控制,所以车载接收设备包括滤波、解调、微处理器等模块。

二、应答器的种类和工作原理

城市轨道交通中使用的应答器主要有无源应答器和有源应答器。

1. 无源应答器

如图1-45所示,无源应答器作为一个电磁设备,没有外接电源供电。平时无源应答器处于静止休眠状态,当列车经过无源应答器上方时,地面应答器接收到车载天线传递的载频能量,获得电能量使地面应答器的信号发生器工作,然后将事先存储在地面应答器中的数据传送出去。这些信息可以包含公里标、线路坡度、限速等各种数据信息。

二维码

应答器基本原理和使用

列车接收到这些信息,通过车载控制系统得出最佳的运行速度,以保证行车安全。列车也可以根据接收到的信息确定列车在线路的精确位置。

2. 有源应答器

有源应答器需要外接电源向其供电,如图1-46所示。它由可变信息应答器、轨旁电子单元(Lineside Electronic Unit,LEU)、车站信息编码设备和连接电缆组成。有源应答器接有车站信息编码设备,因此有源应答器内的数据报文可以随外部控制条件产生变化。例如设置于地面信号机旁的有源应答器,它将信号机的显示状态的数据信息通过应答器传送给列车。对应信号机的不同显示,数据信息是可变的。有源应答器在城市轨道交通点式 ATP 子系统中得到广泛的应用,另外在 CBTC 的后备系统中也普遍采用。当列车接近到有源应答器的一定距离时,有源应答器内的数据应该保持不变;当列车远离有源应答器时,数据可以

随时变化。车站内的信息编码设备和车站联锁系统结合,采集联锁系统的有关信息,例如信号机的显示、道岔的位置、临时限速等。这些信息经过编码设备编码后,通过串行接口传送至轨旁电子单元,再通过它控制地面有源应答器的数据发送,为列车提供实时的信息。

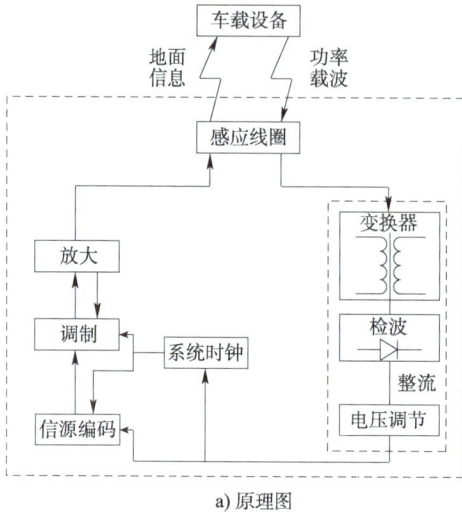

a) 原理图

b) 实物图

图 1-45　无源应答器

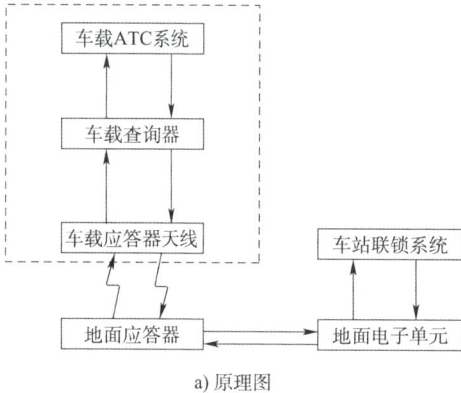

a) 原理图

b) 实物图

图 1-46　有源应答器

应答器作为保证行车安全的信号设备,应符合安全标准。早在 1996 年欧洲铁路联盟就对应答器做出了相应的规定。设计应答器时,应遵循以下设计指标:参照欧洲列车控制系统(European Train Control System,ETCS)的标准设计,并符合我国轨道交通的运行状况;具有抗电化干扰的能力,并且不应对其他设备产生干扰;应采用模块化结构、统一接口、标准协议,能与其他信号系统结合或进行数据交换;系统的信息编码,应符合国际标准;易于安装、调试、采用高可靠性设计,防机械冲击和振动,可满足封装密封、元器件防振、耐高温及防潮等环境要求。

基于以上原则,设计地面应答器时,无源应答器比有源应答器的设计要复杂,而且无源应答器只需去除电源电路,改由外部供电外,也可以当作有源应答器使用。

项目实施与评估

任务1.1　练习手信号

【任务目的】

完成行车手信号的使用。

【任务设备】

红、黄、绿、白信号旗(灯)。

二维码

手信号的使用

【任务步骤】

(1)复述手信号的适用范围及常用手信号显示含义。

(2)练习各种手信号。

①发车手信号(图1-47)。

在站台发车端列车驾驶室侧窗旁安全位置,右手持展开的绿色信号旗或绿色信号灯面对司机做顺时针圆形转动,列车起动后收回。

②停车手信号(图1-48)。

要求列车停车。在来车方向站台发车端端头,面向来车方向,手(轨道侧)持展开的红色信号旗/红色信号灯平举,无红色信号旗/红色信号灯时,两臂高举头上,向两侧急剧摇动,或用白色信号灯上下急剧摇动,列车至规定停车位置停稳时收回。

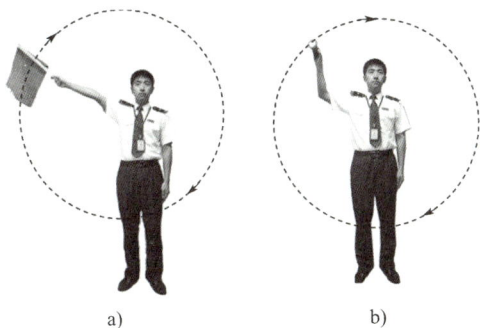

a)　　　　　　　　b)

图1-47　发车手信号

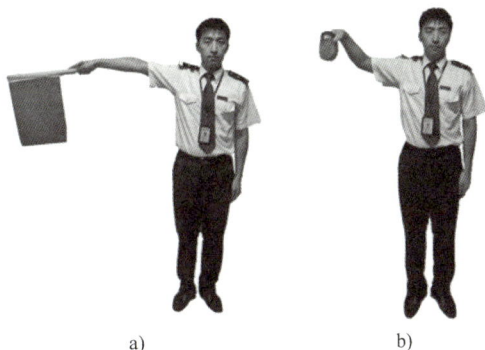

a)　　　　　　　　b)

图1-48　停车手信号

③引导手信号(图1-49)。

准许列车进入车辆基地或车站。在站台头端墙,站台门与线路间站台上,面向来车方向,右手持展开的黄色信号旗/黄(白)色信号灯高举头上左右摇动,列车头部越过显示地点时收回。

④紧急停车手信号(图1-50)。

要求司机紧急停车。在危及行车安全事发点处面向来车方向安全位置,手持展开的红色信号旗/红色信号灯下压数次,无信号旗时,两臂高举头上,向两侧急剧摇动,夜间无红色信号灯时,用白色信号灯上下急剧摇动,列车停稳后收回。

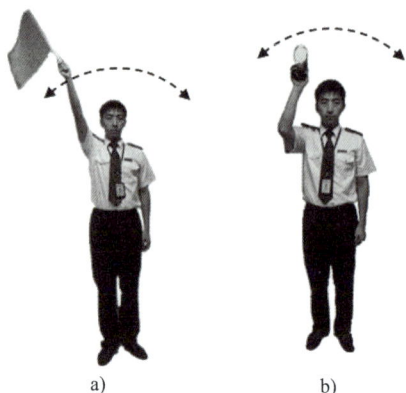

图 1-49　调车手信号

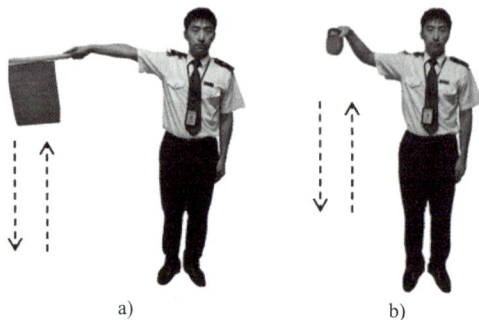

图 1-50　紧急停车手信号

⑤通过手信号(图 1-51)。

准许列车由车站通过。在来车方向站台进站端头,面向来车方向,手持展开的绿色信号旗/绿色信号灯,列车通过后收回。

⑥减速手信号(图 1-52)。

要求列车降低到要求的速度。在头端墙侧扶梯口,靠近紧急停车按钮附近,手持展开的黄色信号旗/黄色信号灯。无黄色信号灯时用展开的黄色信号旗下压数次,列车头部越过信号显示地点后收回。

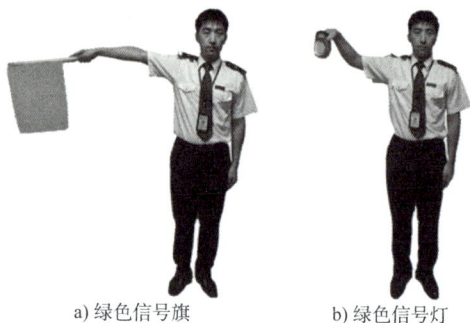

a) 绿色信号旗　　　b) 绿色信号灯

a) 黄色信号旗　　　b) 黄色信号灯

图 1-51　通过手信号

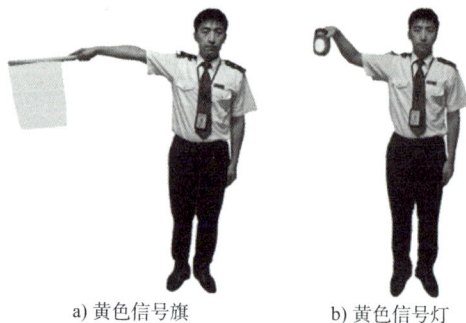

图 1-52　减速手信号

【任务评估】

班级		姓名		学号		日期	

任务目的
按照手信号的地点、正确选择信号、规范动作和收回时机等要求，做出对应手信号。

任务	操作步骤与标准	总分	得分
1. 发车手信号	在站台发车端列车驾驶室侧窗旁安全位置，右手持展开的绿色信号旗或绿色信号灯面对司机做圆形转动，列车起动后收回	15	
2. 停车手信号	在来车方向站台发车端端头，面向来车方向，手（轨道侧）持展开的红色信号旗/红色信号灯平举，无红色信号旗/红色信号灯时，两臂高举头上，向两侧急剧摇动，或用白色信号灯上下急剧摇动，列车至规定停车位置停稳时收回	20	
3. 引导手信号	在站台头端墙，站台门与线路间站台上，面向来车方向，右手持展开的黄色信号旗/黄（白）色信号灯高举头上左右摇动，列车头部越过显示地点时收回	15	
4. 紧急停车手信号	在危及行车安全事发点处面向来车方向安全位置，手持展开的红色信号旗/红色信号灯下压数次，无信号旗时，两臂高举头上，向两侧急剧摇动，夜间无红色信号灯时，用白色信号灯上下急剧摇动，列车停稳后收回	20	
5. 通过手信号	在来车方向站台进站端端头，面向来车方向，手持展开的绿色信号旗/绿色信号灯，列车通过后收回	15	
6. 减速手信号	在头端墙侧扶梯口，靠近紧急停车按钮附近，手持展开的黄色信号旗/黄色信号灯。无黄色信号灯时用展开的黄色信号旗下压数次，列车头部越过信号显示地点后收回	15	
总得分			

任务反思与总结：

任务1.2 练习手摇道岔

【任务目的】

完成手摇道岔。

【任务设备】

道岔、转辙机[ZD6、ZD(J)9]、遮断器挂锁钥匙、手摇把、钩锁器、钩锁器钥匙、扳手、信号灯、对讲机、手电筒。

二维码

手摇道岔

【任务步骤】

(1)明确需要手摇道岔的情形。

运营期间,信号系统因故障无法排列进路时或者由于设备故障,不能通过ATS工作站对道岔进行位置转换时;工程期间,由工程主管指定特定手信号员或值班站长负责手摇道岔(图1-53)。

(2)下线前准备工作。

向行车调度员或车辆段/停车场调度员要点,取得同意并设好防护后方可下线路。运营期间进入线路区间,距离最近走行轨小于1.8 m时必须格外小心;手摇道岔时,距离第三轨不得小于1 m,否则必须将第三轨断电并接地。带齐工具,严格劳保着装,必须穿着绝缘鞋、荧光识别服,戴手套。

(3)手摇道岔,做到"一看、二开、三摇、四确认、五加锁、六汇报"。

一看(位置、状态):看道岔开通位置是否正确,是否需要改变开通位置;是否有钩锁器;尖轨与轨道间的空隙是否有异物。

二开:打开遮断器挂锁(图1-54)。对于ZD(J)9型电动转辙机,将遮断器锁扣横向拉开,遮断器向上提;对于ZD6型电动转辙机,拉开锁扣,向外拉遮断器再向下拉遮断器,使启动电路断开,同时露出手摇把插孔(图1-55、图1-56)。

图1-53 手摇道岔

图1-54 打开遮断器挂锁

三摇:将摇把插入插孔,手摇摇把将道岔转换至需要的位置,听到转辙机"咔嚓"落槽声后即表明道岔已锁闭,停止摇道岔(图1-57)。

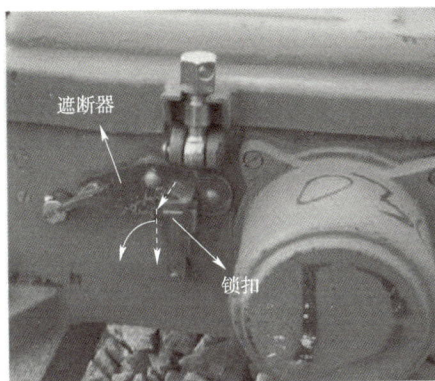

图 1-55　开 ZD6 型遮断器

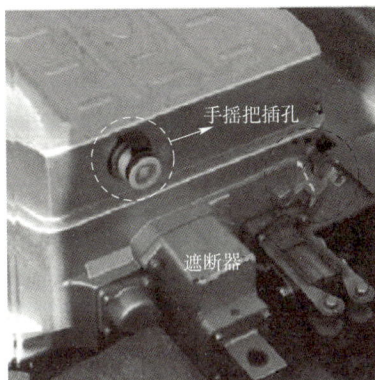

图 1-56　开 ZD(J)9 遮断器

四确认:确认开通位置是否正确,检查尖轨是否密贴,开通"定位"或"反位",另一人应答确认(图 1-58、图 1-59)。

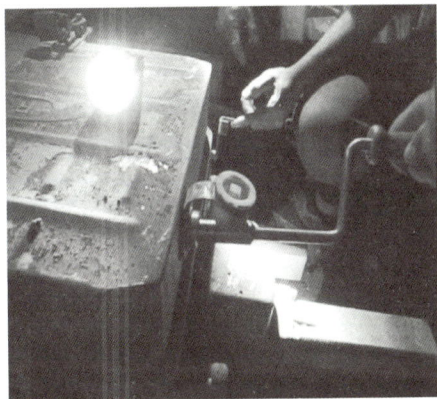

图 1-57　三摇

图 1-58　确认开通位置

五加锁:双人确认道岔位置正确后,放置止动楔,用钩锁器锁定尖轨于该位置(视运营情况而定),如图 1-60 所示。

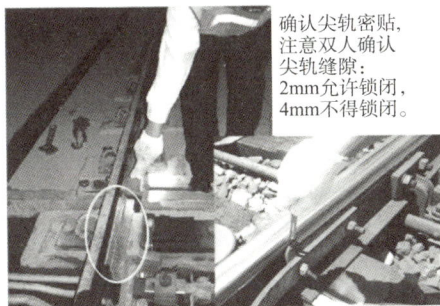

确认尖轨密贴,注意双人确认尖轨缝隙:2mm允许锁闭,4mm不得锁闭。

图 1-59　确认密贴

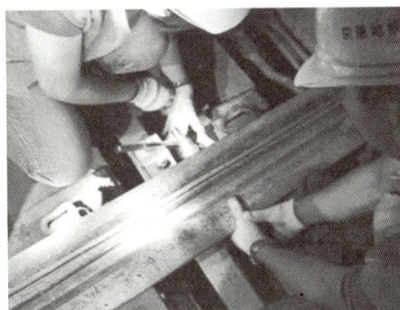

图 1-60　加锁

六汇报:向车站综控室汇报道岔开通位置及加锁情况,如:"××号道岔开通定/反位,尖轨密贴(并已加锁)"。

【任务评估】

班级		姓名		学号		日期	

任务目的
完成手摇道岔的规范操作。

任务	操作步骤与标准	总分	得分
1. 明确需要手摇道岔的情形	确认信号系统因故障无法排列进路时,或者由于设备故障不能通过 ATS 工作站时,对道岔进行位置转换	5	
2. 下线前准备工作	1. 向行车调度员或车辆段/停车场调度员要点,取得同意并设好防护; 2. 进入线路区间,距离最近走行轨不小于1.8m; 3. 手摇道岔时,距离第三轨不得小于1m(否则必须将第三轨断电并接地); 4. 带齐工具,严格执行劳保着装,必须穿着绝缘鞋、荧光识别服,戴手套	20	
3. 一看	1. 道岔开通位置是否正确,是否需要改变开通位置; 2. 是否有钩锁器; 3. 尖轨与轨道间的空隙是否有异物	15	
4. 二开	1. 打开遮断器挂锁,对于 ZD(J)9 型电动转辙机将遮断器锁扣横向拉开,遮断器向上提,使启动电路断开,同时露出手摇把插孔; 2. ZD6 型电动转辙机拉开锁扣,向外拉遮断器再向下拉遮断器,使启动电路断开,同时露出手摇把插孔	10	
5. 三摇	1. 将摇把插入插孔,手摇把将道岔转换至需要的位置; 2. 听到转辙机"咔嚓"落槽声后即表明道岔已锁闭,停止摇道岔	10	
6. 四确认	1. 确认开通位置是否正确,检查尖轨是否密贴; 2. 开通"定位"或"反位",另一人应答确认	20	
7. 五加锁	双人确认道岔位置正确后,放置止动楔,用钩锁器锁定尖轨于该位置	10	
8. 六汇报	向车站综控室汇报道岔开通位置及加锁情况	10	
总得分			

任务反思与总结:

任务1.3 完成轨道电路对信号灯的控制

【任务目的】

熟悉轨道电路的作用并进行信号灯控制。

【任务设备】

轨道模型2～4段(可导电)、继电器2个、直流电源3个(分别与继电器和信号机电压相匹配)、信号机(LED,含红绿黄三色灯,可以为模型)1架。

【任务步骤】

(1)铺设轨道并按照极性交叉(即绝缘节两侧的轨面电压具有不同的极性或相反的相位)对轨道电路进行配置。

(2)测试轨道电路是否可用,使用小车或者轮对在轨道上行走,观察轨道继电器是否可靠吸起和落下。

(3)设计轨道电路对信号机进行控制。

信号机的显示逻辑见表1-2。

信号机的显示逻辑 表1-2

前段车辆占用情况	本段有车	本段无车
有车	红灯(H)	黄灯(U)
无车	红灯(H)	绿灯(L)

按照显示逻辑设计电路,参考电路如图1-61所示。

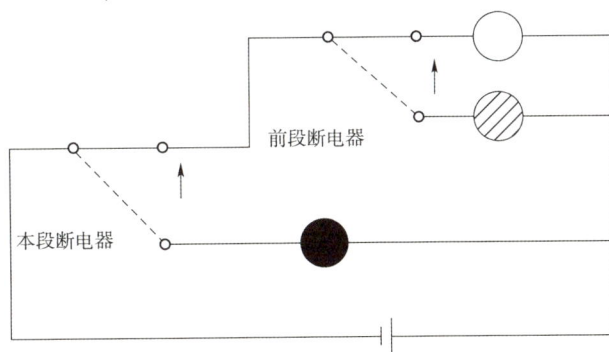

图1-61 电路图

(4)按照设计电路搭建信号机显示电路。

(5)验证设计。

【任务评估】

班级		姓名		学号		日期	

任务目的

实现轨道电路的作用并进行信号灯控制。

任务	操作步骤与标准	总分	得分
1.电路设计	按照要求设计相应的轨道电路和信号灯控制电路	20	
2.电路搭建	按照电路图完成电路搭建	20	
3.功能验证	本段和前段均无车,绿灯亮	20	
	本段无车,前段有车,黄灯亮	20	
	本段有车,前段有/无车,红灯亮	20	
总得分			

任务反思与总结:

任务1.4 应答器报文数据的读写

【任务目的】

读取、解析和写入应答器报文数据。

【任务设备】

无源应答器1套,有源应答器1套,应答器数据读写器1台。

【任务步骤】

(1)启动与连接。打开主机电源开关,开机启动后直接进入应答器报文读写器软件登录界面,输入正确的用户名和密码后点击登录,此时自动连接相应的主机。具体如图1-62所示。

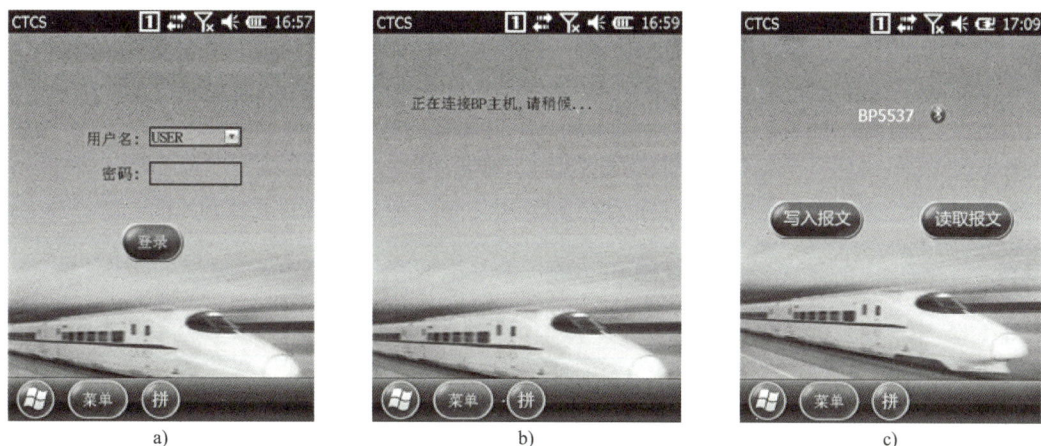

图1-62 应答器读写设备启动

(2)读取报文。在读取报文全过程中,主机应正确放置在应答器正上方。点击"读取报文"后,开始进行报文读取,1～2s后显示"报文读取成功"的提示并显示读取报文的编号及对应的报文特征标识码,界面下方有显示内容按钮,可直接查看读取的报文数据。具体如图1-63所示。

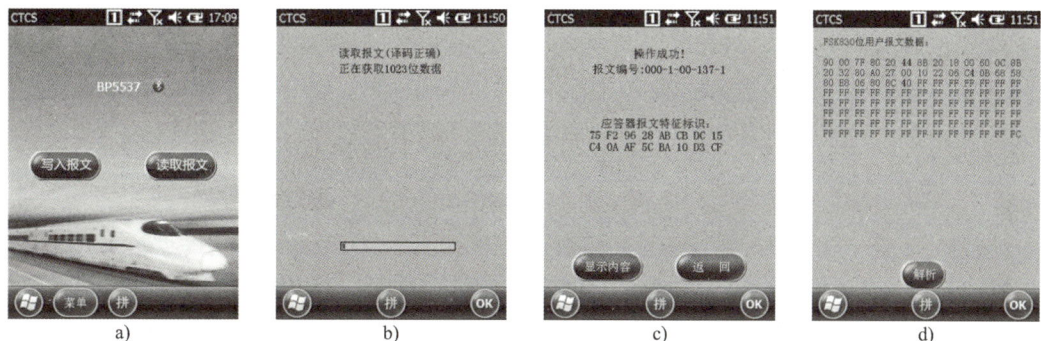

图1-63 读取报文

(3)解析报文。解析报文功能位于报文信息浏览界面下方,其中报文内容是依据相关标准来解析的,解析内容可通过拖动滑动条进行查询。具体如图1-64所示。

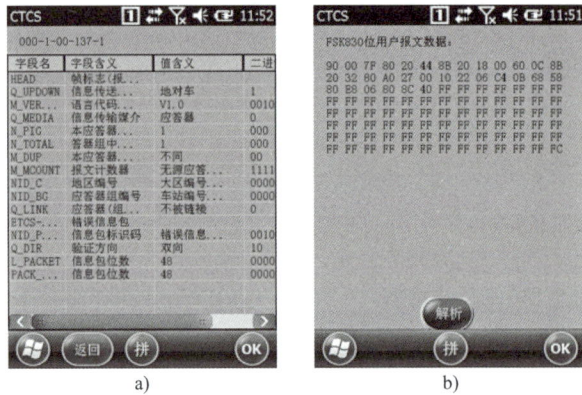

图1-64　解析报文

(4)写入报文。在显示报文内容界面左下角菜单,点击报文写入后,依次"正在写入报文""写入报文"和"校验报文",提示"操作成功!",写入报文完成。具体如图1-65所示。

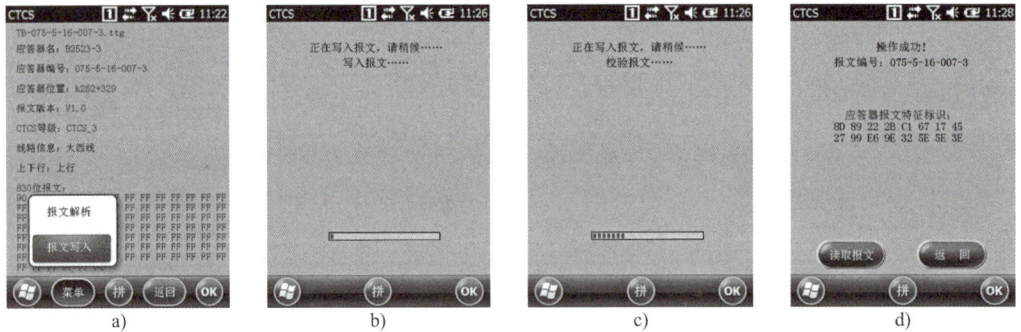

图1-65　写入报文

【任务评估】

班级		姓名		学号		日期	

任务目的

读取、解析和写入应答器报文数据。

任务	操作步骤与标准	总分	得分
1. 设备启动与连接	1. 启动主机； 2. 登录界面	20	
2. 读取报文	1. 读取报文； 2. 读取报文特征码； 3. 显示内容	30	
3. 解析报文	1. 解析报文内容； 2. 解释报文数据	30	
4. 写入报文	1. 正确选择写入报文数据； 2. 写入报文	20	
总得分			

任务反思与总结：

项目拓展

信号继电器

继电器是自动控制系统中常用的电器,它用于接通和断开电路,用以发布控制命令和反映设备状态,以构成自动控制和远程控制电路。各个领域的自动控制系统无一不采用继电器。城市轨道交通信号系统中广泛采用继电器,称为信号继电器(简称继电器),通常作为自动控制系统的接口部件。继电器的可靠性直接影响城市轨道交通信号系统的可靠性和安全性。

一、继电器的基本原理

继电器是一种特殊的开关,一般由电磁系统(由线圈、固定的铁芯和轭铁以及可动的衔铁组成)和接点系统(由动接点和静接点组成)构成。

继电器的基本工作原理如下:当线圈中通入一定的电流后,根据电磁原理,线圈中的电流产生磁性,衔铁被吸引;当线圈中没有足够的电流时,衔铁由于重力作用被释放,衔铁上的触点随着衔铁的动作,动触点与静触点接通或断开,从而实现对其他设备进行控制。

如图 1-66 所示,给线圈中通以一定大小的电流后,在衔铁和铁芯之间就产生一定大小的磁通,铁芯对衔铁就产生了吸引力。当电流增大到一定值,吸引力增大到能克服衔铁向铁芯运动的阻力时,衔铁就被吸向铁芯。由衔铁带动的动接点也随之动作,与前接点(以下称动合接点)接通,此状态称为继电器励磁吸起。吸引力随电流的减小而减小,当吸引力减小到不足以克服阻力时落下(称为释放),衔铁带动动接点与前接点断开,与后接点(以下称动断接点)接通,此状态称为继电器失磁落下。因此,继电器具有开关特性,可利用它的接点通、断电路构成各种控制和表示电路。

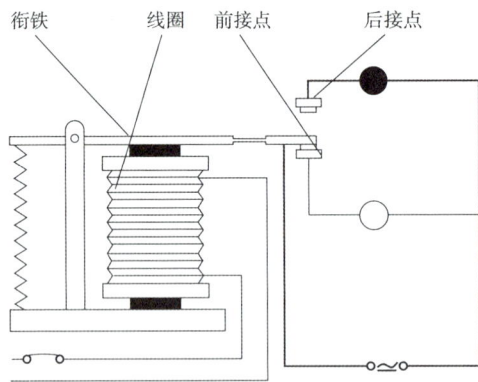

继电器构造

图 1-66　继电器的基本工作原理

二、安全继电器

安全继电器是 DC 24V 系列的重力式直流电磁继电器,其典型结构为无极继电器(图 1-67),其他各型继电器由无极继电器派生。因此,绝大部分继电器零件能通用。

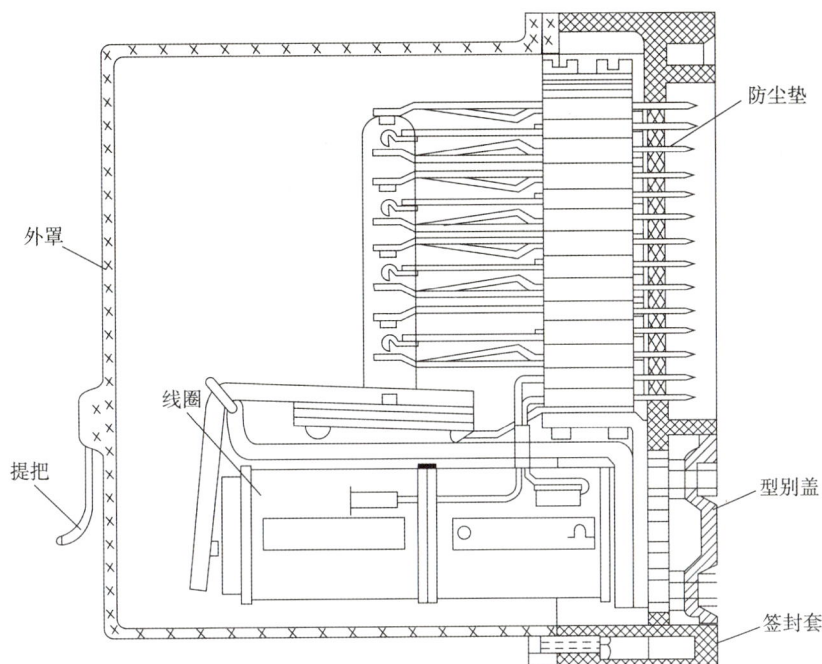

图 1-67 插入式无极继电器

1. 安全继电器的型号表示方法

安全继电器型号用汉语拼音字母和数字表示,字母表示继电器种类,数字表示线圈的电阻值(单位:Ω)。例如:JWJXC $-$ H $\frac{125}{0.44}$ 中,J 表示继电器,W 表示无极,J 表示加强接点(普通接点不标),X 表示信号,C 表示插入(非插入式不标),H 表示缓放(非缓放不标),125 表示前圈电阻值,0.44 表示后圈电阻值。继电器型号的符号含义如表 1-3 所示。

继电器型号的符号含义 表 1-3

代号	含义		代号	含义	
	安全型	其他类型		安全型	其他类型
A	—	安全	R	—	—
B	—	半导体	S	—	时间、灯丝、双门
C	插入	插入、传输、差动	T	—	通用、弹力
D	—	动态	W	无极	—
DB	单闭磁	—	X	信号	—
H	缓放	缓放	Y	有极	信号、小型
J	继电器,加强接点	继电器,加强接点,交流	Z	整流	整流、转换
P	偏极	—			

2. 安全继电器的特点

安全继电器是指它的结构必须符合故障-安全原则(发生安全侧故障的可能性远远大于发生危险侧故障的可能性;处于禁止运行状态的故障有利于行车安全,称为安全侧故障;处于允许运行状态的故障可能危及行车安全,称为危险侧故障),在故障情况下使前接点闭合的概率远小于后接点闭合的概率。这样,就可以用前接点代表危险侧信息,用后接点代表安全侧信息。

3. 安全继电器的类型和应用

1) 无极继电器

无极继电器由电磁系统和接点系统两部分组成。电磁系统包括线圈、铁芯、轭铁和衔铁等。直流无极继电器的结构如图1-68所示。

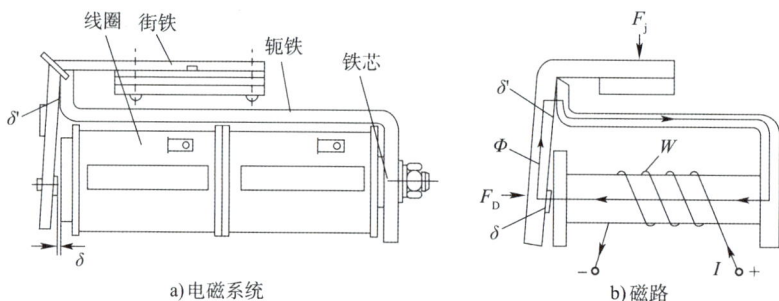

图 1-68　直流无极继电器的电磁系统和磁路

在线圈上加上直流电压后,线圈中的电流使铁芯磁化,在铁芯内产生工作磁通。由于磁通的作用,铁芯与衔铁间产生电磁吸引力。当电磁吸力大到足以克服机械负载的阻力时,衔铁即与铁芯吸合。此时衔铁通过拉杆带动动接点运动,使后接点断开,前接点闭合。

当线圈中的电流减小时,铁芯中的磁通按一定规律随之减小,吸引力也随之减小。当电流小到一定值时,它所产生的吸引力小于机械力,衔铁离开铁芯,被释放。此时拉杆带动动接点运动,使前接点断开、后接点闭合。

2) 整流式继电器

整流式继电器用于交流电路中。它通过内部的半波或全波整流电路将交流电变为直流电而动作。整流式继电器的电磁系统与无极继电器相同,只是磁路结构参数有所不同。更主要的是,在接点组上方安装由二极管组成的半波或全波整流电路。

3) 有极继电器

有极继电器根据线圈中电流极性不同而具有定位和反位两种稳定状态,这两种稳定状态在线圈中电流消失后,仍能继续保持,故又称极性保持继电器。它的特点是磁系统中增加了永久磁钢。在线圈中通以规定极性的电流时,继电器吸起,断电后仍保持在吸起位置;通以反方向电流时,继电器打落,断电后保持在打落位置。

有极继电器的磁路结构与无极继电器基本相同,不同的只是用一块端部呈刃形的长条形永久磁钢代替无极继电器的部分轭铁,磁钢与轭铁间用螺栓连接。

有极继电器衔铁位置的定位、反位规定为:衔铁与铁芯极靴之间的间隙最小时(即吸起状态)的位置规定为定位,此时闭合的接点叫作定位接点(符号为 D,相当于前接点);衔铁与铁芯极靴之间的间隙最大时(即打落状态)的位置规定为反位,此时闭合的接点叫作反位接点(符号为 F,相当于后接点)。

4)偏极继电器

偏极继电器是为了满足信号电路中鉴别电流极性的需要设计的。它与无极继电器不同,衔铁的吸起与线圈中电流的极性有关,只有通过规定方向的电流时,衔铁才吸起,而电流方向相反时,衔铁不动作。但它又与有极继电器不同,只有一种稳态,即衔铁靠电磁力吸起后,断电就落下,落下是稳定状态。

偏极继电器的磁系统与无极继电器基本相同,但铁芯的极靴是方形的,在方极靴下方用两个螺栓固定永久磁钢,使衔铁处于极靴和永久磁钢之间,受永磁力的作用偏于落下位置。由于永磁力的存在,衔铁只安装一块重锤片,后接点的压力由永磁力和重锤片共同作用产生。

三、安全继电器的应用

1. 继电器的符号

继电器一般是根据它的主要用途和功能来命名的。为了便于标记,继电器符号用汉语拼音字头或英文单词的缩写来表示,例如按钮继电器表示为 AJ,信号继电器表示为 XJ。在一个控制系统中会用到许多继电器,同一作用和功能的继电器也不止一个,应注意各自的区别。

同一个继电器的线圈和接点必须用该继电器的名称符号来标记,以免互相混淆。同一个继电器的各接点组还需用其编号注明,以防重复使用。

2. 继电器的定位

继电器有两个状态:吸起状态和落下状态。电路图中继电器呈现的状态称为通常状态(简称常态),或称为定位状态。在城市轨道交通信号系统中遵循以下原则来规定定位状态:

(1)继电器的定位状态应与设备的定位状态相一致,信号布置图中所反映的设备状态约定为设备的定位状态。例如,一般信号机以关闭为定位状态,道岔以开通为定位状态,轨道电路以空闲为定位状态。

(2)根据故障-安全原则,继电器的落下状态必须与设备的安全侧相一致。例如,信号继电器的落下应与信号关闭相一致,轨道继电器落下应与轨道电路占用相一致。这样,才能实现电路发生断线故障时导向安全侧。

根据以上两条原则就可确定继电器的定位状态了。在电路图中,凡以吸起为定位状态的继电器,其线圈和接点处均以"↑"符号标记;凡以落下为定位状态的继电器,其线圈和接点处均以"↓"符号标记。

3. 继电器图形符号

在继电电路中,涉及继电器线圈和接点组,它们的图形符号分别如表 1-4 和表 1-5 所列,这些图形符号反映了继电器的某些特性。接点图形符号有工程图用(标准图形)和原理图用(简化图形)两种。工程图用符号能准确表达接点的状态,且不致因笔误而造成误解。原理图用于设计草图和教学中使用。

继电器线圈的图形符号

表 1-4

序号	名称	符号	说明
1	无极继电器	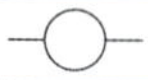	
2	无极缓放继电器		两线圈分接
			单线圈缓放
3	无极加强继电器	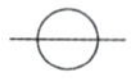	
4	有极继电器		
5	有极加强继电器		
		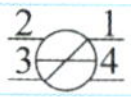	两线圈分接
6	偏极继电器		
7	整流式继电器	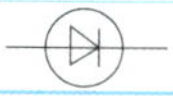	

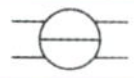

继电器接点的图形符号

表 1-5

序号	符号		名称	说明
	标准图形	简化图形		
1	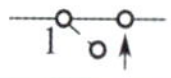		前接点闭合	
2	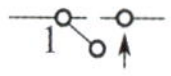	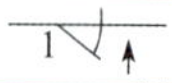	后接点断开	
3	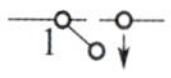	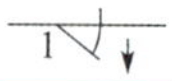	前接点断开	
4	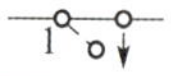	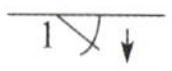	后接点闭合	
5	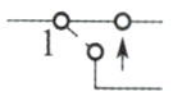		前、后接点组	前接点闭合 后接点断开
	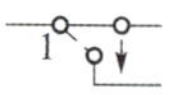	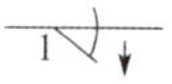		前接点断开 后接点闭合
6	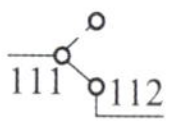	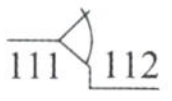	极性定位接点闭合	
7	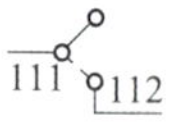		极性定位接点断开	
8	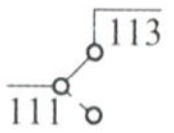	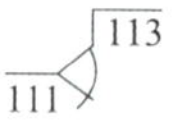	极性反位接点闭合	
9	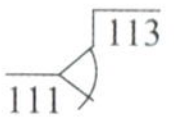	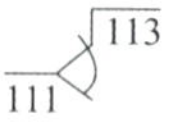	极性反位接点断开	
10			极性定、反位接点组	定位接点闭合 反位接点断开
				定位接点断开 反位接点闭合

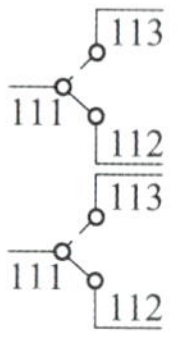

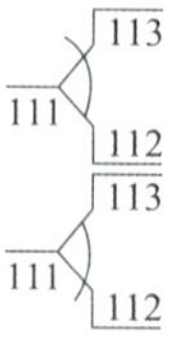

在继电器线圈符号上要注明其定位状态的箭头和线圈端子号。

对于继电器的前接点和后接点,只标出其接点组号,而不必详细标明动接点、前接点、后接点号。但从图中可看出,第一组接点,其动接点为111,前接点为112,后接点为113。

对于有极继电器,因无法用箭头表示其状态,所以必须标明其接点号,如111 – 112 表示定位接点,111 – 113 表示反位接点,百分数1是为了区别于其他继电器而增加的。

4. 继电器基本电路

根据继电器接点在电路中的连接方式,继电电路可分为串联、并联和串并联三种基本形式。

串联电路是指继电器接点串联连接的电路,其功能是实现逻辑"与"运算。图1-69为一串联电路,3个接点必须同时闭合才能使继电器DJ吸起。从逻辑功能来看,接点在电路中的串接顺序是任意的,而且动接点是否接向电源也是任意的。但从工程角度出发,应考虑接点的有效使用,如AJ的后接点可用在别的电路中。

由几个继电器接点并联连接的电路称为并联电路,它的功能是实现逻辑"或"运算。图1-70为3个接点并联的例子,其中任一个接点闭合都会使继电器DJ吸起。从工程角度看,也要考虑接点组的有效利用。

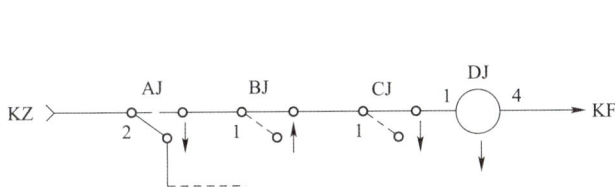

图1-69 继电器串联电路

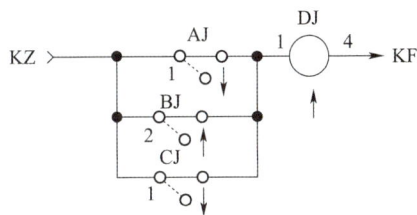

图1-70 继电器并联电路

根据逻辑功能的要求,在电路中有些接点是串联,有些接点是并联,这类电路称为串并联电路,如图1-71所示。

在继电器构成的控制系统中,常需要将某一动作记录下来为以后的过程做准备。如图1-72的按钮继电器电路,按下自复式按钮A后,继电器AJ经过励磁电路吸起,但松开按钮后,继电器就不能保持吸起。为此,增加由自身前接点构成的电路,使按钮松开后,继电器不落下。这条由自身前接点构成的电路称为自闭电路。有了自闭电路后,继电器就有了记忆功能。当然,当它完成任务后,就必须由表示该任务完成的继电器接点使其复原。

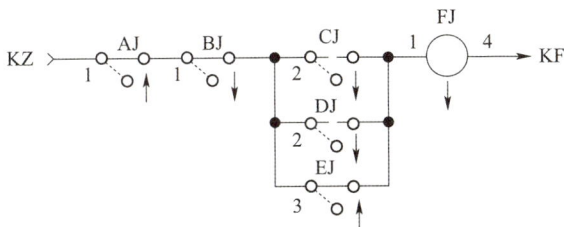

图1-71 继电器串并联电路

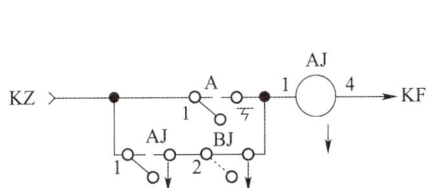

图1-72 自闭电路

课后巩固

一、填空题

1. 城市轨道交通所使用的信号有＿＿＿＿＿＿＿＿＿、＿＿＿＿＿＿＿＿＿、＿＿＿＿＿＿＿＿和＿＿＿＿＿＿＿＿四种。

2. 信号机亮红灯表示＿＿＿＿＿＿＿＿＿＿＿＿＿＿＿＿＿，防护信号机亮黄灯表示＿＿＿＿＿＿＿＿。

3. 道岔号的计算公式为＿＿＿＿＿＿＿＿＿＿＿＿＿，城市轨道交通一般在正线使用＿＿＿＿＿＿＿＿＿＿号道岔,在车辆段使用＿＿＿＿＿＿＿＿＿＿号道岔。

4. 道岔的定位是指＿＿＿＿＿＿＿＿＿＿＿＿＿＿＿＿＿＿＿＿＿＿＿＿＿＿＿＿＿＿＿＿。

5. 手摇道岔的 6 个步骤为＿＿＿＿＿＿＿＿、＿＿＿＿＿＿＿＿、＿＿＿＿＿＿＿＿、＿＿＿＿＿＿＿＿、＿＿＿＿＿＿＿＿和＿＿＿＿＿＿＿＿。

6. ZD6 型电动转辙机主要由＿＿＿＿＿＿＿＿、＿＿＿＿＿＿＿＿、摩擦连接器、主轴、自动开闭器、＿＿＿＿＿＿＿＿、＿＿＿＿＿＿＿＿、表示杆、移位接触器、外壳等组成。

7. 电动转辙机每转换一次,锁闭齿轮与齿条块要完成＿＿＿＿＿＿＿、＿＿＿＿＿＿＿、＿＿＿＿＿＿＿三个过程。

8. 轨道电路有＿＿＿＿＿＿＿＿、＿＿＿＿＿＿＿＿和＿＿＿＿＿＿＿＿三种状态。

9. 计轴器由＿＿＿＿＿＿＿＿和＿＿＿＿＿＿＿＿组成。

10. 应答器主要分为＿＿＿＿＿＿＿＿和＿＿＿＿＿＿＿＿。

二、选择题

1. 单显示信号机可用于(　　　)。

　　A. 阻拦信号机　　　B. 通过信号机　　　C. 出站信号机　　　D. 调车信号机

2. 当轨道电路处于分路状态时,表示(　　　)。

　　A. 该区间空闲

　　B. 该区间被占用

　　C. 该区间断轨

　　D. 该区间信号设备故障

3. 计轴器的作用是(　　　)。

　　A. 监督列车的占用

　　B. 测量列车速度

　　C. 输送车辆所需的电力

　　D. 超速防护

三、作图题

1. 试画出调车信号机点灯电路。

2. 请画出自闭电路的电路图。

3. 试画出图 1-73 中串联轨道电路的电流走向。

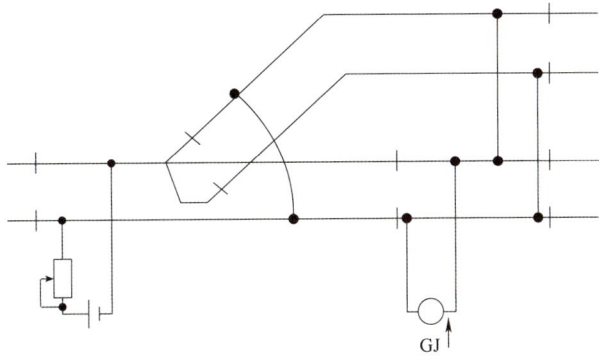

图 1-73　串联轨道电路

4. 如图 1-74 所示,请按照极性交叉原理配置轨道电路。

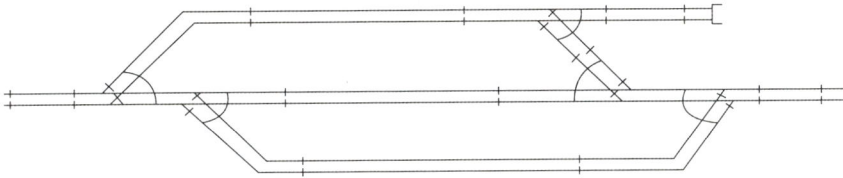

图　1-74

四、简述题

1. 简述转辙机的作用和要求。

2. 分析并叙述自闭电路的工作原理。

3. 简述计轴器的工作原理。

4. 简述应答器的工作原理。

城市轨道交通联锁系统应用

项目说明

为了保证车辆和列车在进路上的安全,有效利用站内线路,高效率地指挥行车和调车,改善行车人员的劳动条件,利用机械、电气自动控制和远程控制、计算机等技术和设备,使车站范围内的信号机、进路和进路上的道岔相互具有制约关系,这种关系称为联锁。联锁是车站联锁的简称,是信号设备的重要组成部分。

学习目标

◇ 知识目标

1. 掌握联锁系统作用和基本内容。
2. 掌握 6502 电气集中各组成部分的作用。
3. 掌握 6502 组合电路的作用和选择。
4. 掌握计算机联锁的结构及各部分的作用。
5. 掌握联锁系统进路控制的过程。

◇ 能力目标

1. 会编制联锁表。
2. 会进行 6502 电气集中联锁控制台的操作。
3. 会进行计算机联锁系统现地工作站的操作。

◇ 素质目标

1. 通过联锁内容学习,养成遵章守纪的行为准则。
2. 通过联锁系统控制,树立集体意识,具有团队合作精神。

◇ 建议学时

8 课时

项目准备

课题2.1　联锁的作用和内容

一、联锁关系

车站内有许多条线路,它们通过道岔相连接,当道岔开通不同的方向时,列车就会有不同的进站或出站路线,即有不同的进路,如图2-1所示。当道岔处于定位时,列车从线路Ⅰ进站;当道岔处于反位时,列车从线路Ⅱ进站。

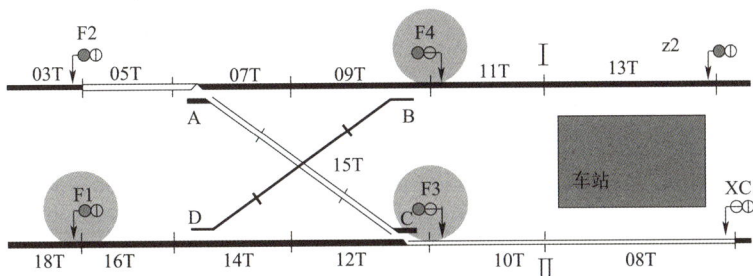

图2-1　联锁

进路(列车进出站排列出的一条通路)的防护由设于进路入口处的信号机来完成,所有的列车均需要根据信号机的开放来通过进路。进站信号机防护的范围是车站和列车接车进路。出站信号机防护的范围是应去区间。调车信号机防护的范围是调车进路和车辆所进入的线路。如果进路上的道岔位置不正确,或已有车辆占用,或敌对进路已建立,有关的信号机就不能开放。

联锁关系的基本内容包括:防止建立会导致车辆相冲突的进路;必须使列车或调车车列经过的所有道岔均锁闭在与进路开通方向相符的位置;必须使信号机的显示与所建立的进路相符。

联锁的基本条件有如下四个方面:

(1)进路上各区段空闲时才能开放信号机,这是最基本的要求。如果进路上有列车占用,此时信号机的开放则可能会引起列车相撞。

(2)当开放某一进路时,必须先将进路上的所有道岔扳到正确位置后,防护这一进路的信号机才能开放。如果信号机开放后,相关道岔还未处在正确位置,则车辆会进入异线,可能会引起列车与停留车冲突。

(3)当防护某一进路的信号机开放以后,这一进路上的道岔应被锁闭,不能再扳动。

(4)当某一进路的信号机开放以后,与之敌对的进路(2条或2条以上的进路,有一部分相互重叠或交叉,有可能发生列车或车辆冲突的进路)的信号机应全部被锁闭,不能开放。

二、联锁表

联锁表是说明车站信号设备之间联锁关系的图表。它显示了进路道岔、信号以及轨道区段之间的基本联锁内容。联锁表是依据车站信号平面布置图展示的线路、道岔、信号机以及轨道区段等情况,按照规定的原则和格式编制的。

(1)方向栏:填写进路性质、列车、调车进路和运行方向(接、发车方向)。

(2)进路栏:逐条列出车站范围内的全部列车和调车的基本进路。有两个列车进路的进路方案,用"1"代表基本进路,用"2"代表变更进路;进路栏调车进路根据调车信号机编号,由小到大,依次列出全部调车进路并编号;列车进路分为接车进路和发车进路,股道从上到下依次列出并编号。

进路栏的写法如下:

①列车进路。

列车接至××股道时,应写作"至××股道";

列车由××股道发车时,应写作"由××股道";

通过进路应写作"经××股道向××方向通过"。

②调车进路。

由 Dxx 信号机调车时,应写作"由 Dxx";

调车至某一顺向调车信号机时,应写作"至 Dxx";

调车至某股道时,应写作"至××股道";

向尽头线、专用线、机务段、双线出口等处调车时,应写作"向 Dxx";

当进站信号机内方仅作调车终端时,应写作"至××进站信号机"。

(3)进路号码栏,填写所有进路的顺序编号。

(4)按钮栏:顺序填写排列进路应按下的按钮名称,即进路始端信号机按钮填在始端栏,终端信号机按钮填在终端栏。

(5)信号机栏:填写排列进路时,应写已开放信号机的名称和显示。

(6)道岔栏:顺序填写所有排列进路的全部道岔,以及有关防护道岔和带动道岔的编号和位置。

(7)敌对信号栏:填写所排列进路的全部敌对信号,在填写时若是有条件敌对则把有条件的敌对填写在信号一栏的末尾。

为了保证行车安全,不允许同时建立会危及行车安全的进路。对于抵触进路可以由道岔区分开,对于敌对进路则要列入联锁表中。敌对进路有以下 5 种情况。

①对向重叠的列车进路与列车进路,以及列车进路与调车进路。

②顺向重叠的列车进路与调车进路。

③对向重叠的调车进路(仅在股道部分重叠的对向调车进路除外,即从股道两端向同一股道调车,不是敌对进路);

如果站外制动距离内进站方向有超过6‰的长大下坡道,并且在该方向接车进路的延续进路上又没有隔开设备时,则以下情况也是敌对进路。

④对向不同股道的接车进路与接车进路、接车进路与转场或调车进路。

⑤顺向不同股道的接车进路与接车进路、接车进路与转场或调车进路。

(8)轨道区段栏:填写排列进路所应检查的轨道区段名称,其中还要写出对于侵限绝缘的检查是有条件的。

按照以上原则,如果有如图 2-2 的某车辆段站场,那么其部分联锁见表 2-1。

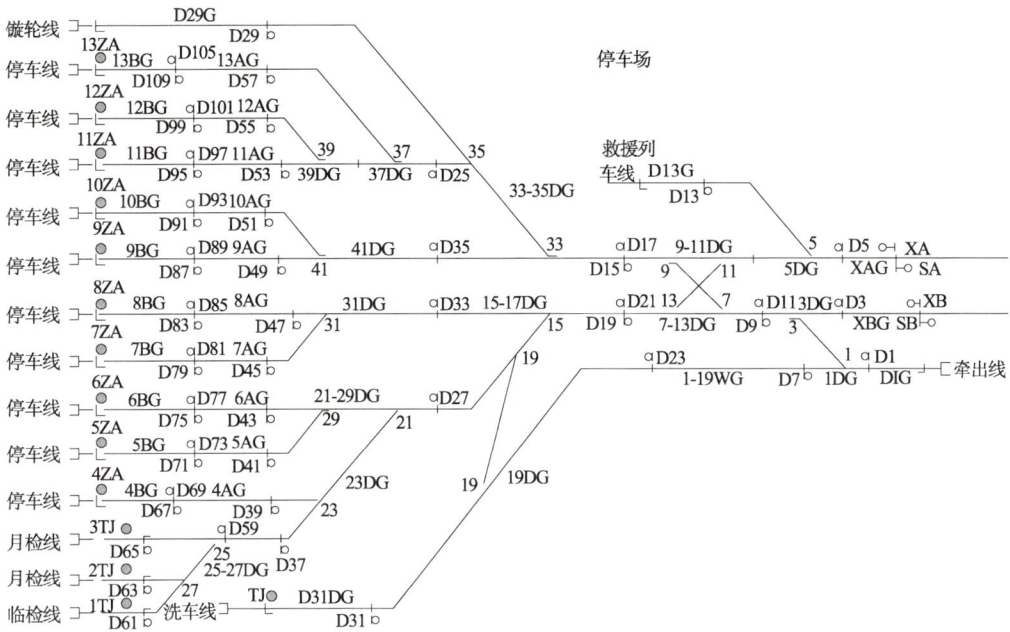

图 2-2　某停车场站场

联锁表

表 2-1

方向	进路	进路方式	排列进路按下按钮	信号机		道岔	敌对信号	轨道区段
				名称	显示			
列车进路	上行接车 XA		至7AG	XALA,7ZA	XA	U,U	5,(11/13),[7/9],15,(31)	SA,D5,D21,D33,D45,D79	XAG,5DG,7-13DG,15-17DG,31DG,7AG
			至7BG	XALA,7ZA	XA	U,U	5,(11/13),[7/9],15,(31)	SA,D5,D21,D33,D45,D79,D81	XAG,5DG,7-13DG,15-17DG,31DG,7AG,7BG
			至12AG	XALA,12ZA	XA	U,U	5,11/13,7/9,(33),35,37,(39)	SA,D5,D17,D15,D25,D55,D99	XAG,5DG,9-11DG,33-35DG,<37>37DG,39DG,12AG
			至12BG	XALA,12ZA	XA	U,U	5,11/13,7/9,(33),35,37,(39)	SA,D5,D17,D15,D25,D55,D99,D101	XAG,5DG,9-11DG,33-35DG,<37>37DG,39DG,12AG,12BG
			至11AG	XALA,11ZA	XA	U,U	5,11/13,7/9,(33),35,37,39	SA,D5,D17,D15,D25,D53,D95	XAG,5DG,9-11DG,33-35DG,37DG,39DG,11AG
			至11BG	XALA,11ZA	XA	U,U	5,11/13,7/9,(33),35,37,39	SA,D5,D17,D15,D25,D53,D95,D97	XAG,5DG,9-11DG,33-35DG,37DG,39DG,11AG,11BG
			至10AG	XALA,10ZA	XA	U,U	5,11/13,7/9,33,(41)	SA,D5,D17,D15,D35,D51,D91	XAG,5DG,9-11DG,33-35DG,41DG,10AG

续上表

方向		进路	进路方式	排列进路按下按钮	信号机		道岔	敌对信号	轨道区段
					名称	显示			
列车接车进路	上行接车XA	至10BG		XALA,10ZA	XA	U,U	5,11/13,7/9,33,(41)	SA,D5,D17,D15,D35,D51,D91,D93	XAG,5DG,9-11DG,33-35DG,41DG,10AG,10BG
		至9AG		XALA,9ZA	XA	U	5,11/13,7/9,33,41	SA,D5,D17,D15,D35,D49,D87	XAG,5DG,9-11DG,33-35DG,41DG,9AG
		至9BG		XALA,9ZA	XA	U	5,11/13,7/9,33,41	SA,D5,D17,D15,D35,D49,D87,D89	XAG,5DG,9-11DG,33-35DG,41DG,9AG,9BG

课题 2.2　6502 电气集中联锁的应用

电气集中联锁电路曾有很多种制式,但经使用并经过几次改善后,6502 电气集中被认为是较好的定型电路,并且在我国轨道工程中得到广泛应用,北京地铁 1 号线、上海地铁 1 号线、广州地铁 1 号线的车辆段均采用 6502 电气集中。近来新建地铁或者老线改造采用更先进的计算机联锁方式,但是 6502 电气集中仍为联锁系统的基础。

知识链接

联锁的核心是 6502 电气集中,这是故障安全思想的基础。故障安全是信号的灵魂。所谓故障安全,要求信号设备或系统一旦发生故障后,能防止出现灾难性后果自动导向安全一方的重要设计原则。

6502 电气集中是组合式电路,也就是按道岔、信号机、轨道电路区段为基本单元设计成定型的单元电路,称为继电器组合。将各种组合按站场形状拼装起来即成为组合式电路。站场图为电气集中的基础,如图 2-3 所示。

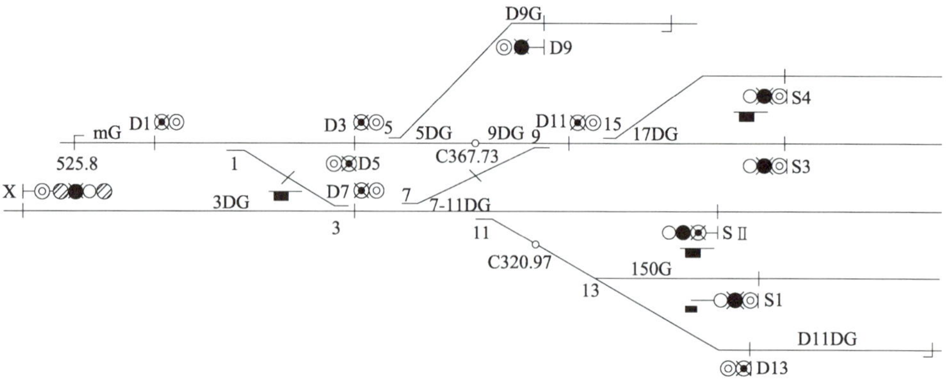

图 2-3　站场图

一、6502 电气集中的定型组合

电气集中电路由定型电路环节组成,将此定型电路环节称为继电器组合。6502 电气集

中的定型组合是对应道岔、信号机和道岔轨道电路区段设计的。道岔组合、信号机组合和区段组合是3种基本类型的组合。道岔组合有单动道岔组合（DD）、双动道岔主组合（SDZ）和双动道岔辅助组合（SDF）。信号机组合分为7种：调车信号组合（DX）、调车信号辅助组合（DXF）、引导信号组合（YX）、列车信号主组合（LXZ）、列车信号辅助组合（LXF）、一方向列车信号辅助组合（1LXF）、二方向列车信号辅助组合（2LXF）。此外还有方向组合（F）、电源组合（DY）。

📖 **知识链接**

20世纪50年代前，我国铁路信号设备技术较落后，大多采用人工扳动道岔、人工开放臂板信号，无论刮风下雨还是夜间都要爬到高高的杆子上挂煤油灯，有时一晚上要挂好几次。铁路工人的工作强度可想而知，安全性也没有保障。电的广泛应用，使铁路工人告别挂煤油灯的历史，铁路信号出现了色灯信号机，色灯信号机以不同的颜色显示，告诉司机以不同的速度运行。1960年，我国铁路信号工作者自行设计研制出6036小站电气集中联锁电路，在实际应用中得到不断的改造与完善，于1965年正式在新中国铁路上得到运用，因此更名为6502电气集中联锁。6502电气集中以其完善严谨可靠的电路，迅速在我国铁路上得到广泛应用。

6502电气集中共有12种定型组合，每组定型组合都有本组合的配线图，除方向组合和电源组合外，其他10种组合都参加拼贴。一种组合只有一种连接图，但是由于运行方向不同、信号类型不同、道岔铺设情况不同等，即使是一种组合，其电路的接通条件、送电种类和方向以及组合外引进的联锁条件等都不相同，因此不能直接用组合连接图拼贴网状电路图。为了便于设计，根据电气集中站场的各种情况，在不改变组合内部配线的前提下，将定型电路绘制成各种组合类型图。其主要组合类型有如下9种：

（1）引导信号组合：YX；

（2）列车信号主组合：LXZ；

（3）列车信号辅助组合：1LXF、2LXF；

（4）区段组合：Q；

（5）双动道岔辅助组合：SDF；

（6）双动道岔主组合：SDZ；

（7）调车信号组合：DX；

（8）调车信号辅助组合：DXF；

（9）单动道岔组合：DD。

把选好的组合类型图号写在一个方框里，再标上相应的信号机、道岔或轨道区段的名称以及每个组合在继电器室内组合架上安装的组合位置号，按照控制台盘面上信号设备布置情况依次连接起来就构成了组合连接图。利用组合连接图组合控制台的显示情况，查看网状电路图，更有利于查找和排除故障，方便施工和维修。下面介绍四种组合电路类型。

1. 进站信号选用的组合类型

以运行区段为单线双向运行为例，每架信号机选用LXF、YX、LXZ 3个组合，如图2-4所示。

| 21-2 | LXF | 21-3 | YX | 21-4 | LXZ |

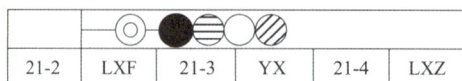

图2-4 进站信号机选用类型

2. 道岔区段选用的组合类型

有列车经过的无岔区段和每个道岔区段都要选用一个 Q 组合,如图2-5、图2-6 所示。

3DG		3
21-5 Q	31-2A SDF	21-6 SDZ

图2-5 无岔区段组合类型(一)

L		7
21-8 Q	21-9 SDZ	31-2B SDF

图2-6 无岔区段组合类型(二)

3. 道岔选用的组合类型

每组双动道岔选用一个 SDZ 和半个 SDF,如图2-7 所示。

3		7
31-2A SDF	21-6 SDZ	21-9 SDZ	31-2B SDF

图2-7 双动道岔区段选用组合类型

每组单动道岔选用一个 DD 组合,如图2-8 所示。

4. 出站兼调车信号机选用的组合类型

以出站兼调车信号机仅有一个发车方向为例,每架信号机选用 LXZ 和 2LXF 2 个组合,如图2-9 所示。

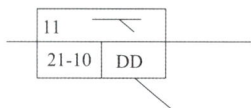

11		S Ⅱ
21-10 DD	22-9 LXZ	22-10 2LXF

图2-8 单动道岔区段选用   图2-9 出站兼调车信号机选用组合类型
组合类型

选好组合电路,需要在组合继电器组合架上将组合电路排列。组合排列表示定型组合和非定型组合以及轨道电路测试盘等在组合架上的位置。

在继电器室内组合架的设置,按 2 排架,每排架按 6 个架排列。进继电器室门,面对组合架正面,由前向后顺序编排号,每排按从左至右顺序编架号。用 2 位数字就能给每个架子编号,"十位数"表示排号,"个位数"表示架号。组合在组合架上的位置,由下向上顺序编层号。因室内电缆在组合架顶部的走线槽上敷设,零层要设置在组合架的最高层。继电器组合架如图2-10 所示。

图2-10 继电器组合架

当组合的排列顺序和组合位置号给出的顺序确定之后,就可以在组合连接图各组合方框的每个组合编上组合位置。表的最上面一行是每个组合所在组合架的编号,最左边的一列是每个组合在组合架上的层号,两者合在一起就是组合的位置号。对应每个组合位置的方框被划分为2个方格:上面较大的方格填写该位置组合对应的信号设备的名称;下面较小的方格填写该组合的类型名称。各种联系电路需分别组装成联系电路的零散组合。这些组合在组合架上应排在与其有联系的定型组合附近。

二、控制台

6502电气集中控制台是用各种定型的标准单元块拼装而成的,称为单元拼装式控制台。在控制台盘面上设有各种用途的按钮、表示灯及电流表。在控制台中部设有供车站值班员使用的工作台,下部背面设有配线端子板、熔断器及报警电铃。控制台主要是供车站行车工作人员操纵和监督现场信号机、道岔和轨道电路等对象用的集中设备,普遍采用单元控制台。设计者的任务是在车站信号平面布置图确定之后,合理地选择适合于与平面图对应的单元类型,画成控制台盘面布置图。图2-11为TD5型单元控制台,尺寸为32mm×42mm,控制台分段类型为2A1C型,如图2-12所示。控制台实物如图2-13所示。

图2-11　TD5型单元控制台类型图

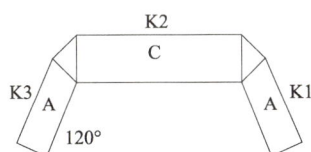

图2-12　TD5型控制台分段类型

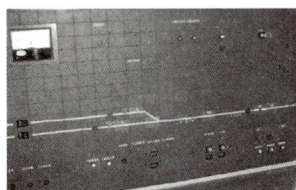

图2-13　控制台实物

根据站场图拼接的控制台如图2-14所示。

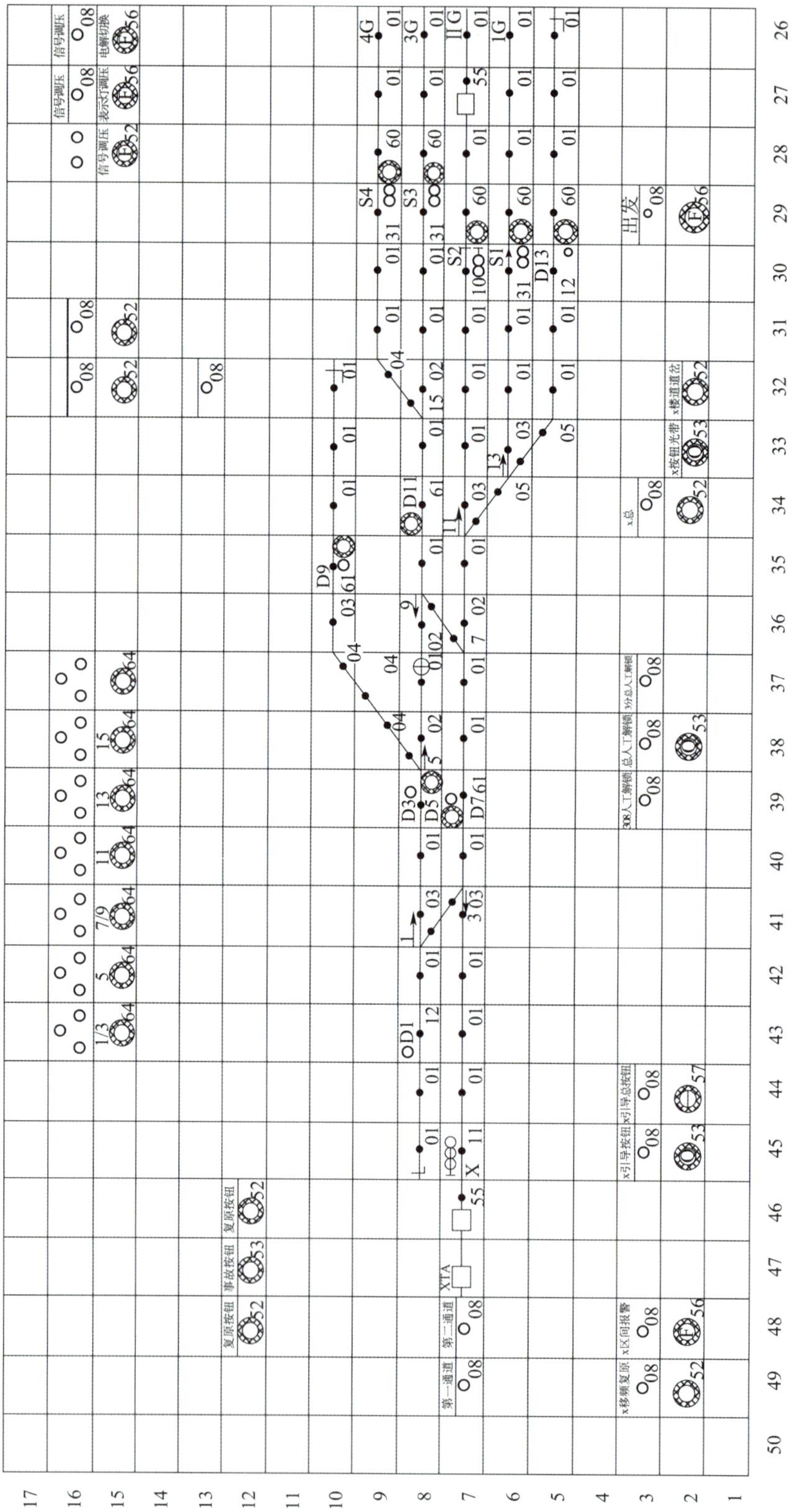

图2-14 拼接的控制台

课题2.3 计算机联锁的应用

计算机联锁(Computer Interlocking,CI)是指利用计算机对车站作业人员的操作命令及现场表示的信息进行逻辑运算,从而对信号机及道岔等进行集中控制,使其达到相互制约的车站联锁设备,即计算机联锁。

我国的计算机联锁发展非常迅速,新建车站都采用计算机联锁。与传统的继电联锁相比,计算机联锁在技术上有很大的优越性。

(1)进一步完善了联锁控制功能。由于计算机联锁系统完全摆脱了继电联锁系统的网络结构,因而在技术上能够减少硬件投资,发挥软件的作用,较容易克服网状电路难以解决的一些问题。

(2)计算机发出的控制信息和现场发回的表示信息,均能由传输通道串行传送,可以节省大量的干线电缆,并使采用光缆成为可能。

(3)用屏幕显示代替表示盘,大大缩小了设备体积,简化了结构,方便了使用,还可以根据需要多台并机使用。

(4)可靠性、安全性高。计算机系统可以最大限度地利用软硬件资源,对直接危及行车安全的联锁逻辑处理和执行表示环节采用冗余及其他容错技术,从而保证整个系统的可靠性,安全性指标比继电联锁系统高。

(5)灵活性大。计算机联锁系统无论是硬件还是软件均采用标准化、模块化结构,不同规模和作业性质的车站或站场,只需要编制一些站场数据,选用功能不同和数量不等的模块组装即可。当站场改扩建时,计算机联锁系统用修改数据的方法,几乎不需要变更既有电路和联锁程序就能满足需要。

(6)便于系统维护。计算机联锁系统大部分是电子设备,这些电子设备没有机械磨损,所以日常维修量小。此外,计算机联锁系统往往具有完善的监测和故障诊断功能,便于维修人员分析查找和及时排除故障。

计算机联锁通常采用通用的工业控制计算机,由一套专用的软件来实现车站信号、进路、道岔间的联锁关系。它实质上是一个满足故障安全原则的逻辑求值器,自动采集处理信号机、道岔、轨道电路的信息,把车站值班员的控制命令和现场的各种表示信息输入计算机,再根据储存在计算机内的有关条件,进行联锁关系的逻辑运算和判断,然后输出信息至执行机构,实现对车站信号设备的控制和监督。它实现的是多变量输入和多变量输出的复杂的传递函数的转换。

一、计算机联锁的结构

计算机联锁系统主要由人机交互层、联锁控制层、采集/驱动层和室外设备层构成,如图 2-15 所示。

1. 人机交互层

人机交互层的设备一部分设置于车站值班员室,另一部分设置于车站维修值班室。人机交互层的功能是,车站值班员通过操作,向联锁层输入操作命令,接收联锁层输出的反映设备工作状态和行车作业情况的表示信息。维修人员通过其了解车站联锁设备的运行情况和故障情况,以便进行维修。

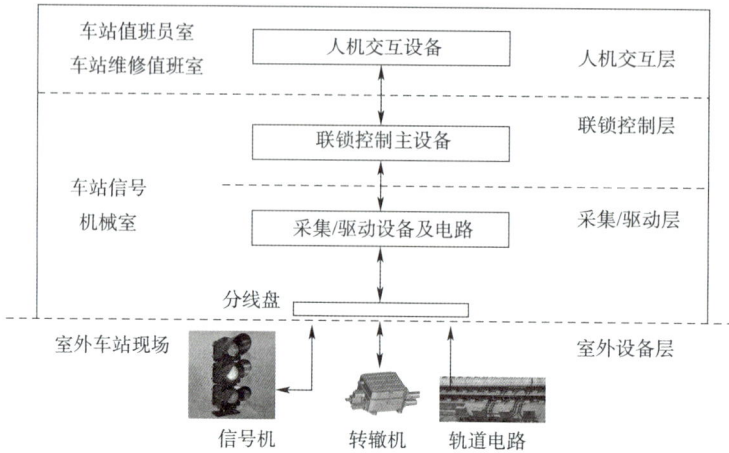

图 2-15　计算机联锁系统的结构

人机交互层由微机室内的双机冗余上位机、维修机、车站值班员室内的显示操作终端和车站维修值班室内的操作显示终端构成。联锁控制层主要由微机室内的联锁主机构成。采集/驱动层包括微机室内的采集/驱动板、机械室内的继电器接口电路和用于室内室外电缆交接的分线盘。人机交互层与联锁控制层之间、联锁控制层与采集/驱动层之间、采集/驱动层与室外设备层之间各自采用不同的通信方式相互连接和通信,构成一个具有 3 个层次的实时控制系统。

在计算机联锁系统中,要求将计算机采集的信号设备状态(如站场中信号机显示的颜色、道岔实际位置和轨道占用情况等信息)以及其他相关信息显示出来。常用的显示方式为液晶显示器(Liquid Crystal Display,LCD)显示,如图 2-16 所示。

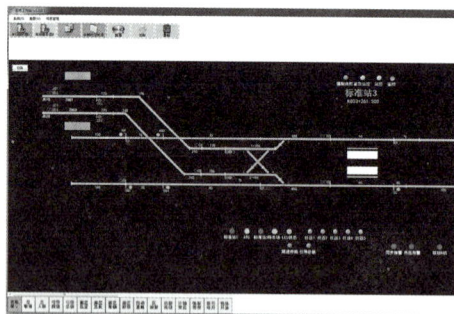

图 2-16　计算机联锁 LCD 显示

对于联锁系统的操作,目前大多数采用鼠标方式。该方式是通过显示屏上的站场图来定位的。鼠标方式因其成本低、站场改建时修改量小得到了广泛的应用。

2. 联锁控制层

联锁控制层是车站联锁系统的核心,联锁控制层设备设置在车站信号楼的机械室内。联锁控制层的基本功能是实现联锁逻辑控制。联锁控制层接收来自人机交互层的操作命令,依据从采集/驱动层接收到的反映室外信号机、道岔和轨道电路状态的信息,结合内部的中间状态信息,进路联锁逻辑运算,产生相应的输出信息。

联锁主机一般由电源板、CPU 板和各种通信板构成,且都采用冗余结构形式。一般采用单片机或可编程逻辑控制器(Programmable Logic Controller,PLC)等制式。冗余的电源板接收来自车站电源屏提供的工业电源,转换成 CPU 板和各种通信板所能使用的低压电源供联锁主机使用。各种通信板用于实现与人机交互层和采集/驱动层之间的通信交互。CPU 板通过通信板接收来自上位机下达的联锁命令,根据来自采集/驱动层的反映室外信号机、道岔和轨道电路状态的继电器信息,进行联锁逻辑运算,并根据运算结果来下达动作室外信号设备的控制命令到采集/驱动层,如道岔的操纵、信号开放/关闭等。

联锁控制层是车站联锁系统核心,进行联锁逻辑的处理。逻辑层应用了 2 取 2、3 取 2 和 2×2 取 2 等技术。

2 取 2 系统由 2 个各自独立的相同的系统组成,数据由 2 个通道输入,比较并同时进行处理。图 2-17 中只有当 2 个通道的处理结果相同时,结果才能输出,一旦检查出第一个故障,系统将停止工作,这样避免了连续出现故障所引起的危害。

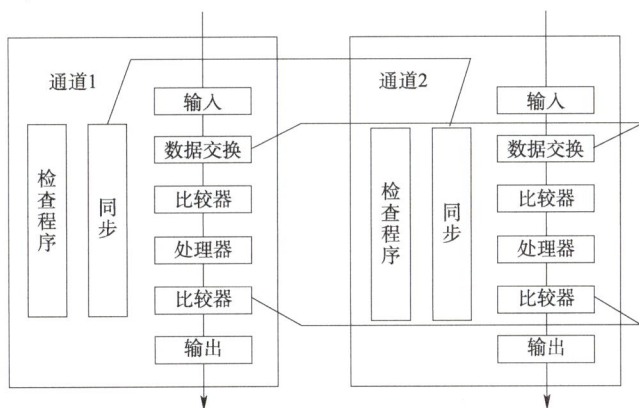

图 2-17　2 取 2 系统

3 取 2 系统由 3 个各自独立的相同的系统组成,数据由 3 个通道输入,比较并同时进行处理。图 2-18 中只有当 2 个或 3 个通道的处理结果相同时,结果才能输出,一旦检查出第一个故障,相关的通道被切除,系统按 3 取 2 系统工作方式继续工作。

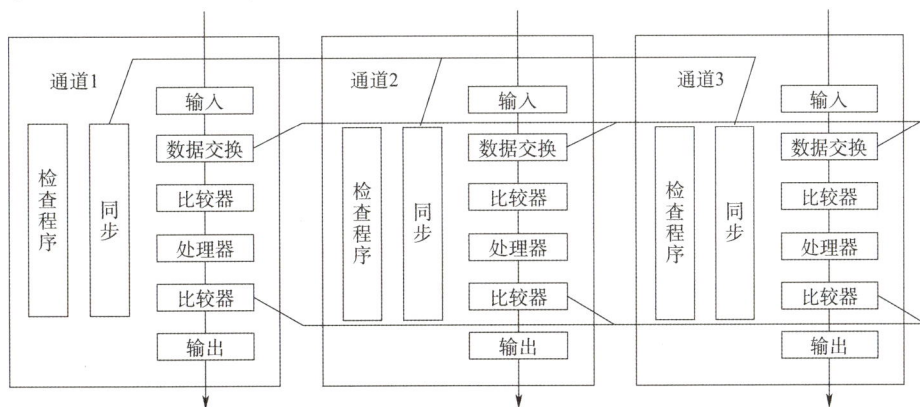

图 2-18　3 取 2 系统

2×2取2系统结构如图2-19所示,联锁运算层有4个处理器单元,2个为一系,单系为二取二结构。二取二即在一套系统上集成2个处理器单元,严格同步,实时比较。只有2个单元运行一致时,才对外输出或传输运算结果。2套系统之间可以采取双系热备或二重比较。

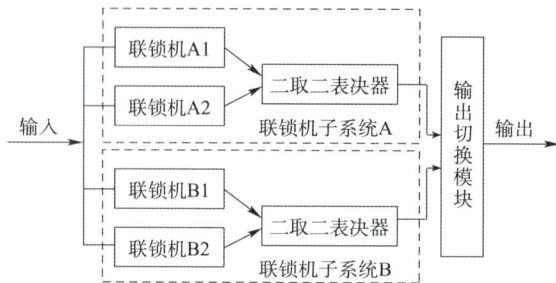

图2-19 2×2取2系统

3. 采集/驱动层

采集/驱动层为联锁层和室外设备层的中间层,在二者之间起信息交互、硬件电路的转换等作用,同时在硬件上进行隔离,以保证室内设备的安全性。例如,接收从联锁层来的操纵道岔到定位的信息后,为室外转辙机电路提供交流220V电源来接通转辙机电路,驱动室外道岔向定位转换,并实时检测道岔是否转换到定位,转换到定位后向联锁层反馈相应的道岔位置信息。联锁层和采集/驱动层是联锁控制的实际执行机构,必须具有故障-安全性。

采集/驱动层一般由具有采集/驱动功能的电路板和继电器电路两部分硬件构成。其中,继电器电路一般采用6502电气集中电路中信号机、道岔的接口电路,实现与室外信号机、转辙机、轨道电路等信号设备进行硬件连接;具有采集/驱动功能的电路板在联锁机和继电器电路之间起着信息转换和信息传递的作用,从联锁机实时接收信号开放/关闭、道岔操纵等操作命令来驱动继电器电路工作,继电器电路工作后将接通/断开室外信号机、转辙机等控制电路的工作;具有采集功能的电路板通过周期性地采集继电器电路中各个继电器的接点来得到室外信号设备的当前状态,将其提供给联锁控制层的联锁机,采集板的采集周期一般应不大于250ms。

4. 室外设备层

室外设备层包括室外的信号机、转辙机和轨道电路等设备及其相应的动作电路,用于驱动室外信号设备的直接动作。例如,信号机的室外点灯电路、转辙机的电缆盒及转辙机内部接点电路等,与6502继电联锁系统的室外电路基本相同。

非设备集中站将信号机、转辙机、站台紧急停车按钮、轨道占用/空闲检测设备、IBP盘(综合后备盘,Integrated Backup Panel)等设备通过电缆引入设备集中站,然后经设置在设备集中站的驱采机送入联锁机,经过联锁运算对其进行驱动控制。另外,为了实现对本联锁区域的监视以及扣车、跳停、提前发车的操作,每个非设备集中站设有一台操作终端,通过ATS网络与集中站的现地控制工作站通信,其显示界面与所属设备集中站完全相同,但只能进行扣车、跳停、提前发车的操作。

二、典型的计算机联锁

TYJL-Ⅱ型计算机联锁系统是中国铁道科学研究院通号所研制的,为双机热备系统。目前,已经投入运用的项目包括北京地铁1号线四惠车辆段、广州地铁2号线车辆段、深圳地铁车辆段、南京地铁1号线车辆段、大连轻轨车辆段、重庆单轨交通、北京地铁13号线正线车站计算机联锁以及车辆段计算机联锁等。

1. 系统结构

TYJL-Ⅱ型计算机联锁系统(图2-20)为分布式多微机系统,主要由监控机(又称上位机)、控制台、联锁机、执行表示机(简称执表机)、继电接口电路、电务维修机、电源屏和室外设备组成,其中监控机、联锁机、执表机均为双套,具有热备、自动切换功能。各备用的计算机构成系统与主机同步工作,备用系统可脱机,作为试验维修用。

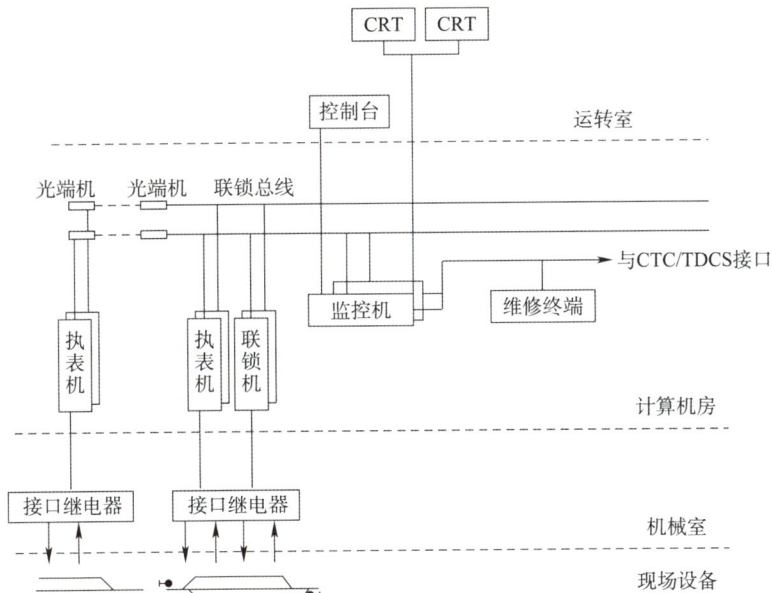

图2-20　TYJL-Ⅱ型计算机联锁系统结构

TYJL-Ⅱ型计算机联锁系统(不包括现场设备)可划分为3个层次:监控机为上层,联锁机是核心层,第三层是继电接口电路。系统的上层使用通用的局域网实现各子系统之间的连接。监控机与控制台之间通过视频线等线缆和切换装置组成的专用显示和命令通道连接。监控机与联锁机、执表机之间通过专用的联锁总线实现安全信息的通信连接,联锁总线是实时的现场控制总线,是系统的核心总线。

2. 系统组成

(1)监控机。

监控机是监控系统的核心,包括工业控制计算机、控制台通信卡、联锁网卡、维修网卡等,安装在计算机机房的机柜中或计算机桌上,通过引出的视频线、鼠标线、数字化仪线和语音线与车站值班员室内的控制台相连。

（2）控制台。

控制台是系统使用的直接人机界面部分,主要用于采集控制命令信息,操纵道岔,办理进路,显示站场图像,由监控机管辖。TYJL-Ⅱ型联锁系统的控制台可根据用户要求采用按钮盘+屏幕显示、拼装式光带显示按钮控制台、数字化仪或鼠标+屏幕显示等方式。目前应用最多的是鼠标+LCD显示器的控制台。

（3）联锁机。

联锁机的主要功能是实现与上位机的通信调度,实现信号设备的联锁逻辑处理功能,采集现场信号设备状态,输出动态控制命令。普通型的联锁机柜主要由电源模块、主机笼、接口板、总线切换控制盒、监控面板等组成。由上到下依次大致可分为电源层、计算机层、采集层、驱动层和零层。

（4）执表机。

执表机柜结构与联锁机柜相近,只是没有联锁软件。只有联锁机柜的容量不能满足车站监控对象数量的需要时,才设执表机。

（5）接口系统。

接口系统主要由继电电路、配线和结合电路以及防护电路等组成。其在机械室内,对外与现场设备相连,对内与主控系统相连。TYJL-Ⅱ型计算机联锁系统基本完整地保留了6502电气集中对室外设备的控制和表示电路(如道岔控制电路、信号点灯电路等),以这些电路中的相关继电器(定/反位操纵继电器、定/反位表示继电器、轨道继电器、信号继电器和灯丝继电器等)为界面进行控制和信息采集。

现场表示信息的采集是由主控系统通过对相关继电器接点的数字量采集完成的。输出驱动电路是直接参与控制室外信号机和转辙机的电路。为保证计算机联锁系统的安全输出,采用双输入动态继电器,或双输入动态驱动组合+偏极继电器。

在接口系统中增设的防护电路是为重雷区内增强系统雷电防护能力而设的,对牵引电流的侵入亦有相当的防护能力。防护电路由强电防护插件组合、断线检查器和相应的配线构成。

（6）电务维修机。

为了方便电务维修人员更好地维护计算机联锁系统,系统中增加了电务维修机(简称维修机)。维修机通过与主、备监控机连接,接收计算机联锁系统中的实时信息,储存记录系统的全部运行信息。维修机是计算机联锁系统的重要辅助设备,为维修人员提供人机界面,与其他系统的连接一般也是通过维修机实现的。维修机采用标准的工业控制计算机,配备维修网卡、远程诊断通信终端、彩色监视器、键盘和打印机。

🚃 **知识链接**

目前我国广泛使用的计算机联锁系统,其执行部分仍然是由继电器来完成的,而电子单元具有体积小、功能强大等特点。实现全电子化控制,是计算机联锁系统发展的方向。

2024年1月,中国通号研究设计院集团自主研制的DS6-60全电子计算机联锁设备顺利通过中铁检验认证中心有限公司(CRCC)产品认证。DS6-60全电子计算机联锁是以计算机控制技术为核心,以电力电子开关技术为基础,由逻辑部、全电子执行单元模块、操作表示机、维修机组成的新一代车站自动控制联锁设备,能够在保证系统安全的基础上,充分发挥电子控制技术和数字化网络技术的优势,能够满足本地集中、区域分散、远程控制等多种应用需求。与传统继电器接口的计算机联锁相比,DS6-60全电子计算机联锁采用全电子执行单元代替继电器接口电路,与轨旁转辙机、信号机及轨道电路设备直接连接,具有占用空间少、施工更便捷、可用性更高、可维护性更高、部署更灵活、操作更优化等优点,是计算机联锁技术发展的趋势。

课题2.4 联锁系统的进路控制

一、进路建立

进路建立阶段按照进路控制过程要求,其执行顺序分解为进路选择、道岔控制、进路锁闭和信号控制四个阶段。

1. 进路选择

进路选择的基本任务如下:

(1)检查操作人员的操作手续是否符合操作规范。如果符合操作规范,则可以从众多的进路中选取一条符合操作意图的进路。

(2)检查所选进路是否处于空闲状态,其敌对进路是否已事先建立。若进路空闲且敌对进路事先没有建立,则所选进路可以使用。

二维码
联锁系统现地工作站
进路操作

(3)对于选出的进路所涉及的信号、道岔和轨道电路(统称监控对象)分别设置征用标志,以防止其他进路使用(初步实现了进路联锁)。

(4)将选出进路中涉及的监控对象及对监控对象的状态要求等以某种格式(例如生成选出进路表)记录下来,供以后联锁使用。

2. 道岔控制

检查进路中各个道岔的实际位置与进路中所需的位置是否相符。如果不符,而且道岔未处于锁闭状态,则生成道岔控制命令,将道岔转换到所需位置。

二维码
联锁系统现地工作站
对道岔操作

3. 进路锁闭

当与进路有关的道岔位置符合进路需求、进路在空闲状态(即与进路有关的轨道电路在空闲状态)以及没有建立敌对进路等条件满足时,实现进路锁闭,在这种情况下,进路中各个轨道电路区段就处于进路锁闭状态了。于是对轨道区段内的道岔实现了进路锁闭,使其不能再被操纵。凡经由处于进路锁闭状态的区段的其他进路也不能建立了,即实现了敌对进路锁闭。由此也可以推断,当轨道区段解除进路锁闭后,也使相应的道岔和敌对进路接触进路锁闭了。

设置进路锁闭这一进程的目的是为下一步开放信号创造条件。另一个目的是万一信号

由于某种原因而不能开放时,则可使用其他方式指挥列车沿进路运行,仍是安全的。

4. 信号控制

在进路锁闭后可立即使防护进路的信号机开放,以指示列车驶入进路。但考虑到在信号开放期间,可能有非法车辆闯入进路,道岔的位置也可能因违章作业而改变,因此在信号开放期间,除了检查进路锁闭外,还需不间断地检查进路空闲和道岔位置正确,一旦发生异常现象,信号应立即关闭。一旦当列车驶入进路后,信号应立即关闭,而对于调车信号机来说,考虑到调车车辆推送前进,所以规定车列整体进入信号机内方以后,信号才关闭。

二、进路解锁

1. 正常解锁

正常解锁是指当列车或车列沿进路通过时,轨道区段依次逐段解锁,白光带熄灭,如图 2-21 中对咽喉区的轨道区段(Ⅱ)一般需满足以下 3 点才使该区段解锁,也叫三点解锁法,即:

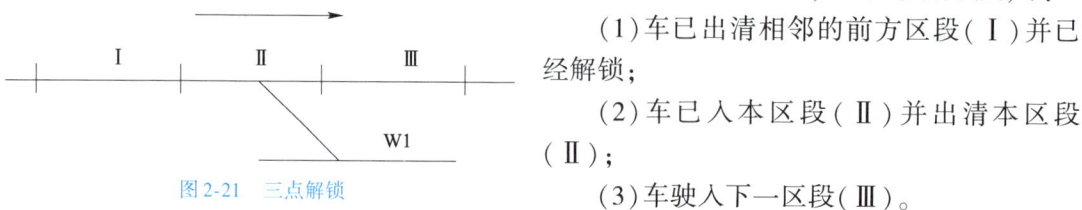

（1）车已出清相邻的前方区段（Ⅰ）并已经解锁;

（2）车已入本区段（Ⅱ）并出清本区段（Ⅱ）;

（3）车驶入下一区段（Ⅲ）。

图 2-21　三点解锁

对于出站、进站、调车信号机,尽头线调车信号机的内方第一轨道区段,因相邻前方区段为到发线,或区间或无岔区段或尽头线,所以满足以上第二、第三点条件时即可解锁。

2. 取消进路

取消进路是指进路建立后,因人为需要而取消进路的一种解锁方式。一旦进行取消进路的操作,进路始端信号机立即自动关闭,检查是否需要延时,如果不需要延时,立即取消进路;否则延时 30s 后检查进路的第一个轨道区段是否解锁或被车占用,如已解锁或被车占用,终止解锁,否则立即取消进路。

3. 人工解锁

进路建立好之后,当列车已驶入接近区段时,进路就处于接近锁闭状态了,这时若想变更计划,就不能用取消进路的办法了,而必须用人工解锁的办法。在人工解锁时,为了防止已经接近的列车来不及制动而驶入信号机内方已解锁的区段,造成行车事故,要求进路的解锁必须自信号关闭后延长一段时间,延长后没车才能解锁。

4. 故障解锁

正常情况下,进路应随着列车驶过进路而自动逐段解锁,但由于某种故障,如轨道电路不能正常工作,区段可能不能正常解锁。因此,需要人为强行使该区段解锁,这种人为方式即为故障解锁或强行解锁。当对一个区段进行强行解锁时,系统立即关闭信号机,检查是否需要延时,如果不需要延时,则立即解锁该区段;否则延时 30s(该时间与列车的运行速度有关)后检查该区段是否被列车占用,如果该区段已被列车占用,则终止执行,否则立即解锁该区段。

三、其他进路控制

1. 多列车进路控制

进路分为单列车进路和多列车进路,这主要是因为城市轨道交通运行时间间隔小,车流密度大,列车的运行安全由 ATP 系统保护,所以在一条进路中可能出现多列列车在运行。如图 2-22 所示,$S_1 \rightarrow S_2$ 为多列车进路,只要联锁监控区空闲,以 S_1 为始端的进路便可以排出,S_1 信号开放。所谓联锁监控区段即排列进路时信号机开放所必须空闲的区段,一般为信号机内方两个区段,如监控区段内有道岔,则在最后一个道岔区段后加一区段作为监控区段。监控区段的长度,应足够驾驶模式的转换。进路设有监控区段时,只要监控区段空闲,进路防护信号机便可正常开放。

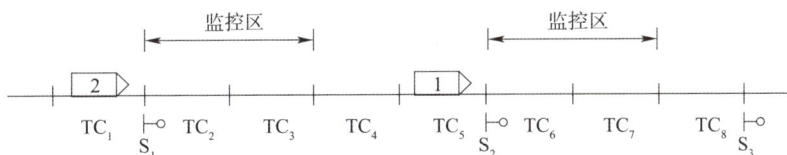

图 2-22　多列车进路示意图

对于多列车进路,当第 1 列车离开进路始端信号机后的监控区后,可以排列第 2 条相同终端的进路。第 2 条进路排出,第 1 列车通过后进路中的轨道区段直到第 2 列车通过后才解锁。

多列车进路排出后,如果是进路中有列车运行,则人工取消进路时,只能取消最后一次排列的进路至前行列车所在位置的进路,其余进路由前行列车通过以后解锁。人工取消多列车进路的前提是进路的第 1 个轨道电路必须空闲。

2. 追踪进路控制

追踪进路为联锁系统本身的一种自动排列进路功能。列车接近信号机,占用触发区段时,列车运行所要通过的进路自动排出。触发区段是指列车占用该区段时引起进路排列的区段,触发区段可能是信号机前方第 1 个接近区段,也可能是第 2 个接近区段,触发区段根据线路布置和通过能力而定。追踪进路排出的前提除了满足进路排出的条件外,进路防护信号机还必须具备进路追踪功能。

如图 2-23 所示,S_3、S_4 具有追踪功能,TC_1、TC_5 分别是以 S_3、S_4 为始端的进路的触发区段,列车占用 TC_1 时,$S_3 \rightarrow S_4$ 进路自动排出,S_3 开放。列车占用 TC_5 时,$S_4 \rightarrow S_5$ 进路自动排出,S_4 开放。

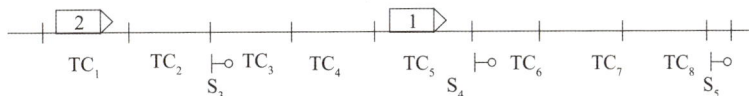

图 2-23　追踪进路示意图

当一信号机被预定具有进路追踪功能时,则对一规定进路的进路命令便通过接近表示自动产生。调用命令被储存,一直到信号机开放为止。接近表示将由确定的轨道电路的占用而触发。

当对一信号机接通自动追踪进路时,也可以执行人工操作。若接收到接近表示之前已人工排列了一条进路,则自动调用的进路被拒绝,重复排列进路也不能被储存。

假如排列的进路被人工解锁,则该信号机的自动追踪进路功能便被切断。

3. 保护区段控制

为了保证列车的运行安全,避免列车由于某种原因不能在信号机停住而导致事故的发生,充分考虑了列车的制动距离及线路等因素,在停车点后设置了保护区段,即终端信号机后方的 1~2 个区段为保护区段。进路可以带保护区段或不带保护区段排出。如进路短,排列进路时带保护区段,多列车进路无保护区段时,进路防护信号机可以正常开放。

4. 侧面防护控制

侧面防护是指为了避免其他列车从侧面进入进路,与列车发生侧面冲突。侧面防护可以分为两种:主进路的侧面防护和保护区段的侧面防护。

当要求侧面防护的运行进路解锁时,运行进路侧面防护区域也将解锁。

四、三级进路控制

进路控制采用三级控制,即运营控制中心控制、远程控制终端控制和车站工作站控制,如图 2-24 所示。

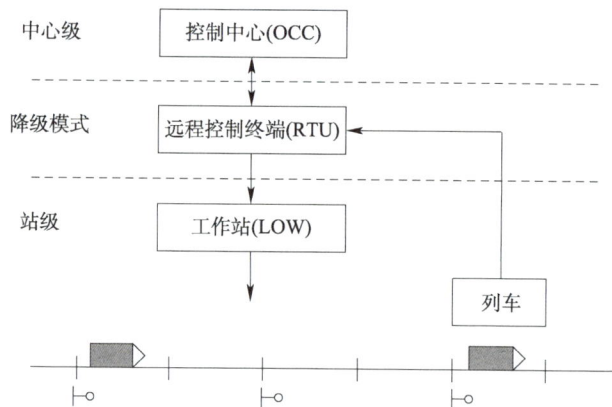

图 2-24　联锁系统的三级进路控制

中心级控制,即运营控制中心控制联锁系统。根据来源于运营控制中心的自动进路设定系统排列进路指令,负责实际的安全排列进路。列车的进路设置命令由自动进路设定系统发出,其信息来源于时刻表和自动调整系统。

远程控制终端控制,在运营控制中心设备故障或运营控制中心与下级设备的通信线路故障时,运营控制中心将无法对远程控制终端进行控制,此时系统自动地转入列车自动控制的降级模式。在降级模式下,由司机在车上输入目的地码,通过列车上的车次号,发送系统发出带有列车去向的车次号信息,远程控制终端自动产生进路控制命令,联锁系统根据来自远程控制终端的进路号排列进路。在这种情况下,系统不具备列车运行自动调整功能,但对于高密度的列车运行,用此功能可以节省车站操作人员大量的精力。

站级控制,即列车运行进路控制在车站值班员工作站执行,值班员选择通过联锁区的预期进路,联锁控制逻辑检查进路没有被占用,并没有建立进路,然后自动排列进路。

项目实施与评估

任务2.1 电气集中控制台的操作

【任务目的】

熟练操作6502操作台,进行进路排列、取消进路和解锁进路等。

【任务设备】

多媒体实训计算机一台(已安装6502操作软件)、实体6502控制台一套。

【任务步骤】

(1)多媒体仿真控制台操作。

①排列列车进路。

从进路始端,先按下列车始端按钮,则按钮表示灯闪绿光,这时控制台上方的排列进路表示灯点亮红色灯光(如图上箭头所指),如图2-25所示。

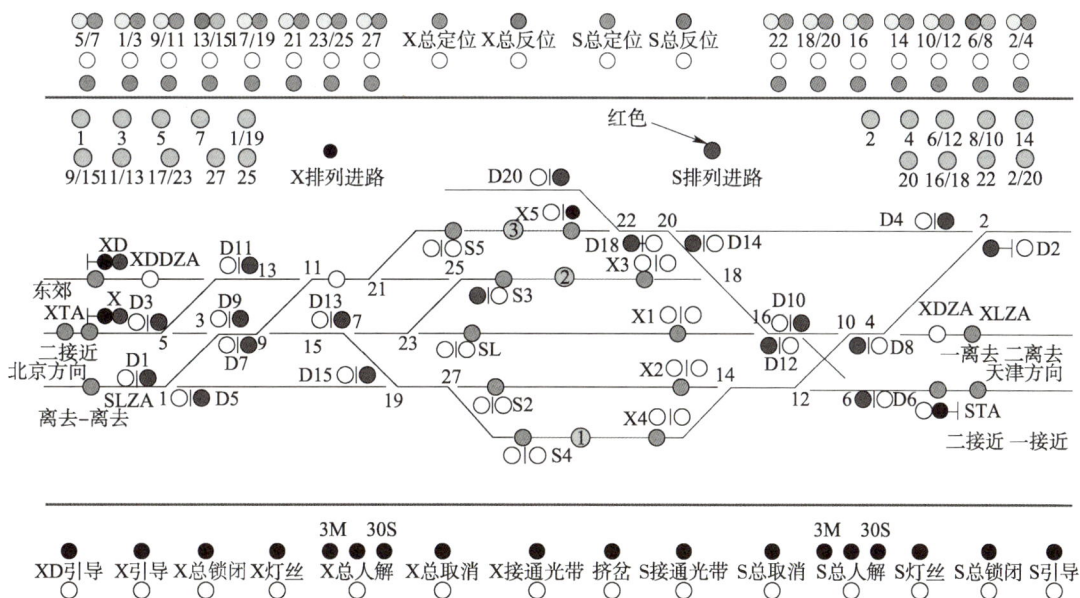

图2-25 排列列车进路(1)

然后,按下进路终端处的列车按钮,该按钮表示灯也闪绿光,按钮表示灯闪光表明对值班员的动作做了记录。排列进路表示灯点亮红色灯表明正在排列进路。记录排列完成后,进路白光带亮起(图上用粗线表示),如图2-26所示。

②排列调车进路。

从进路始端,先按下所要开放的调车信号按钮,则调车按钮表示灯闪白光,排列进路表示灯亮红光;然后,按下终端处的调车按钮,该按钮表示灯光也闪白光(如图上箭头所指),如图2-27所示。

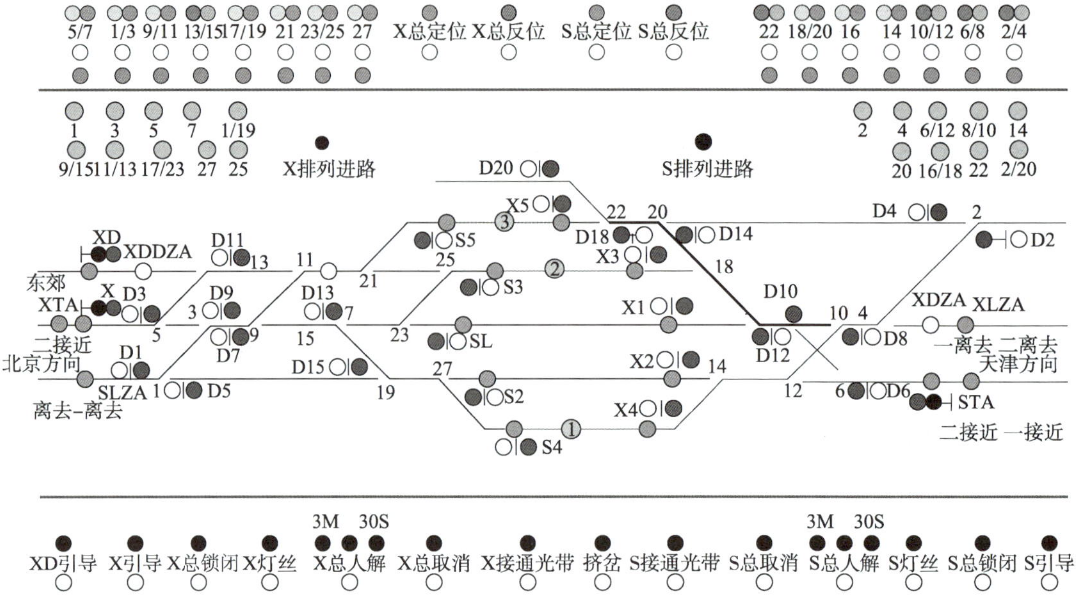

图 2-26 排列列车进路(2)

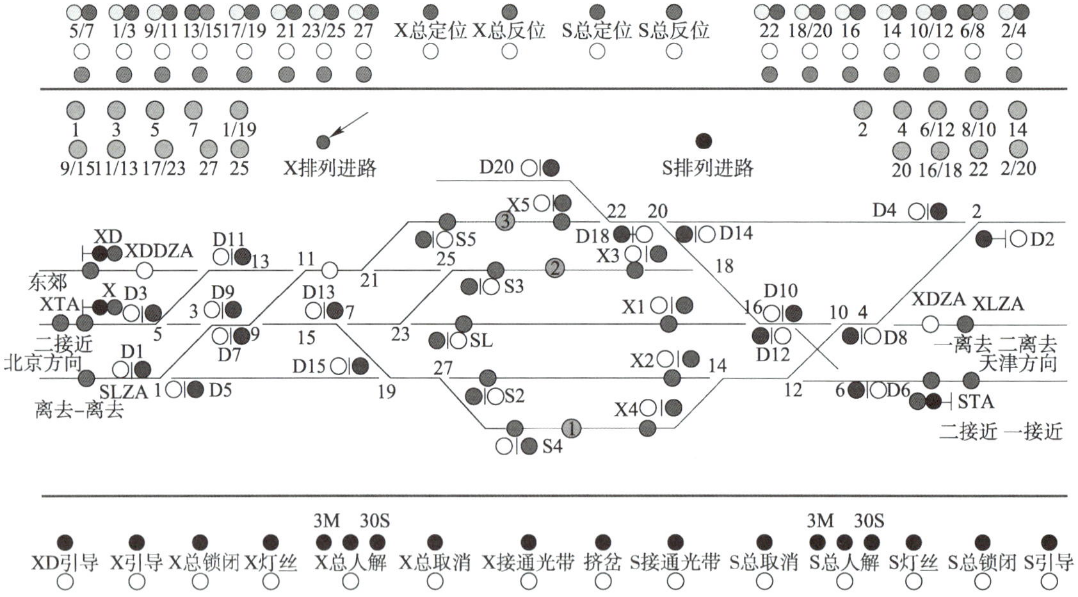

图 2-27 排列调车进路(1)

在按下进路上两个按钮以后,进路上的道岔即自动选定,并转换到规定位置。当终端按钮表示灯熄灭,始端按钮点亮稳定白色灯,表明进路上的道岔位置已经选定;当道岔转到规定位置点亮白色光带时(图上用粗线表示),表明进路已被锁闭。调车信号开放后,其复示器点亮白色灯光,此时始端按钮白色灯光熄灭,如图 2-28 所示。

③排列通过进路。

办理下行通过进路时,需按下通过按钮 XTA 和列车进路终端按钮 XLZA。如果是分段办理,则需要先办正线发车进路,后办正线接车进路,则进站信号机显示绿色灯光指示列车通过车站,如图2-29、图2-30所示。

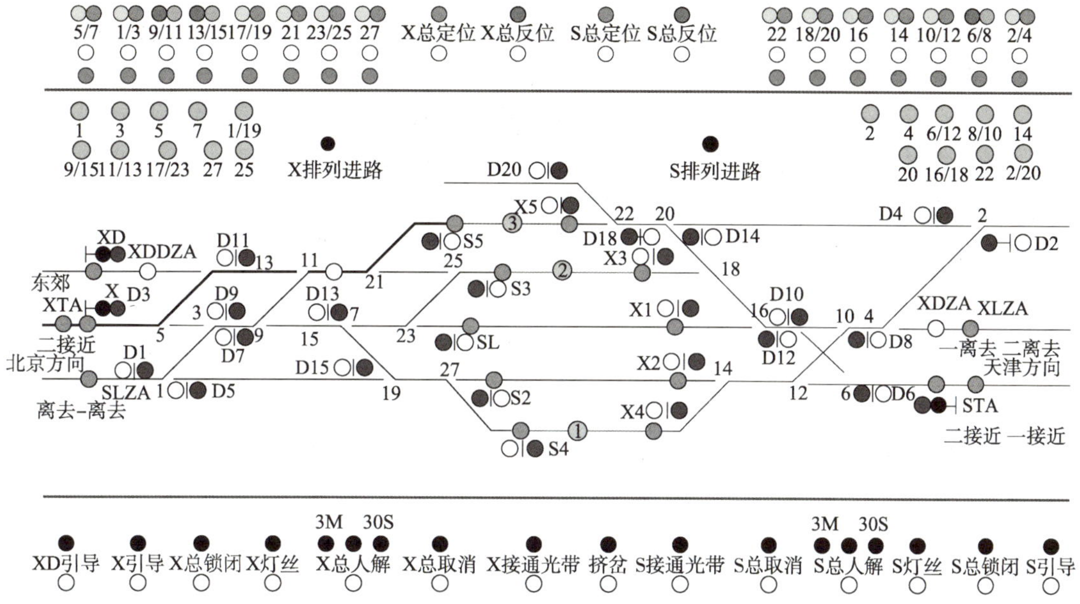

图2-28 排列调车进路(2)

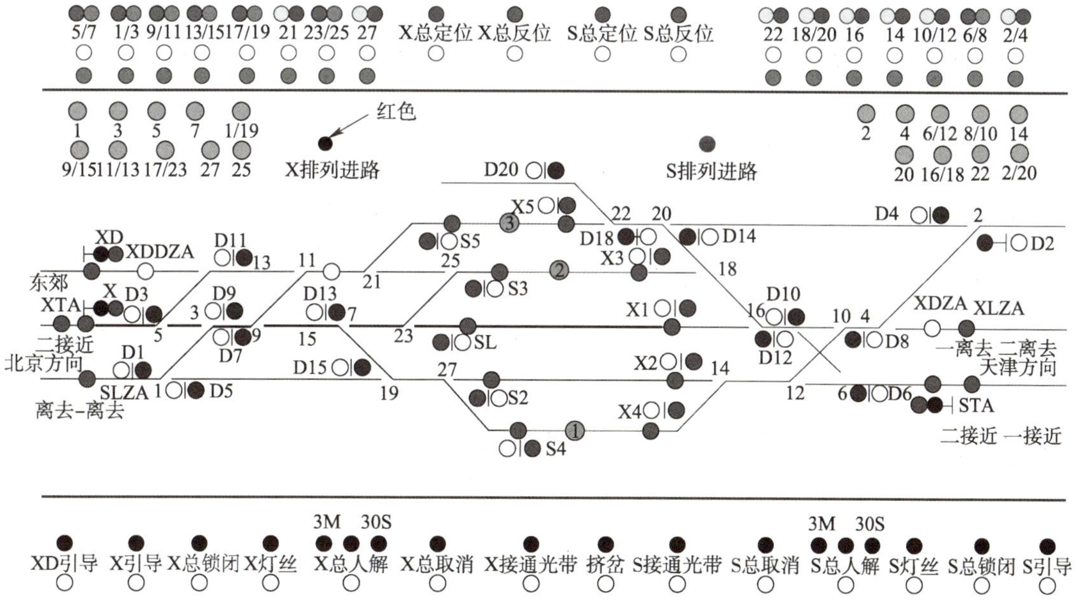

图2-29 排列通过进路(1)

④取消列车进路。

如图2-31所示,按下已开放的列车按钮和同一咽喉区的总取消按钮,总取消表示灯点亮红色灯光,进路不经限时立即自进路的终端至始端顺序解锁,白光带熄灭。

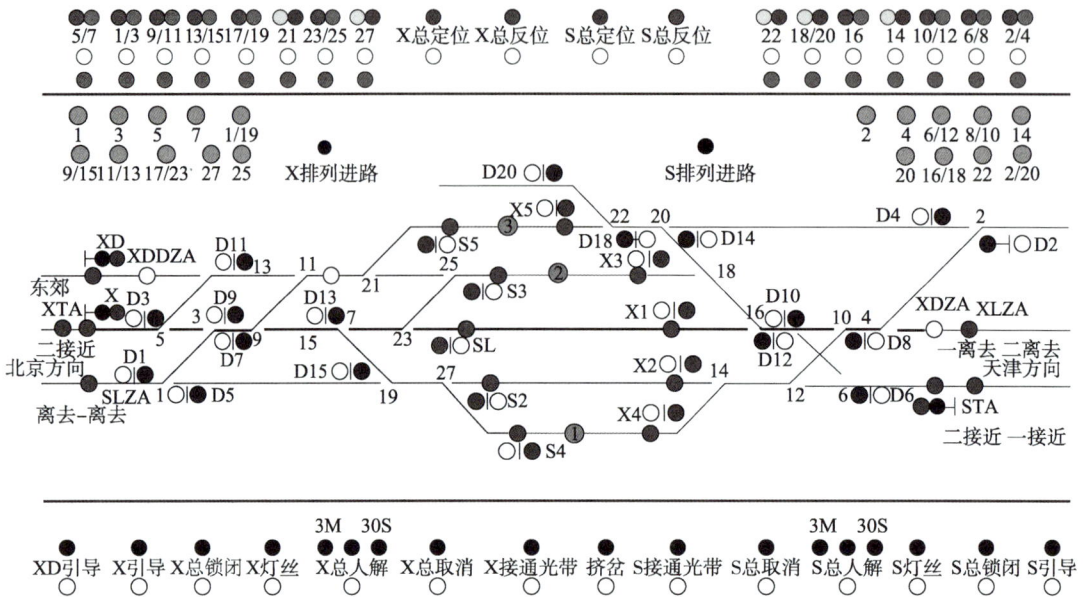

图 2-30 排列通过进路(2)

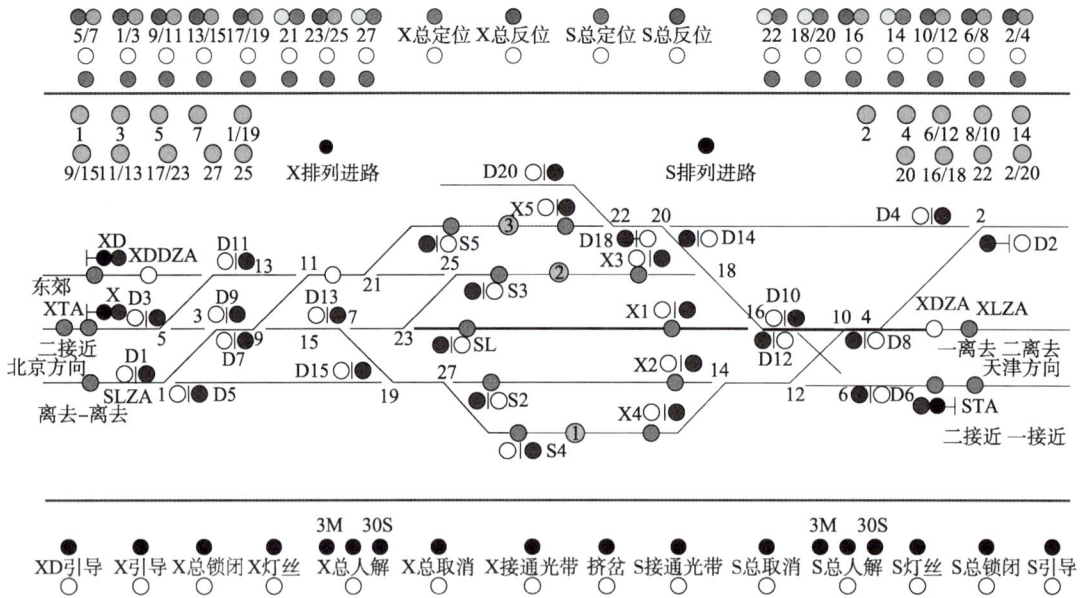

图 2-31 取消列车进路

⑤取消调车进路。

按下已开放的调车信号按钮和本咽喉区的总取消按钮,总取消表示灯点亮红色灯光,进路不经限时立即自进路终端至始端顺序解锁,白光带熄灭。其基本方法同取消进路。

⑥人工解锁进路。

如图 2-32 所示,值班员应按规定手续进行登记,然后启封按下本咽喉区的人工解锁按钮和进路始端列车(或调车)按钮,则 3min(或 30s)人工解锁表示灯点亮红灯,已开放的列车信号(或调车信号)立即关闭,但进路不能立即解锁;进站或正线出站列车进路须经3min以后进路才能解锁,白光带熄灭。

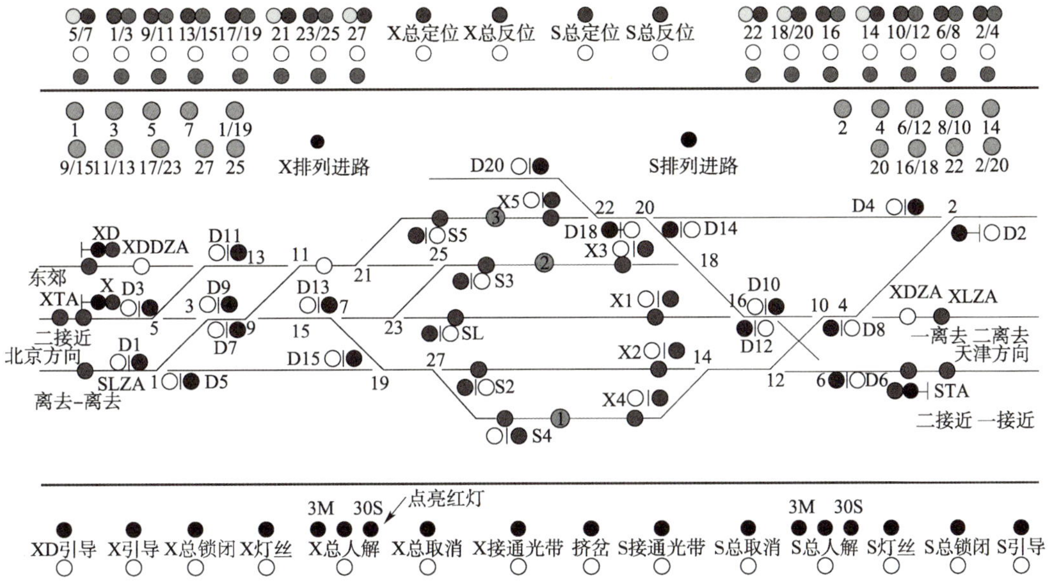

图2-32 人工解锁进路

(2)实体操作台操作。

有实体操作台条件的可以在实体操作台进行操作,操作过程与多媒体辅助控制台操作相同。

单独操纵道岔:在控制台上部,不论单动或双动道岔,均各设一个单独操纵道岔按钮,供单独操纵道岔和试验道岔用。单独操纵道岔时,需同时按下道岔按钮和道岔总定位(或总反位)按钮。单独操纵道岔按钮为三位式按钮,按下为自复式,拉出为停留式。按钮在拉出位置时,是单独锁闭道岔用,此时按钮表示灯点亮红色灯光。

【任务评估】

班级		姓名		学号		日期	

任务目的

使用6502操作台或多媒体仿真软件完成6502电气集中操作。

任务	操作步骤与标准	总分	得分
1. 排列列车进路	1. 按下列车始端按钮, 按钮表示灯闪绿光, 控制台上方的排列进路表示灯点亮红色灯光; 2. 按下进路终端处的列车按钮, 按钮表示灯闪绿光; 3. 排列完成后, 进路白光带亮起	20	
2. 排列调车进路	1. 按下所要开放的调车信号按钮, 调车按钮表示灯闪白光, 排列进路表示灯亮红光; 2. 按下终端处的调车按钮, 按钮表示灯闪白光; 3. 进路上的道岔即自动选定, 并转换到规定位置; 4. 点亮白色光带进路已被锁闭	20	
3. 排列通过进路	1. 按下通过按钮XTA和列车进路终端按钮XLZA; 2. 进站信号机显示绿色灯光指示列车通过车站	15	
4. 取消列车进路	1. 按下已开放的列车按钮和同一咽喉区的总取消按钮, 总取消表示灯点亮红色灯光; 2. 进路不经限时立即自进路的终端至始端顺序解锁, 白光带熄灭	15	
5. 取消调车进路	1. 按下已开放的调车信号按钮和本咽喉区的总取消按钮, 总取消表示灯点亮红色灯光; 2. 进路不经限时立即自进路终端至始端顺序解锁, 白光带熄灭	15	
6. 人工解锁进路	1. 值班员应按规定手续进行登记; 2. 启封按下本咽喉区的人工解锁按钮和进路始端列车(或调车)按钮, 则3min(或30s)人工解锁表示灯点亮红色灯光, 已开放的列车信号(或调车信号)立即关闭; 3. 进站或正线出站列车进路经3min以后进路解锁, 白光带熄灭	15	
	总得分		

任务反思与总结:

任务2.2 现地工作站的操作

【任务目的】

掌握联锁系统现地工作站的操作。

【任务设备】

联锁系统现地工作站(图2-33,可使用模拟仿真设备)。

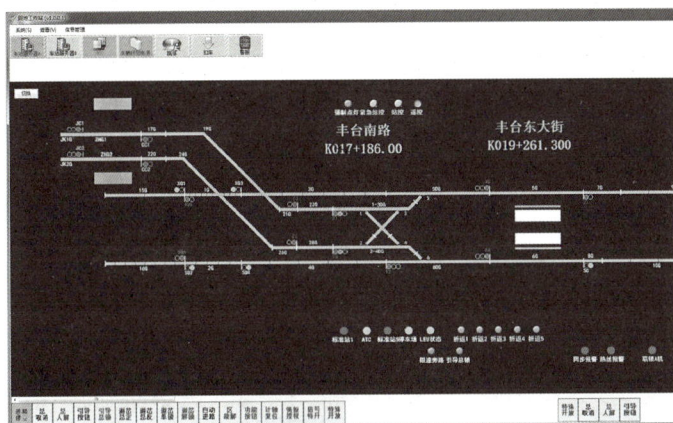

图2-33 现地工作站布局图

【任务步骤】

(1)进路建立。

点击 进路建立 ,点击始端信号机,该始端信号机所对应的所有进路的终端信号机名外围黄色闪烁,如图2-34所示。

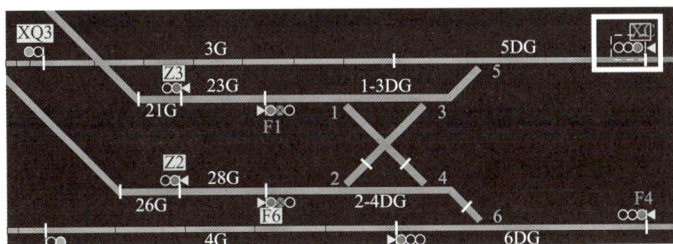

图2-34 信号机闪烁显示

点击可选终端信号机,进路锁闭显示白光带,信号机显示绿灯或黄灯,如图2-35所示。

图2-35 进路办理显示

(2)总取消。

点击 总取消 ,点击已建立进路始端信号机,进路取消,区段解锁,保护区段解锁,如图2-36

所示。

图 2-36　进路取消显示

(3)总人解。

前置条件:进路开放,接近区段显示占用;使用总取消,取消该进路,信号机变为红灯,区段未解锁,如图 2-37 所示。

图 2-37　前置条件显示

点击 人解 ,输入密码"1",点击进路始端信号机,在集中站站名左侧显示 45s 倒计时,如图 2-38 所示,待倒计时结束后该区段解锁,如图 2-39 所示。

图 2-38　倒计时显示

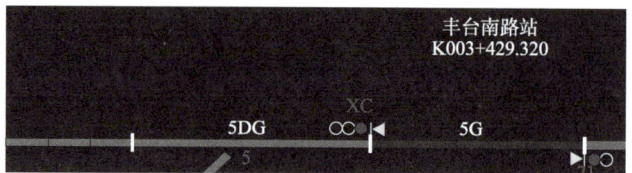

图 2-39　区段解锁显示

(4)道岔总定。

在功能菜单栏点击 道岔总定 ,并点击反位道岔,道岔随操作命令定位转动,如图 2-40 所示。

(5)道岔总反。

在功能菜单栏点击 道岔总反 ,并点击定位道岔,道岔随操作命令反位转动。

(6)道岔单锁。

在功能菜单栏点击 道岔单锁 ,并点击道岔,道岔名称变为红色,后续不响应道岔定/反位操作,如图 2-41 所示。

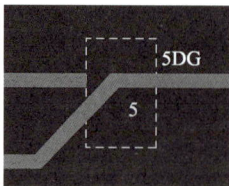

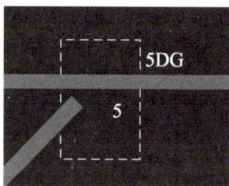

图 2-40　道岔反位和定位显示

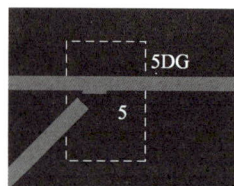

图 2-41　道岔单锁显示

(7)区故解。

前置条件:建立一条进路,在教员机上设置该进路内非第一区段区段故障,该区段显示绿色光带,如图2-42所示。

图2-42 前置条件显示

点击 区故解 ,弹出密码窗,输入密码"1",并点击绿色光带;进行一次确认及二次确认,该绿色光带消失,区段锁闭解锁,如图2-43所示。

图2-43 区段解锁显示

【任务评估】

班级		姓名		学号		日期	

任务目的

完成计算机联锁系统现地工作站的操作。

任务	操作步骤与标准	总分	得分
1.进路建立	1.点击进路建立； 2.点击始端信号机＊； 3.点击可选终端信号机＊； 4.进路锁闭显示白光带,信号机显示绿灯或黄灯	20	
2.总取消	1.点击总取消； 2.点击已建立进路始端信号机＊； 3.进路取消,区段解锁,保护区段解锁	15	
3.总人解	1.点击总人解,输入密码； 2.点击进路始端信号机＊,集中站站名左侧显示倒计时； 3.倒计时结束后该区段解锁	15	
4.道岔总定	1.点击道岔总定； 2.点击反位道岔＊； 3.道岔随操作命令定位转动	10	
5.道岔总反	1.点击道岔总反； 2.点击定位道岔＊； 3.道岔随操作命令反位转动	10	
6.道岔单锁	1.点击道岔单锁； 2.点击道岔＊,道岔名称变为红色； 3.不再响应道岔定/反位操作	15	
7.区故解	1.点击区故解,输入密码并点击绿色光带； 2.进行一次确认及二次确认； 3.该绿色光带消失,区段锁闭解锁	15	
总得分			

任务反思与总结：

注：＊可根据当前设备状态选择。

项目拓展

1. 联锁系统与站台门

在日常乘坐地铁时,我们经常会观察到车门与站台门(PSD)之间的协同动作,即当列车到站时,车门与站台门会同步打开或关闭。这是由站台门系统和联锁系统的接口来实现的,当需要打开或关闭车门时,车载控制器(VOBC)会向车辆发送相应指令,同时也会将指令发送给联锁(CI)或经由区域控制器(ZC)发给联锁,联锁接收到指令后,向站台门接口盘发送开关门控制命令或者采集状态信息,从而实现对站台门的安全控制。另外,信号系统收到通过联锁系统接收的站台门接口盘发出的站台门状态信息,采集站台门打开或者关闭锁紧状态,只有采集到站台门关闭且锁紧状态才允许发车。

2. 联锁系统与站台紧急停车按钮

紧急停车按钮(图2-44)通常设置在站台的两端,以及车站控制室内,在紧急情况下站台工作人员或公众按下该按钮就会使准备进出站的列车停住。当乘客不慎掉入轨道内、乘客肢体及随身物品被车门及站台门卡住有可能造成人身伤害等紧急情况时,按下紧急停车按钮,列车会紧急停车。另外,按下该按钮,已停稳的列车也将无法开动。

图2-44　紧急停车按钮

紧急停车按钮被按下时,按钮继电器会落下,联锁系统采集到继电器信息,从而发送信息到信号系统,启动列车紧急制动或者阻止列车继续开动。

课后巩固

一、填空题

1. 计算机联锁设备主要有_____、_____、_____和_____。

2. 联锁系统的控制分为_____、_____、_____和_____四个阶段。

3. 联锁系统列车运行进路控制采用三级控制,即_____、_____和_____。

二、选择题

1. 6502定型组合电路有( )种。

    A. 10   B. 11   C. 12   D. 13

2. 6502电气集中所采用的解锁方式是( )。

    A. 逐段解锁   B. 一次性解锁   C. 分段解锁   D. 以上都不是

3. 计算机联锁用于实现联锁逻辑运算给出输出指令的是( )。

    A. 人机交互层   B. 逻辑控制层   C. 采集/驱动层   D. 室外设备层

三、名词解释

1. 联锁

2. 进路

3. 故障安全

四、简述题

1. 简述联锁的基本内容。

2. 简述联锁的基本条件。

3. 简述联锁系统正常解锁的过程。

城市轨道交通列车自动控制系统应用

项目说明

随着轨道交通的发展,传统的由信号机、转辙机和联锁等组成的信号系统已经不能满足当前城市轨道交通高安全性、高速、节能的要求,现代城市轨道交通已经发展成为以列车自动控制系统为核心的综合自动化的系统。

列车自动控制系统(Automatic Train Control,ATC)是城市轨道交通信号系统的核心,它由列车自动防护系统(Automatic Train Protection,ATP)、列车自动运行系统(Automatic Train Operation,ATO)和列车自动监控系统(Automatic Train Supervision,ATS)三个功能子系统和数据通信子系统(Data Communication System,DCS)组成。

列车自动防护系统(ATP)是整个列车自动控制系统(ATC)的安全核心,负责列车间的安全间隔、超速防护以及车门控制。列车自动运行系统(ATO)需在已装备列车自动防护系统(ATP)的条件下使用,负责自动控制列车车速、调整列车运行、形成平滑控制牵引力和制动力的指令、在一定精度范围内对位停车等,它有利于列车节能并提高乘客乘坐的舒适度,减小司机的劳动强度。

列车自动监控系统(ATS)为列车自动控制系统(ATC)的上层管理部分,负责监督、控制协调列车运行,根据客流与实际运行情况,选定并维护运行图,自动或人工调整停站或区间运行时间,并与综合监控系统和乘客向导系统接口。

各子系统之间相互支持,以实现对列车的控制,保障列车安全行驶和提高运输效率。

学习目标

◇ 知识目标

1. 掌握闭塞的概念及方式。
2. 掌握点式和连续式列车自动控制系统的使用。
3. 掌握列车驾驶模式及其使用。
4. 掌握列车自动控制各子系统的结构及功能。
5. 掌握基于通信的列车控制系统的应用特点和关键技术。
6. 了解全自动运行系统的特点。

◇ 能力目标

1. 会列车自动防护系统对列车速度防护和方向防护的操作。
2. 会列车在多种驾驶模式的操作。
3. 会列车自动监控系统中心级和车站级工作站进路、区段、车站等的操作。

◇ 素质目标

1. 通过学习列车自动控制系统的发展,养成探究学习、终身学习的习惯。
2. 通过学习列车自动防护系统及其使用,提高安全意识和创新意识。

◇ 建议学时

12 课时

项目准备

课题3.1 列车自动控制系统的应用

一、不同闭塞制式的列车自动控制系统

为了确保列车运行安全,在组织列车运行时,通过设备或人工控制方式,使一个区间或规定的空间范围在同一时间只有一列列车占用,并列车与列车间保持一定的安全距离的技术方法称为行车闭塞法,简称闭塞(Block)。闭塞是用技术装备保证列车在区间内运行时,与前行列车和追踪列车之间保持一定安全距离的技术方法,也是为确保列车行车安全,避免正面冲突和追尾事故的发生,同时为不断提高运输效率而采取的行车组织方法。

闭塞

19世纪40年代以前,列车运行采用时间间隔法,即先行列车发出后,隔一定时间再发出同方向的后续列车。这种方法的主要缺点是不能确保安全。当先行列车运行不正常时(晚点或中途停车等),有可能发生后续列车撞上前行列车的追尾事故。为了克服这种缺陷又提出了空间间隔法,即先行列车与后续列车间隔开一定空间的运行方法。因为它能较好地保证行车安全而被广泛采用,逐步形成铁路区间闭塞制度。

行车闭塞法有人工闭塞、半自动闭塞和自动闭塞。

人工闭塞包括电报闭塞和电话闭塞、电气路签和电气路牌闭塞。电话闭塞和电报闭塞是在区间两端,车站值班员用电话或电报办理行车联络手续,由发车站填制路票,发给司机,作为列车占用区间凭证。电气路签(牌)闭塞只在单线铁路早期使用,以路签或路牌作为列车占用区间凭证。区间两端车站装设同一型号闭塞机各一台(称为一组),彼此有电气锁闭关系。当一组闭塞机中存放路签(牌)总数为偶数时,经双方协同操作,发车站可取出一枚路签(牌),递交司机作为行车凭证。在列车到达前,这一组闭塞机中不能再取出第二枚路签(牌)。

半自动闭塞是我国铁路广泛采用的一种闭塞方式。采用半自动闭塞时,列车占用区间的凭证是通过出站信号机(线路所是通过信号机)进行显示的。出站信号机不能任意开放,它受半自动闭塞机的控制。只有当区间空闲,经过办理手续后,出站信号机才能开放。还应注意,出站信号机既要防护列车区间运行的安全,又要防护出发列车在站内运行的安全,所以它既要受闭塞机的控制,又要受车站联锁设备的控制。

自动闭塞是由运行中的列车自动完成闭塞任务。它是将两个相邻车站之间的区间正线划分成若干小段——闭塞分区(其长度一般为1200~1300m),通过每个分区起点设置的一架色灯信号机进行防护。由于闭塞分区内钢轨上装设轨道电路,因而能够正确反映列车的运行情况和钢轨是否完整,并及时传给通过信号机显示出来,向接近它的列车指示运行条件,行车安全有了进一步的保证。因为通过色灯信号机是随着列车的运行通过列车自动控制的,不需要人工操纵,所以叫自动闭塞。

城市轨道交通系统的闭塞主要是自动闭塞。按闭塞制式的不同,城市轨道交通列车自动控制系统可分为固定闭塞式列车自动控制系统、准移动闭塞式列车自动控制系统和移动闭塞式列车自动控制系统。

1. 固定闭塞式列车自动控制系统

固定闭塞将线路划分为固定的闭塞分区,不论是前、后列车的位置还是前、后列车的间距,都是用轨道电路等来检测和表示,线路条件和列车参数等均需在闭塞设计过程中加以考虑,并体现在地面固定区段的划分中。

由于列车定位是以固定区段为单位的,闭塞长度较大,并且一个分区只能被一辆列车占用,不利于缩短行车时间间隔,除此之外,因为无法知道列车的具体位置,需要在两列车之间增加一个防护区段,这使得列车间的安全间隔较大,影响了线路的使用效率。在这种制式中,需要向被控列车"安全"传送的只是代表少数几个速度级的速度码,如图 3-1 所示。

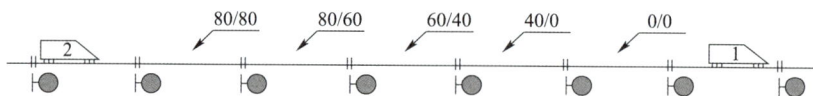

图 3-1　固定闭塞

注:图中"60/40"是区段"入口/出口"速度。

2. 准移动闭塞式列车自动控制系统

准移动闭塞对前、后列车的定位方式是不同的。前行列车的定位仍沿用固定闭塞的方式,而后续列车的定位则采用连续的或称为移动的方式。为了提高后续列车的定位精度,目前各系统均在地面每隔一段距离设置 1 个定位标志(可以是轨道电路的分界点或信标等),列车通过时提供绝对位置信息。在相邻定位标志之间,列车的相对位置由安装在列车上的轮轴转数累计连续测得。准移动闭塞在控制列车安全间隔方面比固定闭塞更进一步,可以告知后续列车继续前行的距离,后续列车也可以通过这一距离合理地采取减速或制动,从而可以改善列车控制,缩小行车时间间隔,提高线路使用效率,如图 3-2 所示。

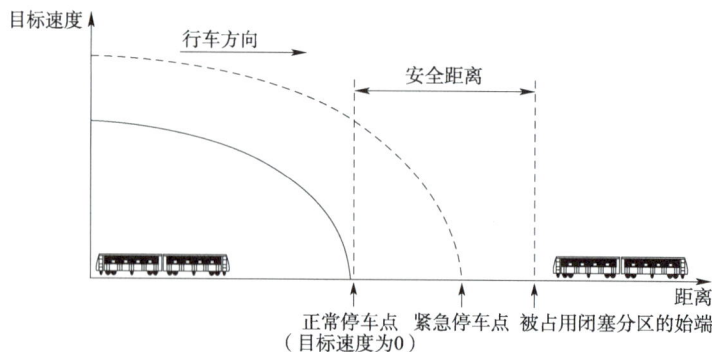

图 3-2　准移动闭塞

由于准移动闭塞同时采用移动和固定两种定位方式,所以它的速度控制模式既具有无级(连续)的特点,又具有分级(阶梯)的性质:若前行列车不动而后续列车前进时,其最大允许速度是连续变化的;若前行列车前进,其尾部驶过固定区段的分界点时,后续列车的最大速度将按"阶梯"跳跃上升,如图3-3所示。

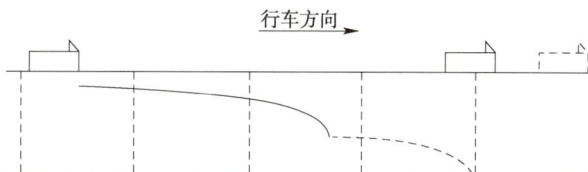

图3-3 准移动闭塞速度跳跃

3. 移动闭塞式列车自动控制系统

移动闭塞(图3-4)是一种区间不分割、根据连续检测先行列车位置和速度进行列车运行间隔控制的列车安全系统。移动闭塞与固定闭塞的根本区别在于闭塞分区的形成方法不同,移动闭塞不存在固定的闭塞分区,列车之间的安全追踪间距随着列车的运行而不断移动且变化。但是这里的连续检测并不意味着一定没有间隔点,实际上该系统把先行列车的后部看作是假想的闭塞区间,由于这个假想的闭塞区间随着列车的移动而移动,所以叫作移动闭塞。在移动闭塞系统中,后续列车的速度曲线随着目标点的移动而实时计算,后续列车到先行列车的保护段后部之间的距离等于列车制动距离加上列车制动反应时间内驶过的距离。

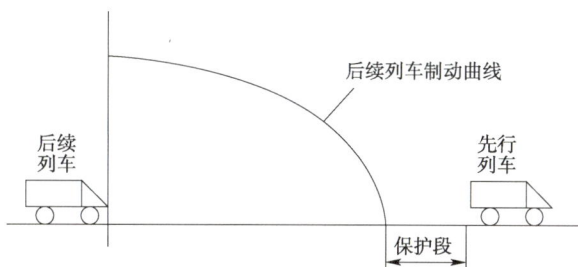

图3-4 移动闭塞

移动闭塞技术在对列车的安全间隔控制上更进了一步。通过车载设备和轨旁设备连续双向通信,运营控制中心可以根据列车实时的速度和位置动态地计算列车的最大制动距离。列车的长度加上这一最大制动距离并在列车后方加上一定的防护距离,便组成了一个与列车同步移动的虚拟闭塞分区。

虚拟闭塞分区 = 列车的长度 + 最大制动距离 + 防护距离

由于保证了列车前后的安全距离,两个相邻的移动闭塞分区就能以很小的间隔同时前进,这使列车能以较高的速度和较小的间隔运行,从而提高运营效率。

二、不同结构的列车自动控制系统

ATC系统按照其信息传递的方式可以分为点式ATC系统和连续式ATC系统。连续式ATC系统有基于轨道电路和基于通信的系统两种。

1. 点式ATC系统

在地面设置应答器,如图3-5所示。当列车驶过地面应答器,车载应答器与地面应答器对准时,车载应答器通过电磁感应的方式将能量传递给地面应答器,地面应答器的内部电路开始工作,将所存数据仍通过电磁感应传送到车上。列车计算机系统根据所得到的数据计算制动曲线。

点式和连续式ATC

图 3-5　地面应答器

点式 ATC 系统因其主要功能是实现列车超速防护,所以又称为点式 ATP 系统。点式 ATC 所使用的地面应答器有着高信息容量、结构简单等优点,但是难以胜任高密度情况。后续列车通过地面应答器前方有车,算出一条制动曲线,后续列车驶过,前车已驶离,后续列车已经通过地面应答器,后车不能得到新的信息,只能减速到下一个地面应答器。

同时,对于列车的速度控制是阶梯式的,不利于列车的平稳驾驶,如图 3-6 所示。

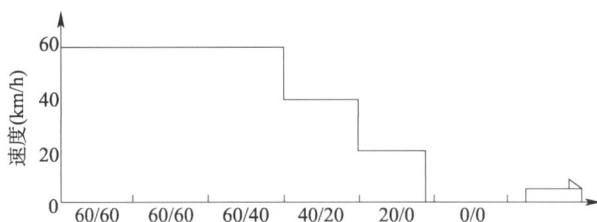

图 3-6　阶梯式速度控制

注:图"40/20"是区段的"入口/出口"速度。

2. 基于轨道电路的列车控制系统

基于轨道电路的系统有速度码系统和距离码系统,无论是速度码系统还是距离码系统,其轨道电路都被用作双重通道,当轨道电路区段上无车时,轨道电路发送的是轨道电路检测信号或检测码;当列车驶入轨道电路区段时,立即转发速度信号或者有关数据电码。

速度码系统通常用不同的频率来代表不同的允许速度,如图 3-7 所示。由运营控制中心通过信息传输媒体将列车最大允许速度直接传至车上,这类制式在信息传递与车上信息处理方面比较简单,速度分级也是阶梯式的。

从图 3-7 可知,当列车进入某一轨道电路区段后,检测继电器失磁落下,向轨道电路改发来自运营控制中心的速度信息。显然,这种速度分级是比较粗略的。速度码系统从地面传递给列车的允许速度(限速值)也是阶梯分级的,在轨道电路区段分界处的限速值是跳跃式的(图 3-6),这对于平稳驾驶、节能运行及提高行车效率都是非常不利的。因此,速度码系统已逐渐被能实时计算限速值的距离码系统所取代。

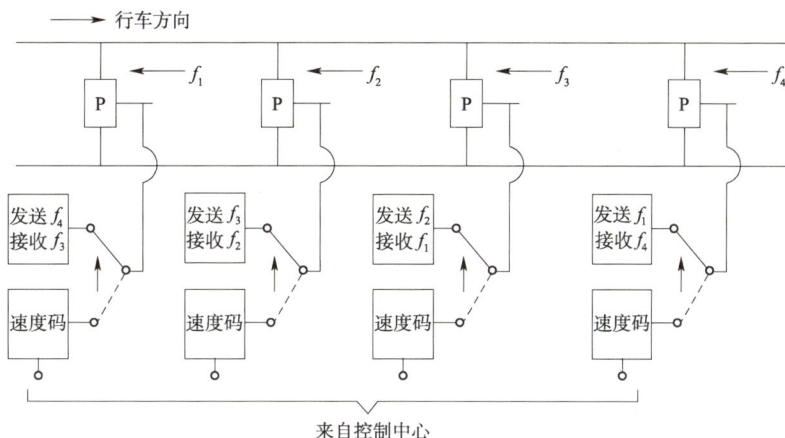

图 3-7 速度码系统示意图
P-轨道线圈

距离码系统从地面传至车上的是前方目标点的距离等一系列基本数据,车载计算机根据地面传至车上的各种信息(包括区间的最大限速、目标点的距离、目标点的允许速度、区间线路的坡度等)以及储存在车载单元内的列车自身的固有数据(如列车长度、常用制动及紧急制动的制动率、测速及测距信息等),实时计算出允许速度曲线,并按此曲线对列车的实际运行速度进行监控。

距离码系统采用数字编码音频轨道电路,数据传输、实时计算以及列车车速监控都是连续的,所以速度监控是实时、无级的,可以有效地实现平稳驾驶与节能运行,如图 3-8 所示。

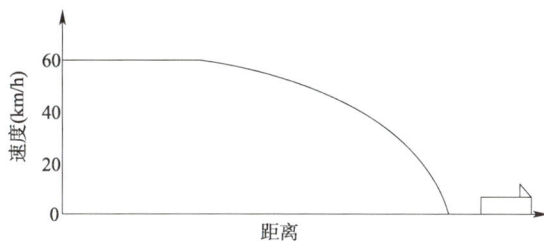

图 3-8 连续 ATC 速度控制

3. 基于通信的列车控制系统

随着城市轨道交通的发展,对于列车速度和列车发车时间间隔的要求越来越高,原来被广泛使用的基于轨道电路的列车控制方式的各种弊端也逐渐显现出来。这种列车控制方式以钢轨作为信息传输的通道,传输频率受到很大限制,导致车-地的通信容量很低。同时,信息的传输受牵引回流和迷流网的影响使得传输性能不够稳定,各种闭塞的信息传输频率、通信协议等均不一致,导致了在一个城市或一个地区的轨道交通网中各条线路的列车不能实现联通联运。并且,这种制式所实现的主要是准移动闭塞,距离移动闭塞还有一定的差距,列车发车时间间隔的进一步缩短和列车速度的提高受到很大的限制。随着计算机技术(Computer)、通信技术(Communication)和控制技术(Control)的发展,以 3C 技术代替轨道电路实现列车的控制成为最好的发展方向,出现了基于通信的列车控制系统(Communication Based Train Control System,CBTC)。CBTC 是一种利用高精度的列车定位(不依赖于轨道电路)和双向车-地通信技术实现的连续自动列车控制系统。

基于通信的列车控制利用先进的通信和计算机技术,突破了固定闭塞的局限,实现了移动闭塞,在技术和成本上较传统的信号系统有明显的优势。该技术无须在轨道上进行固定长度、固定位置的闭塞分区,而是把每一列车加上前后的一定安全距离作为一个移动的分区,列车制动的起点和终点都是动态的。列车的安全间距是按后续列车在当前速度下所需的制动距离加上安全余量计算得出。列车的最小运行间隔在90s以内,个别条件下可实现小于60s的间隔时间。与传统的固定闭塞、准移动闭塞技术相比,移动闭塞技术实现了车载设备与轨旁设备不间断的双向信息传输,使列车定位更精确、控制更灵活,可以安全有效地缩短列车间隔,提高列车运行的安全性与可靠性,从而降低列车的运营和维护成本。

基于无线通信的系统,是由数据通信系统(DCS)为城市轨道交通构建连续双向的数据通信网络。DCS是传输数据报文的载体,将数据从发送端转发到接收端。DCS是CBTC系统的专用通信网络,采用独立组网方式,不与外界网络发生直接关联。DCS本质上是一个封闭的局域网,包括有线通信网络和无线通信网络。按照网络功能,DCS可以分为传输网、接入网及维护管理设备。DCS为系统中的ZC、CI、ATP/ATO、ATS等设备提供数据交互通道,完成子系统间的数据交互,其接口为以太网接口,可以实现任何子系统间的通信,也就是说和数据通信系统相连的任何两个间接电子件都可以相互通信。DCS设备包括轨旁光纤骨干网、轨旁无线设备接入点、车载无线设备等。DCS采用无线局域网WLAN技术等,通过沿线设无线接入点(Access Point,AP)的方式实现列车与地面之间不间断的数据通信。列车自动控制系统DCS子系统连接方式如图3-9所示。

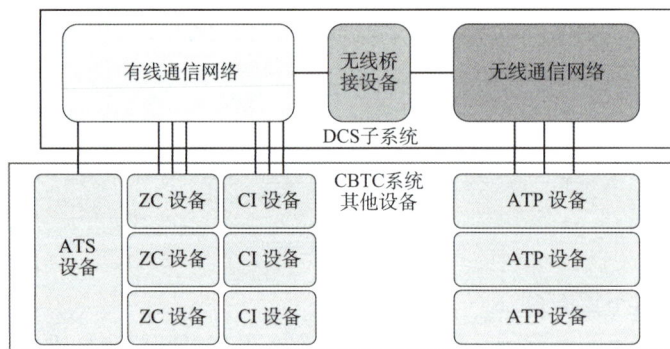

图3-9 列车自动控制系统DCS子系统连接方式

车-地双向通信技术是标志CBTC不同于基于轨道电路的列车控制(TBTC)的根本点。车-地通信技术和定位技术成为CBTC应用中最关键的技术。这类双向通信方式与一般的语音和数据双向通信在要求上又有不同,主要反映在要求高可靠性、实时性和安全可用性等多个方面,但是在实际环境方面、指挥范围方面、列车运行数量方面有所不同。此外,列车又有电气化干扰等,所以车-地间双向通信是比较复杂的问题。从目前已经开发应用的情况来看,车-地间双向通信方式有下列几种。

(1)轨间交叉电缆。

采用轨间电缆的列车控制,是利用轨间铺设的电缆传输信息,轨间电缆是车-地通信的唯一通道。为了抗牵引电流的干扰以及列车的定位,轨间电缆每隔一段距离(如25m)做一次交叉,如图3-10所示。

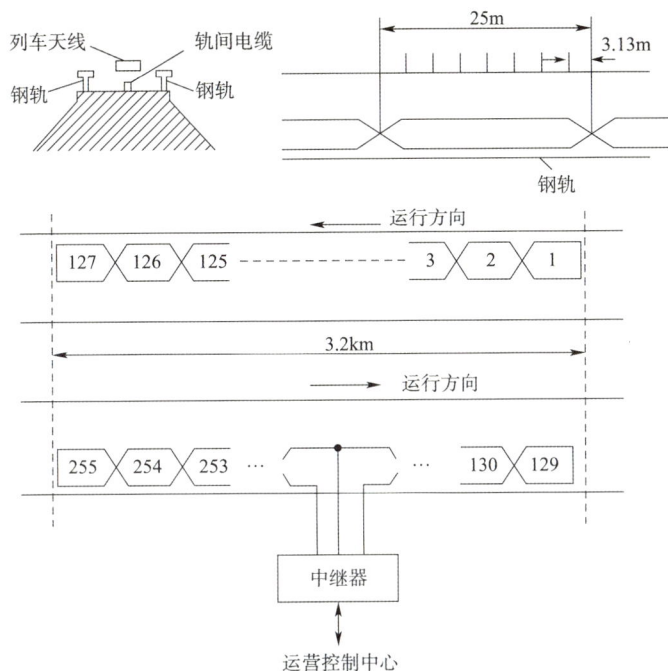

图3-10 轨间电缆的交叉配置

利用轨间电缆的交叉配置可以实现列车的定位,每当列车驶过电缆的交叉点,通过检测信号极性的变化以及次数来确定列车的实际位置。

在运营控制中心内按地理坐标储存了各种地面信息,如线路坡度、曲线半径、道岔位置、缓行区段的位置与长度等。此外,经过联锁装置,将沿线的信号显示、道岔位置、列车的有关信息(车长、制动率、所在位置、实时速度等)不断地经由轨间电缆传至运营控制中心。运营控制中心内的计算机计算出在其管辖的区段上每一列车当前的最大允许速度,再经由轨间电缆传至相应列车,实现速度控制。

列车数据表中储存全部与列车有关的信息。由于运营控制中心整个管辖区内的列车是运动的,所以列车数据表中的数据都是动态数据(包括列车的制动率、即时速度、所处的位置等)。它的接收、监视、删除都由程序来完成。列车数据表以级联的方式构成,从而可使每列车知道它的前行车和后续车的位置。

采用轨间电缆的ATC系统信息传递的连续性是以昂贵的轨间电缆为代价的,维修费用也高,而且轨间电缆的存在给线路养护工作带来了诸多不便。

(2)漏泄波导管。

基于漏泄波导通信的列车运行控制系统是以漏泄波导管为通信媒介,通过车站和轨旁的设备实现地面与列车的信息交换,从而达到对列车运行的控制。列车在线路中的位置需要列车通过车载里程仪测量后经车载通信天线发送给轨旁设备,并经过其处理后送到车站控制设备,车站控制设备再将这一信息转发给后续列车,后续列车知道了前行列车的位置,可根据事先定义的安全行车原则实现移动闭塞。漏泄波导作为无线电台的天线,彻底解决了无线电台在隧道中信号传输的问题,是一个安全、可靠、先进的信号系统,比较适合在地铁环境中使用。

基于漏泄波导通信的列车运行控制系统,是采用沿轨道铺设漏泄波导的方式,以波导信息网络、无线扩频电台为基础,采用时分多址即 TDMA(Time Division Multiple Access)通信方式,通过有线和无线网络的集合,实现列车与轨旁设备的双向连续通信及列车定位功能,最终实现移动闭塞信号控制。

波导信息网络用于确保列车和本地 ATS 系统、运营控制中心之间的车-地双向连续传输信息。波导信息网络由多个波导信息网通信单元和车载的波导信息网移动站组成。波导信息网络结构如图 3-11 所示。

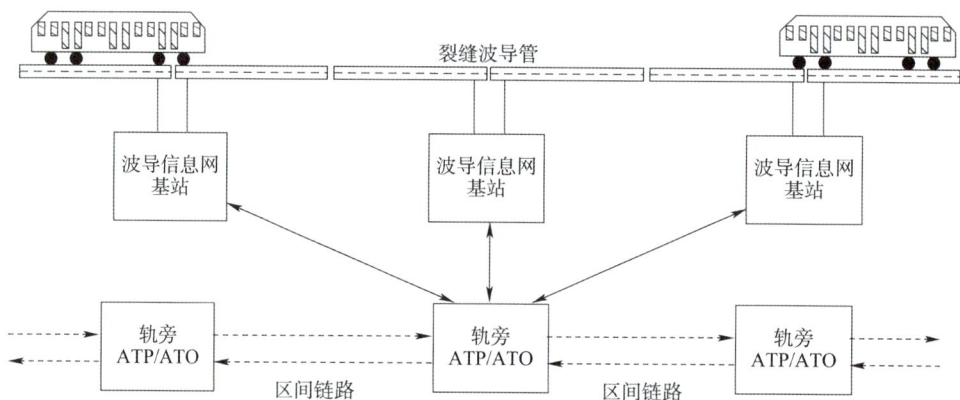

图 3-11　波导信息网络结构

波导信息网基站主要负责接收和处理车载计算机的数据、发送主控计算机的数据、接收列车定位数据、处理数据采集卡采集的列车运行数据、提供人机交互(Man Machine Interface,MMI)接口、接收 MMI 发送的列车控制信息并通过报文模块发送、提供 TCP/IP 通信接口、提供串口通信接口等。它是组成波导信息网络单元的最基本的部分,是和车载移动站进行车地通信的工作站。

波导信息网基站和轨旁 ATP/ATO 采用有线连接,轨旁 ATP/ATO 之间通过光纤、尾纤、光缆配线架、光端机等形成区间链路。波导信息网基站和波导信息网移动站之间的无线网络执行 IEEE802.11 和 IEEE802.3 标准。

🚆 想一想

　　某地铁线多趟列车暂停运行,每次暂停 1～2min,致使大量乘客被迫换乘数次,滞留沿线车站。次日,有知情人爆料,地铁方面已查明事故原因,疑似地铁受乘客手持便携式 Wi-Fi 发出的信号干扰。为什么普通乘客的 Wi-Fi 会逼停地铁列车?

一般采用微波裂缝波导系统作为车-地双向数据传输的媒介。微波裂缝波导系统是波导信息网络的关键部分,它具有较宽带宽,可以同时传输数据、语音及视频信号,用于车-地双向连续数据传输及列车定位。裂缝波导管是中空的铝质矩形管,在其顶部等间隔开有窄缝。裂缝波导管外形如图 3-12 所示。

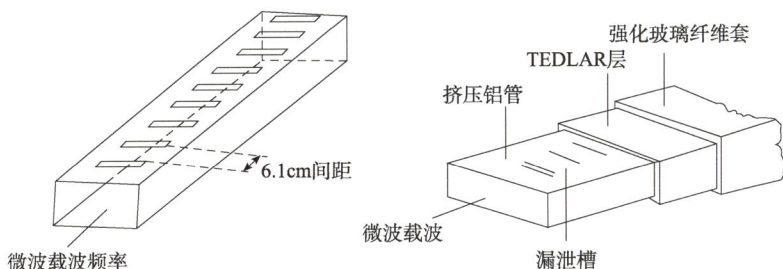

图3-12 裂缝波导管

使用这种结构的波导管可以实现在载频范围内的微波沿裂缝波导均匀辐射,在波导上方的适当位置接收器可以接收波导裂缝辐射的信号;接收器通过信号处理得到有用的数据,轨旁 ATP/ATO 语音、视频。数据使用时分多址(TDMA)作为系统的通信组织管理方式。

波导信息网基站使用同轴电缆与裂缝波导连接,通过裂缝波导与车载电台交换信息,列车与轨旁单元的信息交换在固定的时隙内完成。系统每秒多次对每辆列车的位置进行检测,利用时分多址方法,最多可同时控制 30 辆列车。交换的数据内容包括列车的车次号、当前相对位置、当前运行速度、运行时间、运行距离、到达时间、出清时间等,列车通过车载 ATP/ATO 控制列车的运行并精确定位。

(3)无线通信。

采用无线通信的列车控制是利用无线通信传输列车信息。地面信息接入点将列车限制速度、坡度、距离等有关数据通过天线发送到列车上,由车载控制器对信息进行处理,计算出列车目标速度,对列车进行控制。典型的采用无线通信的列车控制系统结构如图 3-13 所示。

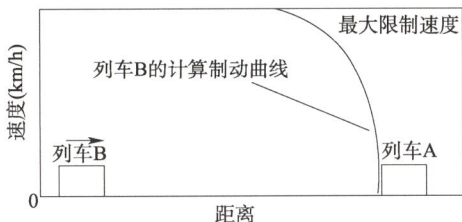

图3-13 采用无线通信的列车控制系统结构

车载控制器(Vehicle On-Board Controller,VOBC)与列车一一对应,实现列车自动保护(ATP)和列车自动运行(ATO)的功能。车载控制器采取 3 取 2 的冗余配置。车载应答器查询器和天线与地面的应答器(信标)进行列车定位,测速发电机用于测速和对列车定位进行校正。

司机显示提供司机与车载控制器及 ATS 的接口,显示的信息包括最大允许速度、当前速度、到站距离、列车运行模式及系统出错信息等。

数据通信系统实现所有列车运行控制子系统间的通信,采用开放的国际标准:以 802.3 (以太网)作为列车控制子系统间的接口标准,以 802.11 或者 LTE 作为无线通信接口标准。这两个标准均支持互联网协议 IP(Internet Protocol,网际互联协议)。

三、列车控制和列车驾驶模式

城市轨道交通多采用基于通信的列车控制系统(CBTC),其列车控制运行级别由高到低可分为:

(1)连续通信控制下 ATP/ATO 的运行(简称 CTC 级别);

(2)点式通信控制下 ATP/ATO 的运行(简称 ITC 级别);

(3)联锁级下的运行(简称 ILC 级别)。

CTC 级别下,系统通过连续通信设备,例如感应环线、漏泄电缆和无线等获得移动授权,控制列车在 CM/AM-C 模式下运行;ITC 级别下,通过地面应答器获得点式的通信信息,控制列车在 CM/AM-I 模式下运行;ILC 级别下,列车不生成移动授权,只能在 RM 模式下运行。

列车驾驶模式分为在正线的列车自动运行模式(ATO 模式或者 AM 模式)、ATP 监督下的人工驾驶模式(CM 模式或 ATPM 模式)、限制人工驾驶模式(RM 模式)和非限制人工驾驶模式(EUM 模式或者 NRM 模式)以及在列车折返时的列车自动折返模式(AR 模式或者 ST-BY 模式)。列车驾驶模式选择开关如图 3-14 所示。

图3-14 列车驾驶模式选择开关

二维码

不同的驾驶方式

1. 列车自动运行模式

此模式是正线上列车运行的正常模式,此模式时列车能够正常接收 ATP/ATO 信息,自动控制列车起动、加速、制动,定位停车和车门、站台门的开启,此时列车司机只需要观察线路情况,观察列车 DMI、TOD 显示屏、门全关闭指示灯显示等,发现异常及时处理,观察监视器显示确认无人上下车后,使用站台侧关门按钮关闭客室车门。列车司机将模式开关选择至 ATO 位,司控器置于"0"位,按压 ATO 启动按钮大于 2s,启动该模式。此模式存在连续通信控制下的 AM-C 模式和点式通信控制下的 AM-I 模式。

2. ATP 监督下的人工驾驶模式

此模式时,司机在 ATP 的监督下使用司机控制器平稳操纵列车运行,列车起动、加速、常用制动、开门等都由司机操作,ATP 设备实时监督列车速度。当列车接近 ATP 限制速度时给出警告,提醒司机减速行驶;当列车速度超过 ATP 限制速度,列车给出警告,如果司机不能及时减速到限制速度以下,ATP 自动启动紧急制动,直到停车。此模式由司机将模式开关选择至 ATPM 位,司控器置于非"0"位时启动。此模式存在连续通信控制下的 ATPM/CM 模式和点式通信控制下的 PATPM 模式。

3. 限制人工驾驶模式

此模式是一种受约束的人工操作,必须"谨慎运行"。在这种模式下,列车由司机根据轨

旁信号驾驶,ATP仅监督允许的最大限速值。该运行模式在下列情况下使用:

(1)列车在车辆段范围内(非ATC控制区域)运行时;

(2)正线运行中联锁设备或轨道电路或ATP轨旁设备或ATP列车天线或地对车通信发生故障时;

(3)列车在正线退行时。

此时,车载ATP将给出一个25km/h的限制速度,列车一旦超出此速度,ATP系统就会实施紧急制动。

4. 非限制人工驾驶模式

此模式是不受限制的人工驾驶(无ATP监督)模式,用于车载ATP设备故障以及车载设备测试情况下完全关断时的列车驾驶;列车是由司机根据轨旁信号和调度员的口头指令驾驶的,没有速度监督。在此模式下,列车由司机人工驾驶,ATP的紧急制动输出被车辆控制系统切断,没有ATP保护措施。使用这种模式必须进行登记,此时列车运行安全完全由司机负责。

5. 列车自动折返模式

列车到达折返站时,选用此模式实现列车的自动折返。在规定停站时间结束后,司机选择模式开关到AR位,按压"自动折返"按钮启动,列车自动进入折返线并停车,折返进路具备后,列车自动由折返线发车到站台并打开车门和站台门。

课题3.2 列车自动防护系统的应用

列车自动防护(ATP)系统是保证行车安全、防止列车进入前方列车占用区段和防止超速运行的设备。ATP系统负责列车运行的保护,是列车安全运行的保障。

ATP系统把来自联锁系统和操作层的信息、线路信息、前方目标点距离和允许速度信息通过轨道电路传至车上,车载设备根据ATP所传输的信息计算出当前所允许的速度,或由行车指挥中心计算出目标速度传至车上,测速器测得列车实际的运行速度,然后对这两个速度进行比较,如果列车实际速度大于ATP装置指示速度,ATP车载设备发出制动指令,列车自动制动,当列车速度降至ATP指示速度以下,制动自动缓解。列车操作仍由司机完成,ATP系统只负责保证列车不超速、不冒进。

ATP系统是ATC系统的基本环节,是安全系统,必须符合故障-安全的原则。

一、列车自动防护系统的构成

ATP系统的设备主要是轨旁设备和车载设备两部分。

1. 轨旁设备

ATP轨旁设备主要是区域控制器(Zone Controller,ZC)。ZC是CBTC系统中的地面核心控制设备,是车-地信息处理的枢纽。ZC子系统主要负责根据通信列车所汇报的位置信息、联锁所排列的进路和轨旁设备提供的轨道占用/空闲信息,为其控制范围内的通信列车计算生成移动授权,保证其控制区域内通信列车安全运行,具备在各种列车控制等级和驾驶模式下进行列车管理的能力。列车自动控制系统将一条线路分为若干个控制区域,每个控制区域由一个 ZC 负责,该 ZC 主要负责为其控制范围内的通信列车计算生成移动授权(MA),如图 3-15 所示。ZC 需要实时地与车载 ATP、DSU、CI 及 ATS 子系统进行信息交互,为生成 MA 提供数据支持。当列车在 ZC 管辖范围内按运行时刻表正常运行时,ZC 接收列车发出的当前位置和运行方向等信息,并使用以上列车信息结合来自 CI 的周围障碍物状态信息确定列车的 MA,ZC 将由 CI 获取的列车移动授权范围内的障碍物状态告诉给车载 ATP。

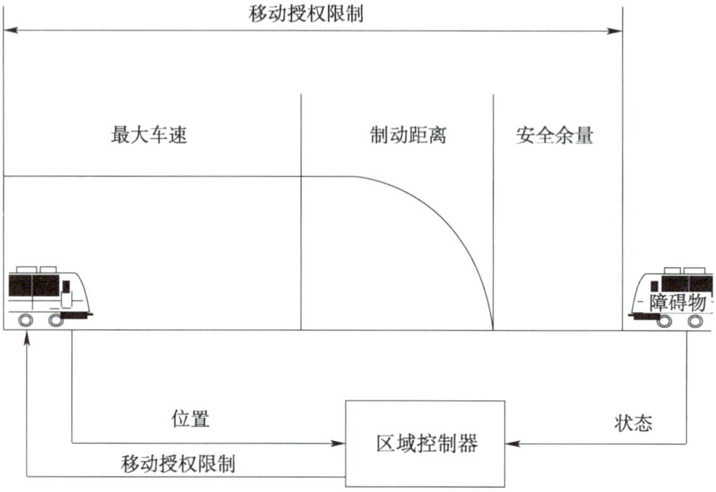

图 3-15　列车移动授权

ZC 需要对所有在其管辖范围内的列车进行管理和控制,根据列车的运行状态,可以将整个管理和控制过程分为列车注册、ZC 正式控车和列车注销三个过程。

(1)列车注册:列车在上电或者出车辆段时,以 RM 模式运行,当列车即将进入 ZC 区域边界时,车载 ATP 通过 DCS 子系统向 ZC 发送当前列车位置和运行方向,并发出进入该区域控制器的受控申请,此时 ZC 将该列车信息插入到列车管理队列中。

(2)正式控车:ZC 与车载 ATP 建立链接并保持通信后,向 CI 汇报列车位置信息,为列车请求进路,进路排通后,ZC 为列车计算 MA,则该列车成为该区域控制器正式管理的列车,保证列车正常运行。

(3)列车注销:当列车即将出清区域控制器控制区域或者列车将返回到车辆段时,列车处于注销状态。整个注销过程中,区域控制器需要首先清空该列车的数据信息,将列车信息从列车管理队列中删除,表示不再管辖该列车。列车脱离 CBTC 区域后以 RM 模式运行。

ATP 系统是安全系统,ZC 设备大多使用基于 2 乘 2 取 2 安全冗余设计安全平台,通过硬件冗余结构提高设备可靠性,符合故障-安全原则。

2. 车载设备

ATP 车载设备主要是对所接收信息的处理,它包括接收装置(天线)、信息处理器和测速单元及人机界面单元等,如图 3-16 所示。

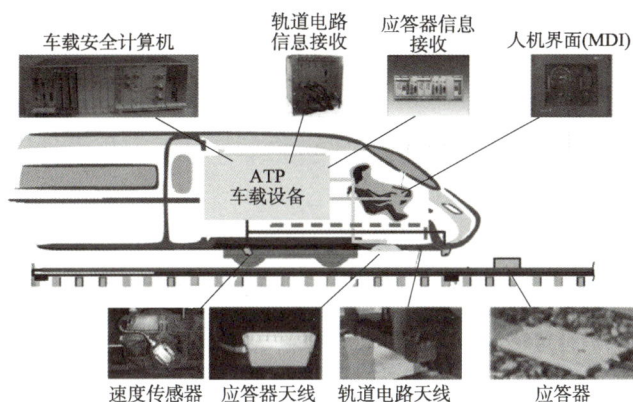

图 3-16 ATP 车载设备

ATP 车载设备将地面传来的数据通过 ATP 接收装置接收,然后与预先储存的列车数据一起进行计算,得出列车的最大允许速度,再将此速度和来自测速单元(速度传感器)的实时速度进行比较,若超过速度,则启动报警和制动,如图 3-17 所示。

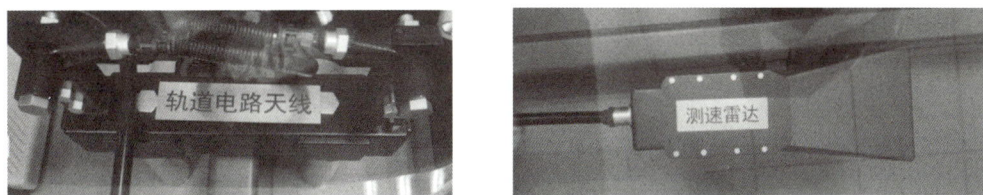

图 3-17 轨道电路天线和测速雷达

同时,ATP 车载设备还通过与列车接口,将所得的速度信息传给 DMI(人机交互,Driver-machine Interface)界面显示,如图 3-18 所示。DMI 包括司机显示功能、司机外部接口两个子功能。司机显示功能向司机显示实际速度、最大允许速度、目标距离、目标速度,ATP 设备的运行状态,以及列车运行时产生的重要故障信息,在某些情况下伴有音响警报,借助 DMI 显示,司机能按照 ATP 系统的指示运行,以保证行车安全。ATP 车载设备也采用冗余的 2 取 2 或者 3 取 2 的系统结构,以保证系统最大的安全性和可用性。

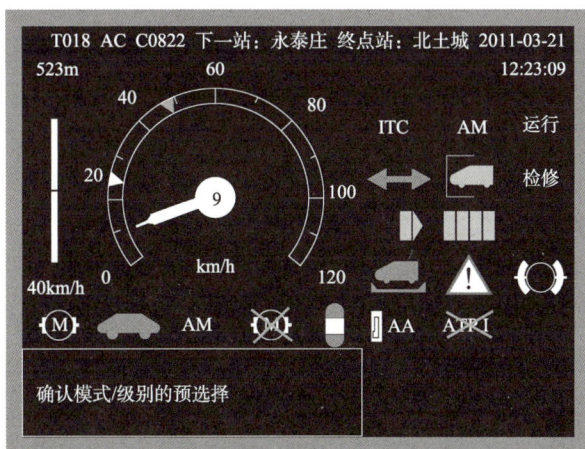

图 3-18 人机界面(DMI)

二、列车自动防护系统的功能

ATP 系统应具备检测列车位置、安全性停车点防护、列车安全间隔控制、测速与测距、超速防护、紧急制动、车门控制、记录司机操作等功能。

1. 安全性停车点防护

安全性停车点防护以保证列车停在停车点为目的,当前方列车占用轨道电路区段内有安全或危险停车点时有效。按照列车到停车点的距离,ATP 车载设备根据列车制动性能以及接收到的前方线路信息等,计算一条制动曲线,当然列车的速度限制是随着列车的行进而连续变化的。

安全性停车点以目标速度和目标距离为基础。ATP 轨旁设备向在其控制范围内的列车分配一个"目标距离",再由轨道电路生成代码,通知列车前方有多少个未占用的区段;接着,ATP 车载设备调用存储器里的信息,决定在任何时刻列车的运行速度和可以运行的最远距离,确保在抵达障碍物或限制区之前安全停车。目标距离原理如图 3-19 所示。

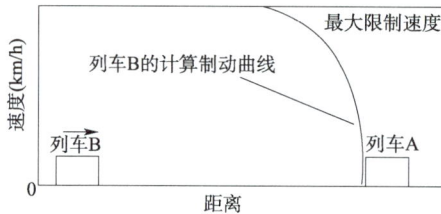

图 3-19　目标距离

列车的实际行驶速度不断与计算出来的最高速度进行比较,如果实际车速超过最高速度,则自动启用紧急制动。

列车间隔功能需要利用 ATP 的固定数据(如固定限速)和可变数据(如临时限速等),计算 ATP 曲线。

固定限速是在设计阶段设置的。车载 ATP 和 ATO 设备都储存着整条线路上的固定限速区信息。速度梯降级别为 1km/h。它决定了"目标距离"运行模式下可能给出的最优行车间隔。临时限制速度在某些条件下(施工现场、临时危险点)可以被降低。临时速度限制区段的范围总是限制在一个或多个轨道电路区段。在紧急情况下,通过特殊速度码,可立即将任何一段轨道电路上的速度设置为 25km/h。如果需要设置临时性限速区,可以在地面安装应答器。这些应答器允许以 5km/h 为一个阶梯,降到 25km/h。在带有允许临时速度限制编码的轨道电路里,可通过设置信标来实施。

安全停车点是在危险点的基础上定义的。运营停车点是对列车应停车的车站设置的。运营停车点无安全含义。

2. 列车安全间隔功能

列车安全间隔功能负责保持列车之间的最小安全距离,还负责发出运行授权。只有在进路已经排列,联锁功能中才发出列车运行授权,准许列车进入进路。当前方列车仍在进路中时,可为后续列车再次排列进路。

列车安全间隔制动控制模式分为分级制动模式和一级制动模式。

（1）分级制动模式。

分级制动是以闭塞分区为单元，根据与前行列车的运行距离来调整列车速度，各闭塞分区采用不同的低频频率调制，指示不同的速度等级，在此基础上确定限速值。分级制动模式又分为阶梯式和曲线式。

①阶梯式分级制动模式俗称大台阶式，如图3-20所示。它将一个列车全制动距离划分为3～4个闭塞分区，每一闭塞分区根据与前行列车的距离来确定限速值。当列车速度高于检查值时，列车自动制动，固定闭塞常用这种制动方式。

②曲线式分级制动是根据该闭塞分区提供的允许速度值以及列车参数和线路常数由车载计算机计算出来的（或将各种制动模式曲线储存调用）。准移动闭塞常用这种制动方式，如图3-21所示。

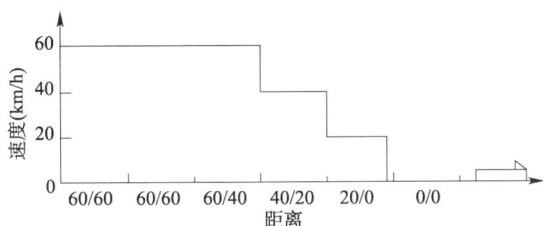

图3-20　阶梯式分级制动

注：图中"40/20"是区段的"入口/出口"速度。

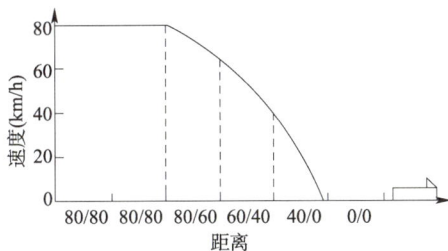

图3-21　曲线式分级制动

注：图中"60/40"是区段的"入口/出口"速度。

（2）一级制动模式。

一级制动是按目标距离制动的。根据距前行列车的距离，或距运行前方停车站的距离，由运营控制中心根据目标距离、列车参数和线路参数计算出列车制动模式曲线，或由车载计算机予以计算，按制动模式曲线控制列车运行。移动闭塞制式的ATC通常采用一级制动模式，如图3-22所示。

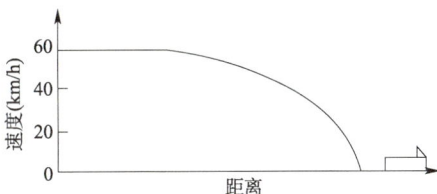

图3-22　一级制动模式

3. 测速与测距功能

确定车辆速度和位置是车载设备关键、重要的功能。

（1）测速。

测速是通过路程脉冲发生器、光电式传感器等完成的。路程脉冲传感器核心部分有一个16极凸轮，随着车轮的转动，发生一系列脉冲，车速越快脉冲越多，只要记录下一定时间内脉冲的数量就能换算成速度。光电传感器应用光电技术，它有一些光圆盘，随着车轮的转动，光线不断被遮挡和通过，使光电传感器产生电脉冲，记录脉冲数量以测量车速。

ATP速度防护

（2）测距。

测距是通过测速和轮径完成的，通过测速设备获得车轮旋转的次数，考虑运行方向和车轮直

径来计算走行距离。测距系统使用 2 个传感器测量数据,为了保证安全,当 2 个数据不一致时,取其中的最大值。列车定位也是通过测距完成的,在有轨道电路的线路上,将轨道电路的分割点作为列车绝对位置,列车的实际位置可以通过绝对位置加测距距离得出,同时考虑到列车空转/打滑的情况,轨道电路的分割点又作为校核点,每隔一段距离对列车实际位置进行校核。

4. 监督功能

列车自动防护监督功能就是负责保证列车运行安全。各种监督功能管理列车安全的某个方面,并在它自己的权限内产生紧急制动。所有的监督功能,在信号系统范围内提供了最大可能的列车防护。各种监督功能之间的操作是独立的,且同时进行。

二维码

ATP监督

(1)速度监督功能。

速度监督功能是超速防护的基础,是最重要的功能。它由几个速度监督子功能组成,每个子功能选定一个专用的以速度为基准的安全标准。各标准即为一个限制速度,这个限制速度可以是固定的,也可以根据列车的位置连续改变或阶梯式改变。如果实际列车速度超过允许速度加上一个速度偏差值时,列车实施紧急制动。

ATP 轨旁单元从联锁和轨道空闲检测系统获得数据(包括目标速度、目标距离、最大允许线路速度和线路坡度等),形成计划数据后传输至 ATP 车载设备。ATP 车载设备通过此

图 3-23　ATP 超速防护

数据计算现有位置的列车允许速度。驾驶列车所需的数据经由驾驶室显示器指示给司机。

ATP 的车载设备将列车实际速度与列车允许速度进行比较,当列车实际速度超过列车允许速度时,ATP 的车载设备就发出制动命令。如果设 v_0 为所允许的最高速度,v_1、v_2、v_3 分别为所测得的实时速度,则 ATP 会根据不同情况采用不同的方法,以保证列车安全和顺利平稳行驶,如图 3-23 所示。

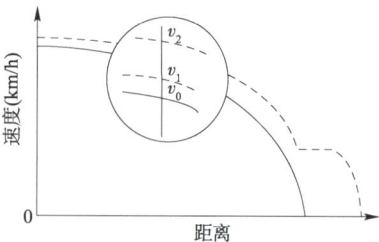

如果列车速度为 v_1,ATP 系统给出音响报警,如果司机在一定时间内将速度降到 v_0 以下,则一切正常,速度 v_1 在车载 DMI 屏幕上一般被称为目标速度。

如果列车速度为 v_2,ATP 系统启动紧急制动,直至停车,确保列车安全行驶,速度 v_2 在车载 DMI 屏幕上一般被称为最高速度。

(2)方向监督功能。

方向监督功能的作用是监督列车在"反方向"运行中的任何移动,如果此方向的移动距离超过规定值,那么就会实施紧急制动。"反方向"运行移动距离的监督是累计完成的,以便无论是单一的移动或是在几个短距离移动中交替地被"前行"的短距离移动中断。

在 ATO、CM 和 AR 模式中,必须连续具备方向监督功能,如果列车正在运行,那么 RM 模式中也可以使用方向监督功能。

(3)后退监督功能。

后退监督功能防止列车后退时超过某特定的距离。列车后退距离的累加减去几次短暂前行的距离不能超过规定的距离(3m)。假如超过此距离列车将通过 ATP 实施紧急制动,确保列车不后退。

（4）报文监督功能。

报文监督功能是监测从 ATP 传输功能接收到的报文。如果检测出传输报文中断持续超过规定时间（如 3s），或在此期间列车运行超过规定距离（一般为 10m），报文监督功能会触发一个紧急制动。这个功能在 CM、ATO 和 AR 模式中有效，但在 RM 模式中不起作用。

5. 紧急制动功能

ATP 车载设备具有常用制动和紧急制动两级防护控制的能力。

（1）常用制动。

常用制动是直接控制列车主管压力使车辆制动与缓解，不影响原有列车制动系统的功能。它缩短了制动空走时间，大大减小了制动时的纵向冲击加速度，使列车运行更安全、舒适。

（2）紧急制动。

紧急制动是将压缩空气全部排入大气，使副风缸内压缩空气很快推动活塞，施行制动，使列车很快停下来。紧急制动时，列车冲击大，中途不能缓解，充风时间长，不能使列车安全平稳地运行。ATP 车载设备收到紧急停车命令后，将发送给影响区域内的列车的数据信息中的"线路速度""目标速度"设置为零，而且一旦发出紧急制动指令，中途不得缓解，直到停车。

6. 车门控制

在通常情况下，当车辆没有停稳靠在站台或是车辆段转换轨上时，ATP 不允许车门开启。当列车在车站的预定停车区域内停稳且停车点的误差在允许范围以内时，地面定位天线会收到车载定位天线发送的停稳信号，列车从 ATP 轨旁设备收到车门开启命令，ATP 才会允许车门操作。地面 ATP 设备还将列车停准、停稳信息送至运营控制中心作为列车到站的依据。车门关闭后，车载 ATP 才具备安全发车条件。车站在检查了站台滑动门已关闭好以后，才允许 ATP 子系统向列车发送运行速度命令信息，列车收到速度命令，同时检查了车门已关闭后，可按车载 ATP 收到的速度命令出发。

ATP 不断监视车门关闭情况，以确保车门没有被异常打开。

ATP 设备对车门控制主要表现为车门释放功能，保证当显示安全时允许打开车门。在满足下列条件时可得到车门释放指令：

①列车已停在非安全停车点的预期停车窗内；

②非安全停车点对应于列车长度；

③ATP 车载单元接收到许可打开车门的报文；

④根据站台的布置，车门释放可以在列车的任意一侧或两侧。

7. 人机交互功能

人机交互（DMI）提供信号系统与司机的接口。借助于 DMI，司机可以按照 ATP 系统的指示运行。DMI 向司机显示实际速度、最大允许速度，以及 ATP 设备的运行状态。另外，显示列车运行时产生的重要故障信息，在某些情况下伴有音响警报（例如超过了最大允许速度）。显示信息的类型和范围，取决于设备的操作规程和 ATP 设备的配置。

列车自动运行系统的应用

列车自动运行系统主要用于实现"地对车控制",即用地面信息实现对列车驱动、制动的控制,包括列车自动折返,根据运营控制中心指令自动完成对列车的起动、牵引、惰行和制动,送出车门和站台滑动门同步开关信号,使列车按最佳工况正点、安全、平稳地运行。

ATO 为非故障-安全系统,其控制列车自动运行,主要目的是模拟最佳的司机驾驶,实现正常情况下高质量的自动驾驶,提高列车运行效率,提高列车运行的舒适度,节省能源。ATP 系统是城市轨道交通列车运行时必不可少的安全保障,ATO 系统则是提高城市轨道交通列车运行水平(准点、平稳、节能)的技术措施。

ATO 系统采用的基本功能模块与 ATP 系统相同。与 ATP 系统一样,ATO 也载有有关轨道布置和坡度的所有资料,以便能优化列车控制指令。ATO 还装有一个双向的通信系统,使列车能够直接与车站内的 ATS 系统接口,保证实现最佳的运行图控制。

一、列车自动运行系统的构成

ATO 系统主要由轨旁设备和车载设备两部分组成。

1. 轨旁设备

ATO 轨旁设备兼用 ATP 轨旁设备,接收与列车自动运行有关的信息。

ATO 为了实现精确停站,安装能够测定车门是否与站台门对准的设备——信标,如图 3-24 所示。信标一般采用应答器,将轨旁的准确位置信息传送至车载设备内,列车 ATO 会应用此信息来计算站台内到停车位置的行驶距离。接近停车位置的应答器数量决定站停位置的准确度。整个系统的位置信息所采用的信标为同一种,它们位于特定位置并安装在两条钢轨中间。

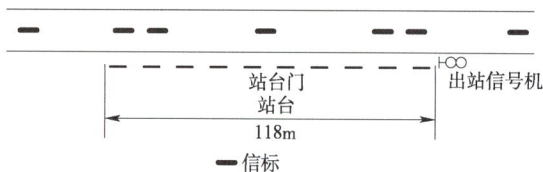

图 3-24 信标的安装位置

2. 车载设备

ATO 子系统与 ATP 子系统共用车载硬件设备,并且没有独立的设备。ATO 子系统的软件安装在与车载 ATP 子系统共用的车载计算机中,但使用独立的 CPU。

ATO 车载设备每个驾驶室 1 个,一列车共有 2 个车载设备,主要由 ATO 控制器和天线组成,还包括一些其他用于测速、定位的附件,它们都安装在一个机柜里。车载 ATO 设备为主备冗余,当主 ATO 单元发生故障,自动从主 ATO 单元切换到备用 ATO。主 ATO 和备用 ATO 单元运行同样的软件,得到相同的传感器输入和独立计算,但是在一个时间,只有一个 ATO 单元是主 ATO,与其他子系统接口,如 ATP、车辆、TOD 和 ATS 等,而备用 ATO 不提供任何输出。

ATO 系统通过移动无线接收单元接收运营控制中心给列车的指令,ATO 系统有一个车-地双向通信系统,如图 3-25 所示。通过它能够接收运营控制中心通过车站 ATS 系统发给列车的控制命令,实现列车的最佳运营控制,如列车的运行调整、目的地的变换等。

ATO 系统具有精确定位停车系统,这个系统为列车提供精确的位置信息,帮助列车实现精确停车。精确定位停车系统为天线和接近盘,如图 3-26 所示。

图 3-25　移动无线接收单元

图 3-26　接近盘

ATO 需要自动向列车进行目的地及其线路信息广播,向车内显示屏提供车站信息。

二、列车自动运行系统的功能

1. 自动驾驶功能

自动驾驶列车在区间运行,以 ATP 系统所给出的最大允许速度为目标,根据列车运行线路情况,自动控制列车的运行,使列车在区间的每个区段都平稳控制列车运行,最大限度地减少列车牵引和制动的转换。ATO 系统执行的自动驾驶过程是一个闭环反馈控制过程,其基本运行原理如图 3-27 所示。测速单元通过 ATP 向 ATO 发送列车的实际位置信息。反馈环路的基准输入是从 ATP、ATS 和定位系统的数据中得出的。ATO 向牵引和制动控制设备提供数据输出。

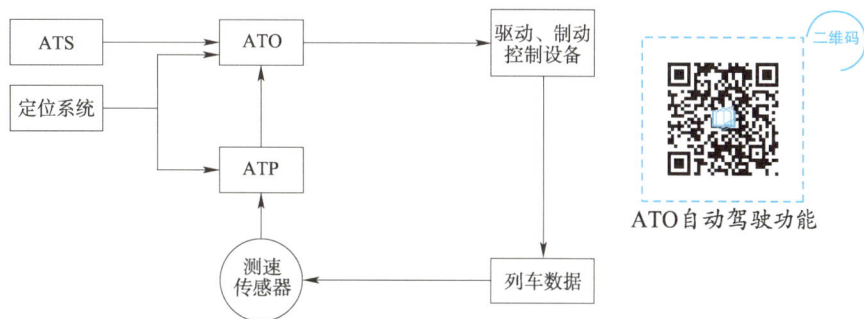

二维码

ATO自动驾驶功能

图 3-27　列车自动运行原理

ATO 车载控制器通过比较实际列车运行速度及 ATP 给出的最大允许速度及目标速度,并根据线路的情况,自动控制列车的牵引及制动,使列车在区间内的每个区段始终控制速度运行,并尽可能减少牵引、惰行和制动之间的转换。

当发车安全条件符合时(在 ATO 模式下,关闭了车门,这由 ATP 系统监视),ATO 系统给出起动显示,司机按下起动按钮,ATO 系统使列车从制动停车状态转为驱动状态。停车制动将被缓解,然后列车加速。ATO 通过预设的数据提供牵引控制,该牵引控制可使列车平稳加速。

临时性限速区间的数据由轨道电路报文传输给 ATP 车载设备,再由 ATP 车载设备将减速命令经 ATO 系统传达给动车驱动、制动控制设备。此时 ATO 车载设备的功能犹如 ATP 系统与驱动、制动控制设备之间的一个接口。对于长期的限速区间,可事前将数据输入 ATO 系统,在执行自动驾驶时,ATO 系统会自动考虑该限速区间。

2. 无人自动折返

无人自动折返是一种特殊情况下的驾驶模式,在这种驾驶模式下无须司机控制,而且列车上的全部控制台将被锁闭。从接收到无人驾驶折返运行许可时,列车就自动进入 AR 模式+授权经驾驶室 DMI 显示给司机,司机必须确认这个显示,并得到授权,锁闭控制台。

只有按下站台的 AR 按钮以后,才实施无人驾驶列车折返运行。ATC 轨旁设备提供所需的数据以驾驶列车进入折返轨。列车将自动回到出发站台。列车一到出发站台,ATC 车载设备就会退出 AR 模式。

3. 车站程序停车功能

线路上的车站都有预先确定的停站时间间隔。运营控制中心 ATS 监督列车时刻表,计算需要的停站时间以保证列车正点到达下一车站。由集中站 ATS 通过 ATO 环线传送给 ATO 车载设备。运营控制中心能通过集中站 ATS 缩短或延长车站停站时间。如果运营控制中心离线,集中站 ATS 预置一个缺省的停站时间。在运营控制中心要求下,列车可跳过某车站,这一跳停命令由运营控制中心通过集中站 ATS 传给列车。

4. 车站定位停车功能

车站定位停车功能是 ATO 系统在站台区域控制列车停在地图中已经设定运营停车目标点。当列车到达车站进行车站定位停车时,ATO 系统基于列车速度和距离停车点的距离计算制动曲线,采用合适的制动使列车准确、平稳地停在规定的停车点。列车停车后,ATO 保持制动,避免列车运动,ATO 可以与站台门(Platform Screen Door,PSD)的控制系统全面接口,保证列车精确可靠到站停车。车站精确停车通过在车站区域的定位信标来进行,列车站台定点停车精度应满足 ±30cm。

5. 车门控制功能

ATO 是车门控制命令的发出者,ATO 只在自动模式下执行车门开启。当列车到达定位停车点,ATO 发出停车信号给 ATP,以保证列车制动;ATP 检测车速为零,发送列车停站信号给站台定位接收器,此时 ATP 发送允许车门打开信号,车辆收到 ATP 发送的允许车门打开信息,发送相应的车门打开信号给门控单元,打开规定的车门,同时车辆发送信息给地面,打开相应站台滑动门。

由 ATP 系统监督开门条件,当 ATP 系统给出开门命令时,可以按事前的设定由 ATO 系统自动地打开车门,也可由司机手动打开正确一侧的车门。车门的关闭只能由司机完成。

当列车空车运行时,从 ATS 接收到的指定的目的地号阻止车门打开。

车门打开功能的输入是来自 ATP 功能的车门释放、运行方向和打开车门的数据,以及来自 ATS 功能的确定目的地号。车门打开功能的输出将车门打开命令发给负责控制车门的列车系统。列车停站结束后,司机按压关门按钮,发出关门信号,同时发送信号给站台关闭站台滑动门,车站检查站台滑动门关闭锁好,允许 ATP 发送运行速度命令信息,车辆检查车门关闭锁好,列车起动。

6. 跳停与扣车

跳停是指列车通过此站而不做停留。ATO 在需要跳站的前站通过数据通信系统(Data Communication System,DCS)子系统从 ATS 处接收跳至下一站的指令后,车辆继续行进。

扣车是指列车停车后保持零速的状态。收到 ATS 的"关门(停站结束)"指令后,扣车会禁止列车显示屏(Train Operator Display,TOD)上的停站结束指示灯闪亮。ATS 向调度员(含车站值班员)提供人工扣车功能,可对停靠在当前车站的列车实施扣车,若来不及在当前车站扣车,可在列车进入下一站时实施扣车。列车停下后,车门保持打开,直至调度员(含车站值班员)取消扣车,此时,列车驶离车站,并按照时刻表开始运行。该功能只在异常情况下使用,如果不调整时刻表,列车就会晚点。

7. 巡航/惰行功能

巡航/惰行功能的任务是按照时刻表自动实现列车区间运行的惰行控制,同时节省能源,保证最大能量效率。

由 ATO 和 ATS 确定的列车运行时间,通过车站轨道电路占用完成同步。当列车在 ATO 功能下,从报文给定的列车运行时间中减去通过计时器测定的已运行时间,以确定到下一站有效的可用时间。

三、列车自动运行系统和列车自动防护系统对列车速度的控制

ATP 是安全设备,保证列车的安全运行,ATO 是最大限度地提高效率、增加车辆运行的舒适性,如图 3-28 所示。

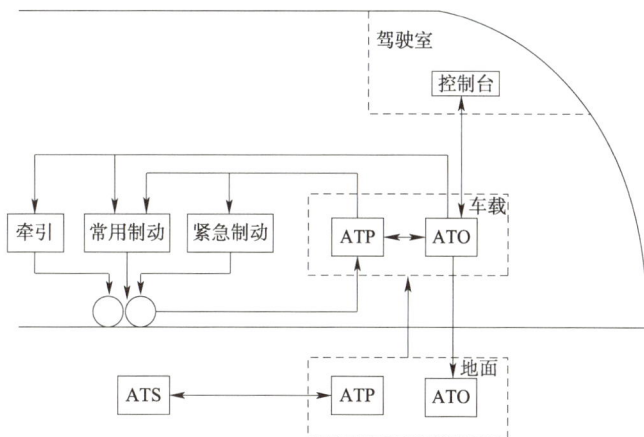

图 3-28　ATO 和 ATP

由图 3-22 可以看出,ATP 主要是通过起动常用制动和紧急制动的手段,当列车超过其允许的最大速度时降低列车速度,以保证列车安全行驶,ATO 主要是通过合理运用牵引和制动,保持列车准确、高效、平稳。

ATP 是 ATO 的基础,ATO 不能脱离 ATP,ATO 系统必须从 ATP 系统获得基础信息,只有在 ATP 的基础上才能实现 ATO,列车安全才有保证。所以:

手动驾驶 = 司机人工驾驶 + ATP 系统

自动驾驶 = ATO 系统自动驾驶 + ATP 系统

图 3-29 表现出来的是 ATP 和 ATO 在制动中的使用。曲线①是由 ATP 系统计算的列车紧急制动曲线,列车速度一旦触及该制动曲线,立即启动紧急制动,直到停车;曲线②是 ATP 系统计算的正常制动曲线,当列车达到此曲线,给出警告,不启动紧急制动;曲线③是 ATO 正常的制动曲线,此曲线的减速度列车可平稳减速。通过上面的对比,我们非常明显地看出 ATP 主要是在列车超速时保证列车的安全,而 ATO 是为了让列车更加平稳。

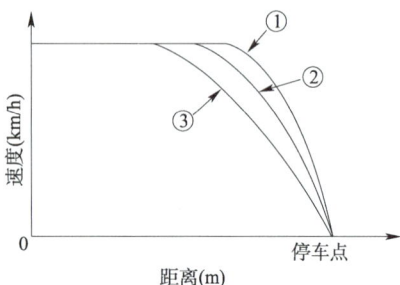

图 3-29　ATP 和 ATO 制动

ATO 是 ATP 的发展和延伸,ATO 只有在 ATP 的基础上才能实现自动驾驶。

课题3.4　列车自动监控系统的应用

列车自动监控(ATS)系统主要是实现对列车运行及所控制的道岔、信号等设备运行状态的监督和控制,给行车调度人员显示出全线列车的运行状态,监督和记录运行图的执行情况,在列车因故偏离运行图时及时作出调整,辅助行车调度人员完成对全线列车运行的管理。

ATS 系统是整个城市轨道交通运营的核心,它需要 ATP 和 ATO 系统的支持,根据运行时刻表完成对全线列车运行的自动监控,可自动或由人工监督和控制正线(车辆段、停车场、试车线除外)列车进路,并向行车调度人员和外部系统提供信息。ATS 的功能由位于运营控制中心内的设备实现。

ATS 系统能与 ATP 系统、计算机联锁设备或继电联锁设备配套使用,并有与时钟系统、乘客向导系统和综合监控系统的接口。

ATS 系统负责监控列车的运行,是非安全系统。

一、列车自动监控系统的构成

1. 列车自动监控系统设备

ATS 系统主要由运营控制中心(OCC)设备、车站设备和车辆段设备组成,如图 3-30所示。

由图 3-30 可以看出,运营控制中心设备是 ATS 的核心,用于状态表示、运行控制、运行调整、车次追踪、时刻表编制及运行图绘制、运行报告、调度员培训与其他系统的接口。运营控制中心设备组成如图 3-31 所示。

ATS 运营控制中心设备主要包括设于设备室的应用服务器、数据库服务器、通信服务器、系统管理服务器、时刻表服务器等中心计算机系统,设于主控制室的综合显示屏、调度员及调度长工作站,设于运行图室的运行图工作站和设于培训室的培训/模拟工作站。

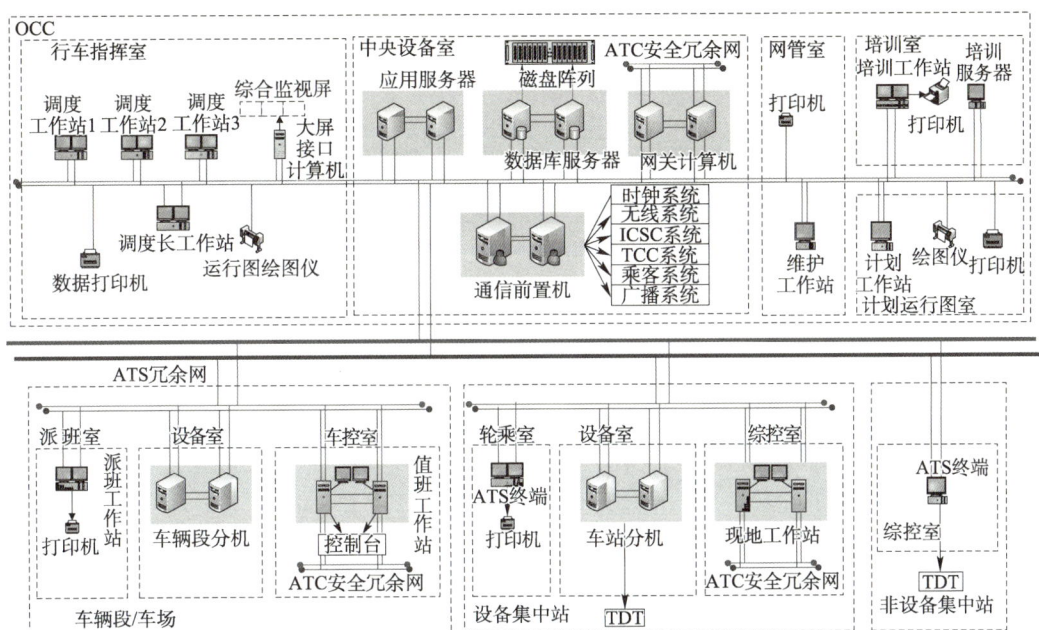

图 3-30　ATS 系统组成

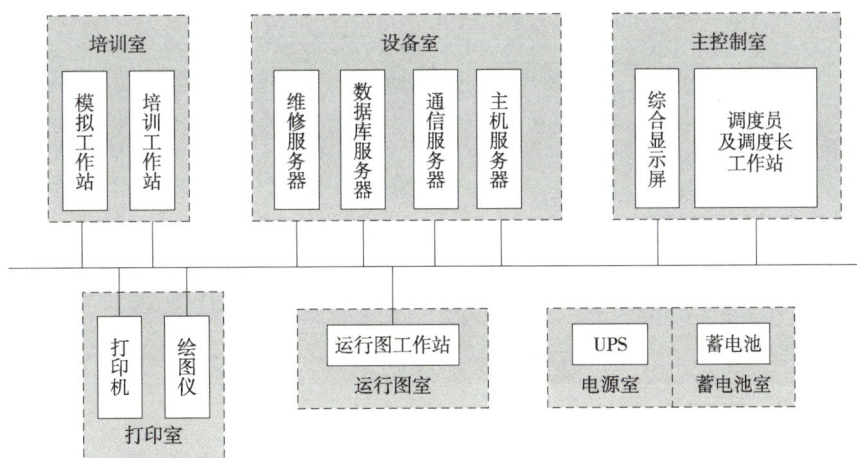

图 3-31　ATS 运营控制中心设备组成

　　中心计算机系统用于保证系统可靠性,主要设备为主副双套设备,可自动或人工切换。应用服务器采用两台相同的计算机,如图 3-32 所示,负责全线的 ATS 系统功能,完成列车追踪、自动调度、自动进路、自动列车调整和控制请求确认等功能。数据库服务器持续存储接收到的事件、ATS 用户控制请求,ATS 自动控制请求、报警,并为用户生成包含所有这些数据的报告。通信服务器提供与其他子系统和外部系统间的接口和协议转换,包括时钟、传输系统、车站通信系统、综合监控系统等。系统管理服务器主要负责系统数据存储,处理不受运行事件影响的数据,如系统配置、计划时刻表、计划运行图等,只有在系统启动或询问指令或参数设置才需要从系统管理服务器中读取数据。时刻表服务器用来建立离线时刻表的操作平台,主要是进行时刻表的编译。系统管理服务器存储的计划时刻表由时刻表服务器提供。

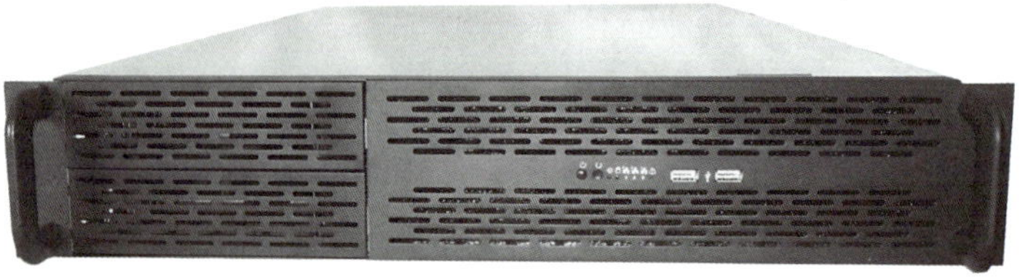

图 3-32　服务器

综合显示屏用来监视正线列车运行情况和监视系统设备状态。

调度员和调度长工作站用于显示信号平面布置图、监控信号系统设备,是行车调度指挥和实际操作的平台。调度员在运营控制中心监视和控制联锁设备和行车,工作站显示计划运行图和实际运行图。一般设两个调度员工作站,如图 3-33 所示,与正线运转有关。调度长工作站备用,替代和扩大 2 个工作站中的 1 个工作。

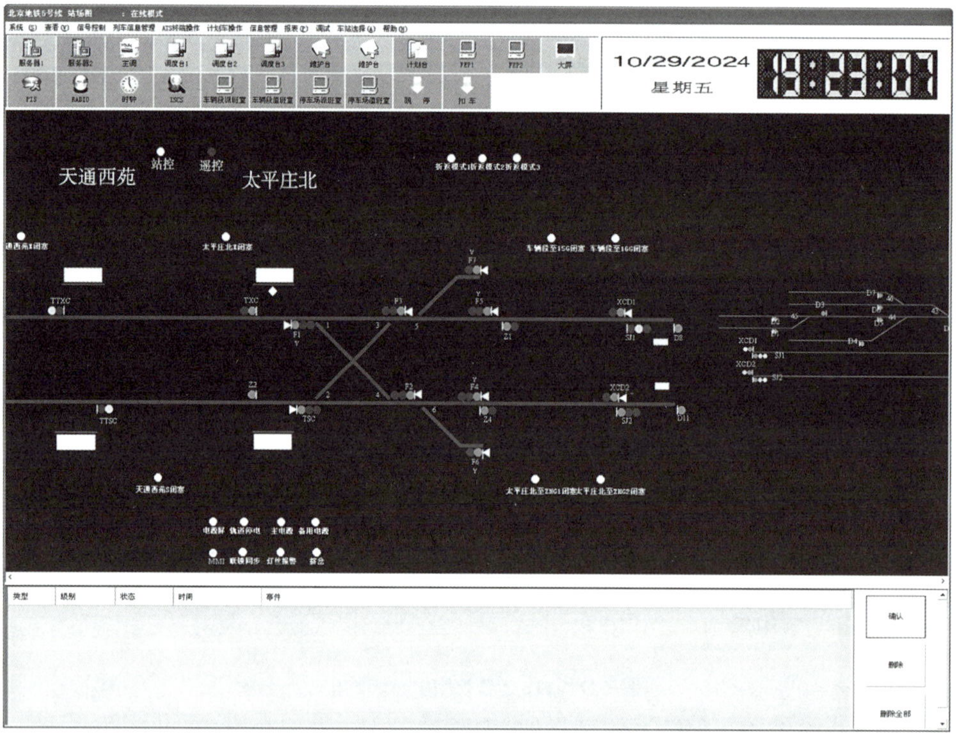

图 3-33　调度员工作站

运行图/时刻表编辑工作站用于建立并修改基本的时刻表,该时刻表将被载入 ATS 系统用于自动运行。

培训/模拟工作站使用列车运行的仿真软件。与调度员工作站显示相同,有相同控制功能,仿真列车运行和异常,但不参与实际列车控制,它用来进行实习调度员模拟操作,培养其系统控制能力,也可进行在线工作状态对 ATS 子系统设备进行试验和调试。

2. 车站设备

车站有集中联锁站和非集中联锁站的区别。集中联锁站设有一台 ATS 分机,连接 ATS 与 ATP 地面设备和 ATO 地面设备,采集车站设备信息、传送控制命令,与 ATS 系统联系。非集中联锁站不设 ATS 分机,列车识别系统(Positive Train Identification, PTI)、乘客信息系统(Passenger Information System, PIS)和发车计时器(Departure Time Indication, DTI)均通过集中联锁站的 ATS 车站工作站与 ATS 系统联系,道岔和信号机由集中联锁站计算机控制。

集中联锁站设置 ATS 车站工作站,提供列车运行的本地显示和经由 ATS 授权后的联锁区域本地控制功能。ATS 车站工作站的运行与 ATS 中央调度工作站的运行相似。一般情况下,ATS 车站工作站用户监视本联锁区内列车的移动,而不需要控制本联锁区域。设备集中站的 ATS 工作站与联锁设备的操作工作站合用,集成了 ATS 车站工作站/本地控制工作站功能的现地控制工作站位于设备集中站的本地调度室。该工作站通过接入交换机接入 DCS 网络,并通过串口直接接入到联锁设备。该工作站有两个任务:在正常运营条件下,该工作站可实现车站 ATS 工作站的功能;在降级运营模式下,如果 ATS 不可用,该工作站有本地控制工作站的功能。

3. 车辆段/停车场设备

车辆段/停车场设一台 ATS 分机,无控制功能,只用于采集车辆段/停车场内存车库线的列车占用及进/出车辆段/停车场的列车信号机的状态,在运营控制中心显示屏上给出以上信息的显示,以便运营控制中心及车辆段/停车场值班员及车辆管理人员了解段内停车库线列车的车次及车组运用情况,正确控制列车出段。

车辆段/停车场派班室和信号楼控制台室各设一台 ATS 终端,根据来自运营控制中心的实际时刻表建立车辆段作业计划和通过联锁控制终端排列相应的进路。另外,车辆段/停车场 ATS 工作站还是与车辆段/停车场计算机联锁的接口,以获取车辆段/停车场轨道占用情况,车辆段和转换轨之间、停车场和转换轨之间进路情况以及报警情况。

二、列车自动监控系统的功能

1. 自动列车跟踪

自动列车跟踪系统是监视受控区域内列车的移动的。不论是自动还是人工方式,每列列车与一个列车车次号相关联。当列车由车辆段进入正线运行时,ATS 系统根据计划时刻表自动给该列车加入车次识别号。车次号按先到先服务的原则显示。

自动列车跟踪包括:列车初始化、列车号移动、正确列车识别,如图 3-34 所示。

列车初始化,即每次列车准备进入运营时,它将自动地被分配一个列车标识,根据预先存储的列车时刻表来命名进入系统的列车。根据列车跟踪,显示列车标识并能在显示器上移动列车标识。列车识别号包括目的地号、序列号和服务号。

列车号移动,在列车离开车辆段的地点,一个向正线方向的列车移动被识别,列车号从时刻表数据库取出。ATS 采集轨道显示、道岔、列车运行等数据,推算列车运行状态,列车识别号跟随列车移动而移动。

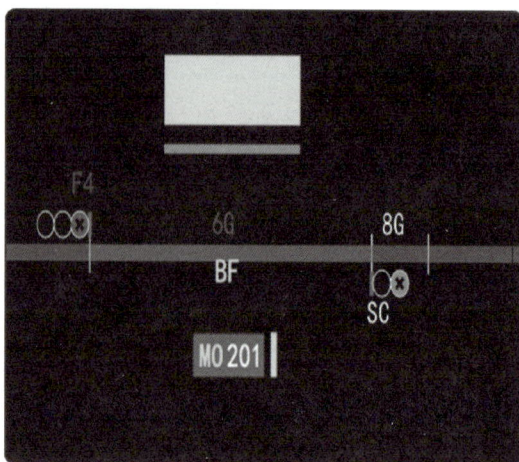

图 3-34　自动列车跟踪

正确列车识别,列车停靠,车载信息发往运营控制中心(Operation Control Center,OCC),ATS 确认接收数据与跟踪列车号数据一致。

在运营控制中心大屏(图 3-35)表示盘的站场分布图集中显示正线全线列车运行的位置、信号显示、道岔状态和进路状态等信息。

a)

b)

图 3-35　运营控制中心大屏

2. 自动排列进路

通过列车进路系统,实现了进路的自动排列。这可以节约调度员大量的操作工作量。其功能就是将进路排列指令及时地输出到联锁设备中去,如图 3-36 所示。

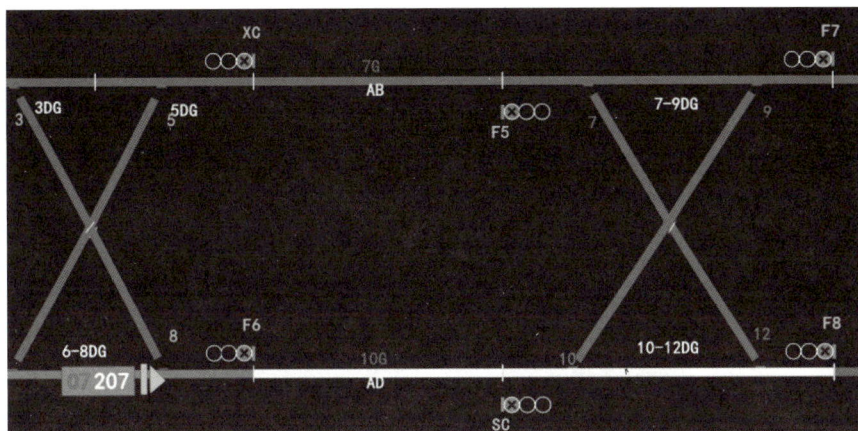

图3-36　自动排列进路

行车调度员可在任何时候都绕过列车进路系统,用手动方式办理进路。列车进路系统则在可用性检查中检测这一行动。列车进路系统可由行车调度员关闭,这一点是必要的,因为在当行车调度员人工办理进路时,要避免列车进路系统发出命令的危险。列车进路系统可以为某些信号机、某些列车和某些联锁而关闭。

列车进路系统只是在列车到达某一特定地点时才被启动,该特定地点称为"运行触发点"。运行触发点的位置必须进行配置。运行触发点的选择应能使列车以最高线路允许速度运行。但运行触发点又不能发生得太早,否则其他列车可能会遇到不必要的妨碍。为此,可以确定一个延时时间来决定输出列车进路指令的时间。该时间称之为"接通时间",由最长指令输出时间、联锁最长设定时间、列车到达接近信号机之前司机看到和作出反应的时间、预留的时间等来决定。

当到达触发点的列车请求进路时,已配置的数据就确定了进路。为此,为每个带有效目的地码的触发点配置一条进路。对于每条进路,还可以配置替代进路。替代进路是必要的,如果该进路已被其他列车占用,那么就可以把替代进路按优先顺序存储到运行触发点处。

在进路设定指令输出到联锁设备之前,需进行若干可行性检查,该检查将决定执行或拒绝命令。首先要进行"进路始端检查",以检查没有排列敌对进路。然后进行"触发区段检查",检查没有其他列车处于该列车和进路入口之间,确认该列车是否到达进路的始端。接着要进行"进路可用性检查",目的是防止将不能执行的命令发送到联锁设备。这种检查要经过如下3个步骤来实施:

(1)要检查是否自始端开始的进路已排好;

(2)检查进路的自动办理是否可能;

(3)检查是否有短期障碍(如轨道被占用等)。

如果所有检查都成功完成,则给联锁设备输出一个进路命令。

3. 时刻表编辑

时刻表系统向ATS提供时刻表数据,向外部系统提供时刻表数据,为停站时间表正线装

载设置界面,为时刻表的离线修改设置界面,为使用中的时刻表增加和删除列车行程设置界面,按自动列车跟踪请求安排列车识别号。

系统提供时刻表编制数据库,行车调度员人工设置数据产生计划时刻表;计划时刻表从运营控制中心传到 ATS 分机,运营控制中心 ATS 根据列车的实际情况绘制列车运行实迹运行图。系统随时对时刻表的状态进行比较,在发生偏离的时候通过适当的显示给行车调度员,如图 3-37 所示。

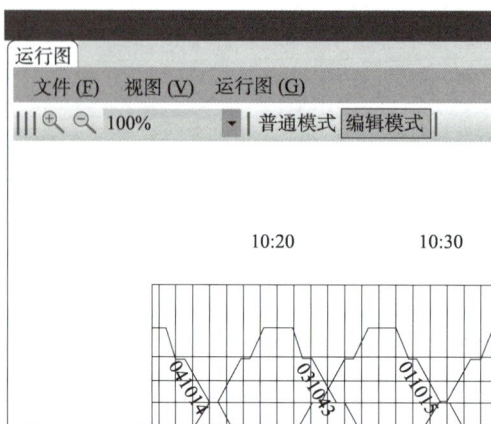

图 3-37　运行图编辑

4. 列车自动调整

由于许多随机因素的干扰,列车运行难免偏离基本运行图,尤其是在列车运行密度高的城市。一辆列车晚点往往会波及许多其他列车。当出现车辆故障或其他情况时,列车运行紊乱程度更加严重,这就需要从整体上大范围地调整已紊乱的运行秩序,尽快恢复运行。

列车运行调整可分为自动调整和人工调整两种类型。自动调整方式下,主要进行的方法是时刻表调整和运行间隔调整。时刻表调整模式下系统能够自动控制列车运行,若列车因为某种原因偏离计划时刻表,系统将自动调整列车的运行等级(区间运行速度)或停站时间,使列车时刻表之间的偏差降至最低。运行间隔调整能自动管理列车运行,平衡正线上列车到达各个车站的时间间隔。调整停站时间,然后在打开的窗口中调整站停时间并确认。人工调整方式下,中心调度员对有关站台实施扣车、提前发车或跳停;改变列车在区间的走行时分、停站时分;对计划运行图进行在线修改,包括对单列车或多列车进行修改,甚至对所有列车进行"时间平移",增加或删除运行计划线,改变列车的始发站,调整停站时间、终到站及始发时间,调整列车出入车辆段的时间等。

自动调整方法可以充分发挥计算机的优势,能比较及时并全面地选出优化的调整方案,使列车运行调整措施更智能化,避免人工调整的随意性。而人工调整中,行车调度员可以积极发挥主观能动性,尽一切可能主动干预列车运行调整。

调整列车运行,首先必须实现对列车运行情况以及轨道、道岔、信号等设备状况的集中监督。列车运行调整的目标是减少列车实迹运行图与计划运行图的偏差;所有列车的总延迟最短;减少乘客平均等待时间;列车运行调整的时间尽量短;实施运行调整的范围尽量小;

使整个系统尽快恢复正常运营。

对列车运行进行调整,实质上是对列车运行图的重新规划,它是在 ATS 对列车运行和道岔、信号设备能实时控制的基础上实现的。当列车偏离计划运行图的程度不大时,可以利用运行图自身的冗余时间,对个别列车进行调整即可恢复按图运行;当列车运行紊乱程度较严重时,则需要大幅度调整列车运行。

三、列车自动监控系统的控制

ATS 系统的控制分为遥控和站控两种模式。遥控模式下由 ATS 系统完成整个运营组织,包括根据时刻表实现列车运营的管理和调整、列车追踪、进路自动排列;站控模式下 ATS 系统只完成列车运营管理和列车追踪。这两种控制模式的转换是通过在车站现地控制工作站人工操作的方式实现的,前提是得到中心调度授权同意。

1. 遥控模式

遥控是 ATS 系统的正常运行模式,在大部分情况下,是自动进行的,无须行车调度员干预,ATS 系统根据联锁表、计划运行图自动设置列车进路,根据计划运行图自动控制列车运行时分和停站时分。由于车站 ATS 分机可存储管辖范围内的当日运行时刻表,运营控制中心一般仅为监视,而由 ATS 分机进行列车运行的自动控制。

如果正常的自动运行发生问题(例如要求的进路无法设定)时,ATS 分机向 OCC 发出报警信号,要求行车调度员人为干预,此为运营控制中心 ATS 人工控制方式。此时行车调度员根据需要,脱离系统的自动运行,而 ATS 能提供对列车分配、进路办理和道岔转换的全面人工控制。

2. 站控模式

ATS 系统正常情况下的车站级控制:车站值班员未修改,所有原自动控制仍由中央 ATS 自动控制,原人工控制由车站值班员人工控制,原自动调整和非自动调整列车维持原方式。

ATS 故障下的车站级控制方式:车站值班员未修改,原进路和信号机控制模式不变,运行图下载到车站 ATS 分机控制,不能自动调整,根据时分缺省值控制行车。

ATS 分机故障下的车站联锁设备控制:现地工作站人工排列进路,联锁设备人工控制,信号机设为联锁自动进路,列车不能实现自动调整。

车辆段/停车场总是处在站控模式下,ATS 系统只监不控,ATS 站机实现车辆段/停车场内列车的车组号追踪。

3. 遥控和站控的转换

遥控到站控的转换,在运营控制中心调度员电话授权后,车站值班员实施遥控转站控操作。成功后,该集中站管辖范围转为站控模式。如果运营控制中心和该车站通信正常,则运营控制中心能够监视该集中站范围的信号设备状态和列车运行情况。紧急情况下车站工作人员可不经调度员授权直接进行遥控转站控操作。

站控转为遥控时,需要中心调度员和车站值班员电话确认,具备转换条件后,由车站值班员实施站控转遥控操作。成功后,该集中站管辖范围恢复为遥控模式。

典型的列车控制系统

我国城市轨道交通发展迅速,在北京、上海这样的大城市,城市轨道交通已经成为市民出行的首选方式,但城市轨道交通依然很难满足城市快速发展的需求,突出表现就是城市轨道交通的运行效率越来越难以满足市民的出行要求,导致地铁列车拥挤不堪。通过采用CBTC信号系统提高列车运营安全度、提升运行效率、缩短运行间隔便成为当前可选方案之一。

长期以来,CBTC技术被国外个别的大企业垄断,为了摆脱长期依赖国外进口技术的局面,我国信号厂商紧密跟踪国际技术发展,走自主创新研发道路,经过艰苦努力和技术攻关,探索研制出了具有独立知识产权的、先进的CBTC系统。目前中国铁道科学研究院、交控科技股份有限公司、北京全路通信信号研究设计院有限公司等企业走在前列。几家单位通过多年的攻关,均研制出不同类型的CBTC信号系统,对我国的城市轨道交通建设做出了突出的贡献。我国的城市轨道交通信号系统已有很多技术选择。

1. LCF-300型CBTC系统

北京、上海、重庆、杭州等城市轨道交通信号系统采用的是交控科技股份有限公司的产品,这是完全国产自主创新的CBTC系统。

LCF-300型CBTC系统是国内第一个取得国际通行最高等级SIL4的独立第三方安全认证的自主CBTC系统。

LCF-300型CBTC系统是基于无线通信的列车自动控制系统。该系统可以实现最先进的、最小间隔的列车运行安全控制技术——移动闭塞。在移动闭塞系统控制下,后续列车以前行列车尾部为跟踪目标点,根据列车动态状态实时控制列车间隔,实现高密度、高安全的跟踪控制,提高轨道交通系统的运行效率。该系统成功解决了高精度、高安全的列车定位、大容量车-地双向安全信息传输、高密度列车跟踪运行安全防护控制及高精度列车自动运行等关键技术难题。另一方面,CBTC系统具有系统化、网络化、信息化、智能化的特点,系统的功能更加强大、结构组成越来越复杂,与线路、运输组织、车辆等专业的关系越来越密切,它可以解决客流不断增长以及运输要求不断提高的发展要求。

2. FZL300型CBTC系统

FZL300型CBTC系统是北京全路通信信号研究设计院有限公司在基于数字轨道电路列控系统FZL100型的基础上升级而成的新一代CBTC系统。

该系统主要由基于国产的中心和车站ATS子系统和国产的DS6-60型计算机联锁子系统、轨旁ATP/ATO设备(采用的是DS6-60型区域控制器设备、轨旁电子单元数据传输设备,用于接收列控中心传送的数据报文并发送给有源应答器和应答器设备以及车-地通信环线设备)、基于国产的FZL.Z20型车载ATP/ATO设备、数据通信子系统、有线通信网络(采用基于标准协议的SDH骨干传输设备和高端的交换设备)、无线通信网络(采用基于WLAN协议的无线接入设备)等部分组成。

该系统的各个子系统平台在伊朗地铁、唐山中低速磁浮试验线、长春轻轨3号线和4号线等工程中均有应用。

3. MTC-Ⅰ型CBTC系统

MTC-Ⅰ型CBTC系统由中国铁道科学研究院和广州市地下铁道总公司联合开发研制。MTC-Ⅰ型CBTC系统在已有ATS、联锁、系统集成、系统联调等技术资源基础上,继承、开发、集成、创新相结合,是完全自主研发的完整的CBTC系统。该系统最大限度地采用统一的安全计算机平台,减少硬件板卡种类,提高系统通用化水平,降低维护成本,提供包括连续级、点式级、联锁级在内的不同运行等级以及多样化的驾驶模式,支持不同类型和编组列车混跑运行,具备点式级下ATO驾驶模式和站台门联控功能。

作为广州地铁参与研制的ATC系统,MTC-Ⅰ型CBTC系统已在广州地铁进行了全面的现场试验,并且研发同步由英国劳氏铁路进行了安全认证,所有安全设备都达到了SIL4标准,已经依托广州地铁实际工程实现工程化应用。

4. iCBTC系统

iCBTC系统是卡斯柯信号有限公司通过引进国外技术,经消化吸收再自主创新研发,且日趋成熟的基于车-地双向无线通信的移动闭塞控制系统。该系统主要由区域控制器/线路中心单元、数据服务单元(DSU)、联锁(CI)、中心及车站ATS、车载控制器、轨旁电子单元等轨旁设备构成。该系统后车的地址终端可以是前车的尾部,不用划分虚拟区段,真正实现了移动闭塞,只需要2条网线即可实现车载设备首尾热备,简化了接口与维护成本。其ATS系统在国内地铁已广泛应用,且与各个厂家进行过接口,拥有更贴近用户习惯的操作界面,适用空间波和波导等多种方式的车-地通信方式,并支持这两种方式在同一线路上混合配置。

5. 阿尔卡特SelTrac S40系统

武汉轨道交通1号线一期工程采用了阿尔卡特公司提供的SelTrac S40列车控制系统。

该系统分为管理层、运算层和执行层三个层次。车辆控制中心(VCC)是整个列车控制系统的核心。VCC运行系统控制软件,负责列车安全间隔、列车允许速度和进路联锁等逻辑运算。VCC的运算结果以通信报文的形式通过通信子系统发送给执行单元。

执行单元包括车载控制器(VOBC)和车站控制器(STC)两个部分。VOBC安装在列车上,它通过感应环线通信子系统接收VCC发送来的目标距离和允许速度等命令,然后根据这些命令安全地控制列车运行。同时,VOBC还根据VCC的要求,按时向VCC发送列车实际运行速度、位置等信息。执行单元的另一部分是车站控制器,它负责按照VCC的命令,扳动道岔并锁闭在要求位置。STC也需要根据VCC的要求,向VCC报告道岔状态。STC和VCC之间通过单独的冗余通信通道连接。

课题 3.5　全自动运行系统的应用

全自动运行系统是 FAO(Fully Automatic Operation)信号系统的全称,是控制列车运行,保证行车安全,提高运输效率,传递行车信息,改善行车人员劳动强度的关键设备,是列车名副其实的"神经中枢",广泛适用于城市轨道交通、中低速磁浮和市域线路车辆。

FAO 信号系统是当前城轨主流信号系统 CBTC(基于通信的列车运行控制系统)信号系统的升级版,在 CBTC 的基础上,增加了包括列车休眠唤醒、动静态自检、障碍物/脱轨防护、远程复位等 20 余项功能,并升级了约 10 项功能,支持从传统 CBTC 运营应用模式平滑过渡到全自动运行运营应用模式,具备高度自动化和深度集成、充分的冗余配置、完善的安全防护、丰富的运营控制中心功能,且完全兼容常规 CBTC。

1. 全自动运行系统的特点

(1)智能高效。

支持全自动运行模式与有人驾驶模式;支持网络化运营;提高运营可靠性,降低运维成本,更加智能高效、安全可靠。

(2)安全可靠。

车辆段与正线采用一体化管理,为运营人员和乘客提供更好的防护;增加障碍物检测等多种措施,在突发情况下实现多系统联动;AOM 采用低功耗设计,可支持系统休眠 7 天,并提供蓄电池欠压监测和报警功能,系统可用性高达 99.9996%。

(3)融合控制。

发挥列车控制系统集成优势,通过 ATO 与牵引、网络、制动系统的融合控制,实现最优控制;降低时延,提高命令的执行效率,提高乘客的舒适度。

(4)节能降耗。

采用基于牵引传动效率规划列车运行曲线,降低传动环节损耗,实现单车节能;对各供电分区内列车进行协同控制,提升再生能量使用率,实现多车协同节能,节能降耗更优。

(5)基于城轨云平台,资源共享。

采用信号、牵引、制动一体化设计,时延更低、响应更快、控制更优、更加精确,实现高度自动化与深度集成、综合节能优化,从而提高行车服务质量。

2. 全自动运行系统的结构

全自动运行系统是基于现代计算机、通信、控制和系统集成等技术实现列车运行全过程自动化的新一代城市轨道交通控制系统(图3-38),包括信号、车辆、综合监控、通信、站台门等设备系统。FAO 各专业间的连接和设备共用,深度集成机电、供电、信号 ATS,界面集成 CCTV(Close Circuit Television)、PIS、站台门、互联门禁、时钟、AFC(Auto Fare Collection,自动售检票系统)等,提升了设备利用效率,为联动提供了条件,且进行了充分的数据交换,将运营的多个系统进行统一管理。

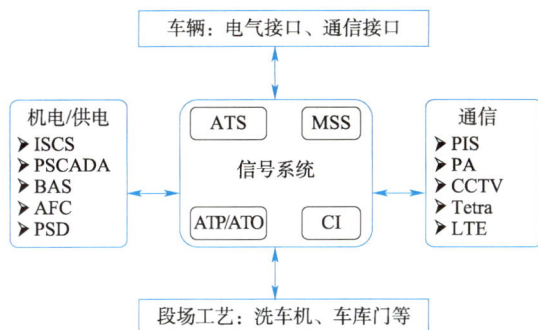

图 3-38　全自动运行系统

3. 全自动运行系统的运营场景应用

全自动运行系统技术体系的核心是运营场景,是项目研发及工程实施的纲领。根据每日运营早间到晚间列车运行的主线,包含正常场景、非正常场景和应急场景。虽然各个城市轨道交通对于场景的划分略有不同,但是基本的场景类型是类似的。如图 3-39 所示,为某城市轨道交通运营场景的划分。

正常场景主要包含列车全天完整运行的各项功能。对于正常场景,把列车全天的完整运行功能按列车所处环境的不同、状态的不同进行划分,详细描述每个子场景中的各类步骤及需要功能。

> 📖 **知识链接**
>
> ### 地铁的 GoA 等级
>
> 地铁的 GoA 等级是指列车运行的自动化程度,根据国际标准,轨道交通线路的自动化程度被划分为五个等级,从 GoA0 到 GoA4。具体来说:
>
> GoA0,无自动化辅助:在驾驶员目视状态下人工开车。
>
> GoA1,在 ATP(列车自动防护系统)防护下的完全人工驾驶:由司机控制列车的启动,停止,车门的开关,以及突发情况的处理。
>
> GoA2,半自动驾驶:车辆的启动、停止是自动运行,但是司机室配备一名司机开动车辆,控制车门的开关,以及应对紧急情况下列车的驾驶。大部分地铁 ATO 系统是这个级别。
>
> GoA3,无司机驾驶:列车的启动、停止是自动化的,但列车配备一名服务人员,列车服务人员控制列车车门的开关以及紧急情况下对列车的控制。
>
> GoA4,完全自动驾驶:列车唤醒、休眠、启动、停止、车门的开闭以及紧急情况下的列车运行全部为自动驾驶,不需要任何工作人员参与。

非正常场景包含列车在行车过程中遇到的各类故障场景。故障场景是整个运营场景中最重要的部分,然而故障却无法穷举清楚,无法将每个故障详细描述为一个场景单列出来。如果按照穷举的方式来编写运营场景,那将是一个十分巨大的工程。因此,故障场景设计主要以基于最小故障单元或者故障现象两类统计方法来实现。

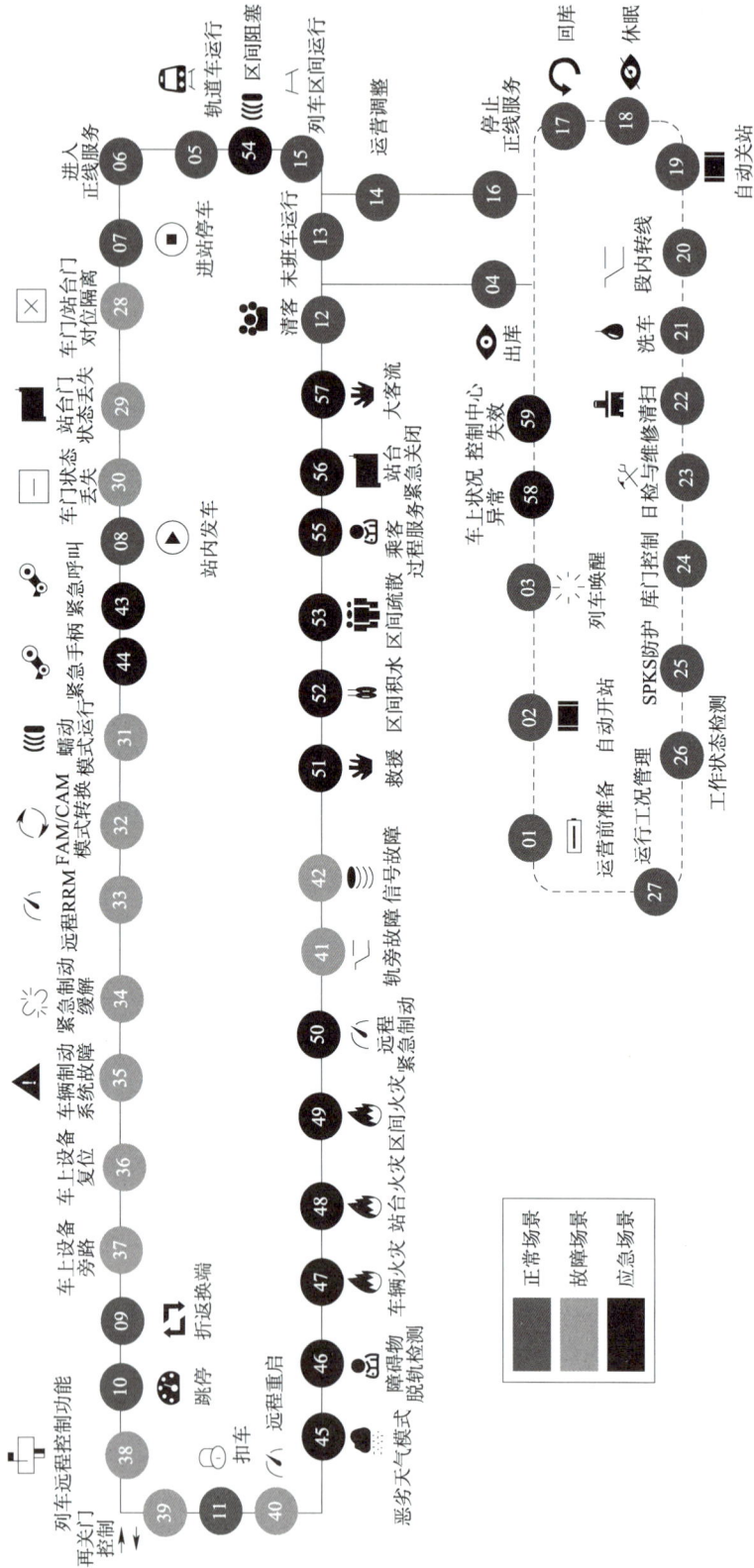

图3-39 全自动运行的运营场景

应急场景包含列车可能遇到的各类紧急情况,其中大客流、恶劣天气、紧急呼叫、区间疏散为比较常见的应急场景。例如:大客流是每个城市节假日或者大型活动都会出现的场景之一,其一般是指某车站的站厅站台或者上下楼梯、出入通道、换乘通道等拥堵点的客流量达到饱和且有继续增加的趋势,若不采取措施很可能发生踩踏等意外事故。城市轨道交通会使用视频监视系统、AFC 等手段监测客流,提前做出判断,运用增开列车或跳停等方式,同时综合监控系统联动各个功能以疏导人流,包括临时关闭自动售票机、车站出入口、调整电梯方向等。

📦 项目实施与评估

任务 3.1 列车驾驶中 ATP 与 ATO 的应用

【任务目的】

熟悉在列车驾驶中 ATP 如何实现对列车的安全防护。

【任务设备】

模拟驾驶器。

【任务步骤】

(1)熟悉模拟驾驶器的操作和 DMI 屏幕各部分的意义,如图 3-40 所示。

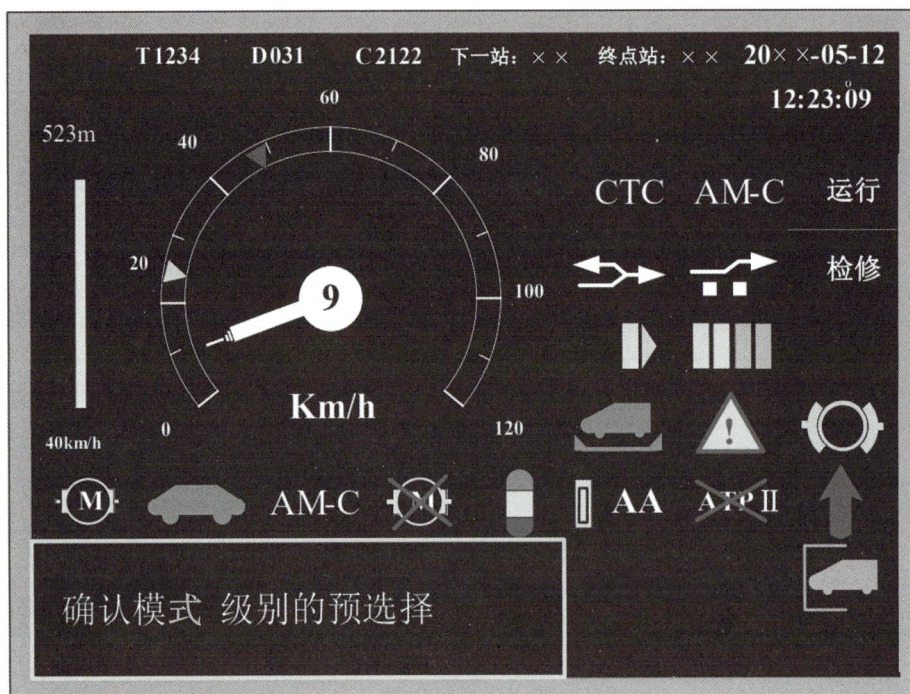

图 3-40　DMI 屏幕

(2)熟悉不同的驾驶模式,进行不同模式下的模拟驾驶。

(3)尝试 ATP 自动驾驶在超过目标速度、超过最高限速、运行中改变驾驶模式、运行中松开司机控制器、CM 模式下尝试退行、长距离退行等情况下列车驾驶状态的改变。

【任务评估】

班级		姓名		学号		日期	

任务目的
识别车载信号显示屏界面元素;掌握不同显示界面的使用和意义。

请在设备上指出下表中要求的图例位置并写出当前值。

任务	当前值或者要求	总分	得分
1. 识别车载信号显示屏界面元素	车次号 下一站 终点站 目标速度 日期时间 目标距离 超速报警 实际速度 当前运行等级 当前使用的驾驶模式 折返状态 列车进入停车窗 列车运行方向 最高运行等级 是否扣车	30	
2. 列车 ATO 驾驶操作	启动列车 ATO 驾驶	20	
3. 列车的 ATP 监督的人工驾驶	安全驾驶 无超速 无松开司控器	20	
4. 列车的限制人工驾驶	限速 退行 长距离退行	20	
5. 列车折返	完成折返	10	
总得分			

任务反思与总结:

任务 3.2　认识 ATS 界面并操作

【任务目的】

掌握 ATS 人机交互界面元素的显示意义,完成 ATS 系统中办理进路、取消进路、站台扣车和跳停的操作。

【任务设备】

装有 ATS 控制软件的计算机。

【任务步骤】

(1)认识工作站的显示,以下只是其中一部分举例,请通过实际操作和观察记录牢记各个元素及其功能。

①认识工作站的布局(图 3-41)。

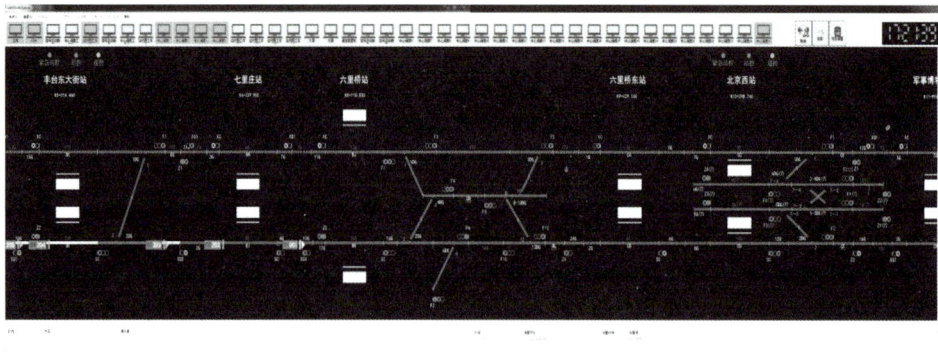

图 3-41　ATS 工作站布局

②熟悉站场布置(图 3-42)。

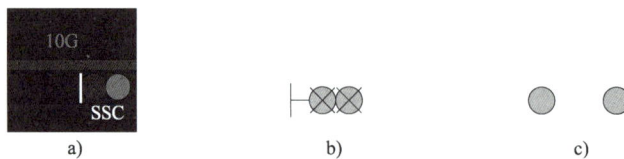

图 3-42　站场布置元素

③认识跳停扣车按钮(图 3-43)。

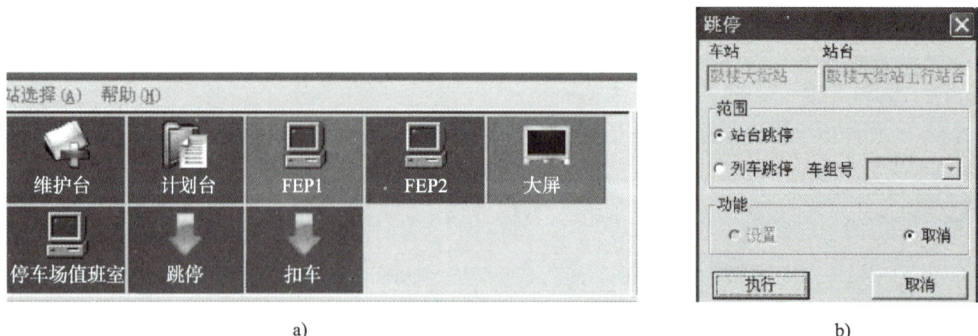

图 3-43　跳停扣车

④线路状态的查询(图 3-44)。

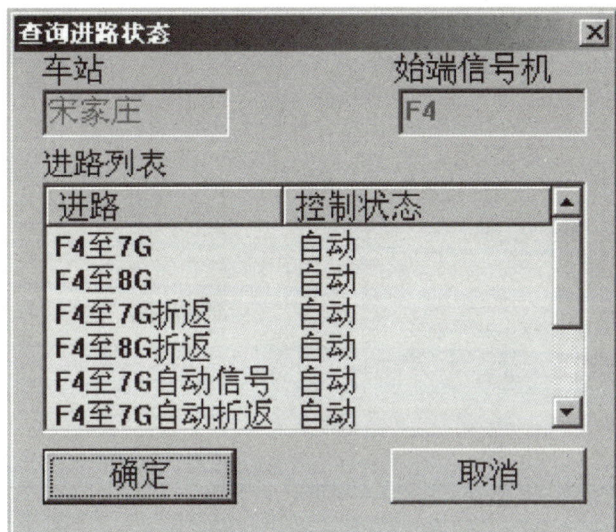

图 3-44　线路状态查询

(2)办理进路。

①鼠标移动至需要办理进路的始端信号机处,鼠标图标变为手形图标后,右键点击进路始端信号机,弹出图 3-45。

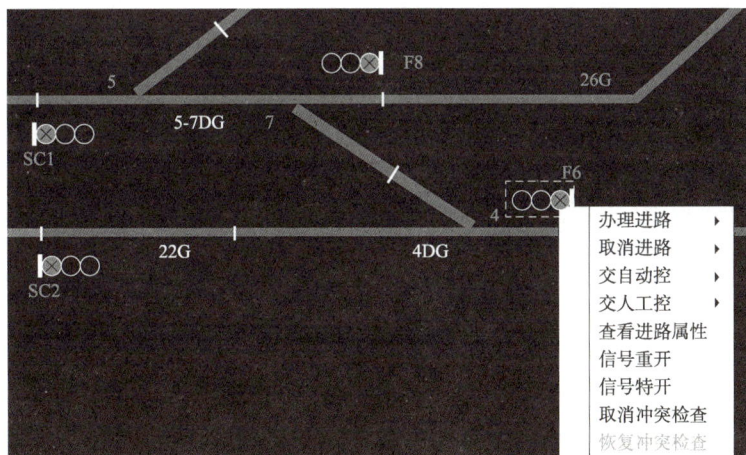

图 3-45　办理进路菜单

②鼠标移动至【办理进路】处,弹出二级菜单,如图 3-46 所示。

二级菜单中显示所有以该信号机为始端信号机的进路,进路名称黑显表示可以对其进行办理进路操作,进路名称灰显表示不可以对其进行操作。其中:"F6-SC1"表示通过进路;"F6-XC3-Z"表示折返进路。

③选择并点击待办理进路,例如"F6-SC1"进路。系统弹出如图 3-47 所示的【提示信息】对话框,操作人员需确认提示信息对话框中的信息是否正确。

如确认提示信息中的进路不是需要办理的进路,则用鼠标左键点击【取消】按钮取消此次操作;如确认为需要办理的进路,则用鼠标左键点击【确定】按钮。进路始终端信号机名称开始闪烁,表示进路办理命令正在执行中。

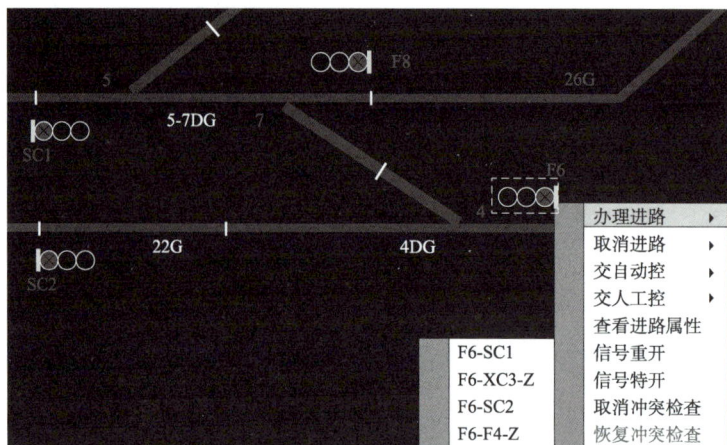

图 3-46　办理进路二级菜单

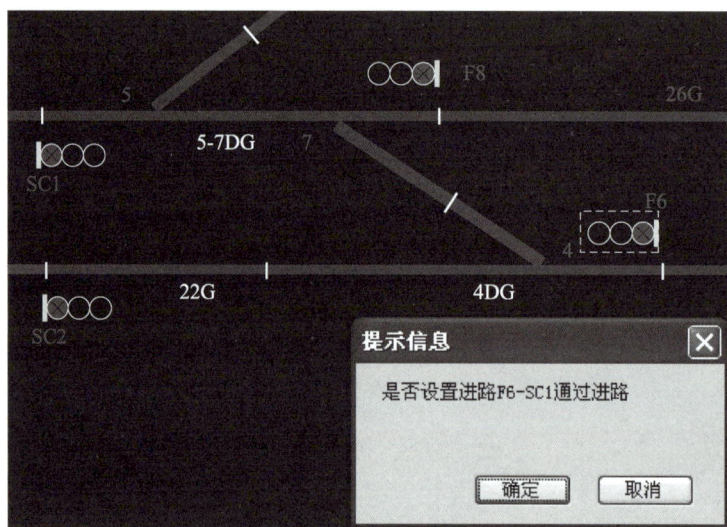

图 3-47　提示信息

④办理成功后,进路显示白光带,始端信号机开放,并且始端信号机旁边出现黄三角图标,如图 3-48 所示。

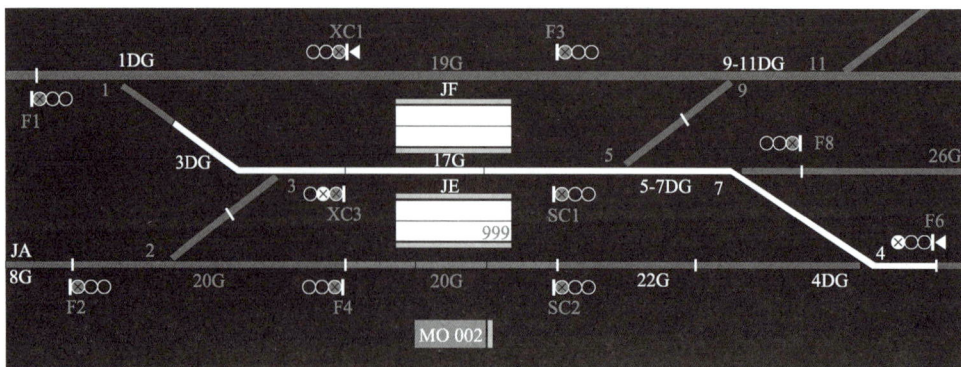

图 3-48　办理进路成功

（3）取消进路。

①鼠标移动至已办理进路的始端信号机处，鼠标图标变为手形图标后，右键点击进路始端信号机，弹出如图3-49所示的菜单。

②鼠标移动至【取消进路】处，弹出图3-50。

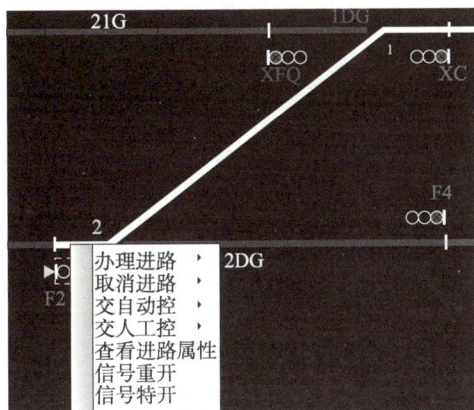

图3-49　取消进路菜单

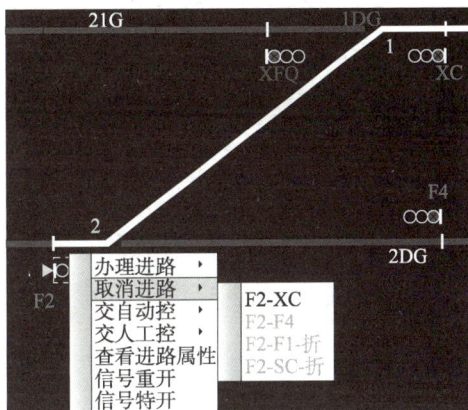

图3-50　取消进路二级菜单

二级菜单中显示所有以该信号机为始端信号机的进路，进路名称黑显表示可以对其进行取消进路操作，进路名称灰显表示不可以对其进行操作。其中："F2-XC"表示通过进路；"F2-F1-折"表示折返进路。

③选择并点击待取消进路，例如"F2-XC"进路。系统弹出如图3-51所示的【提示信息】对话框，操作人员需确认提示信息对话框中的信息是否正确。

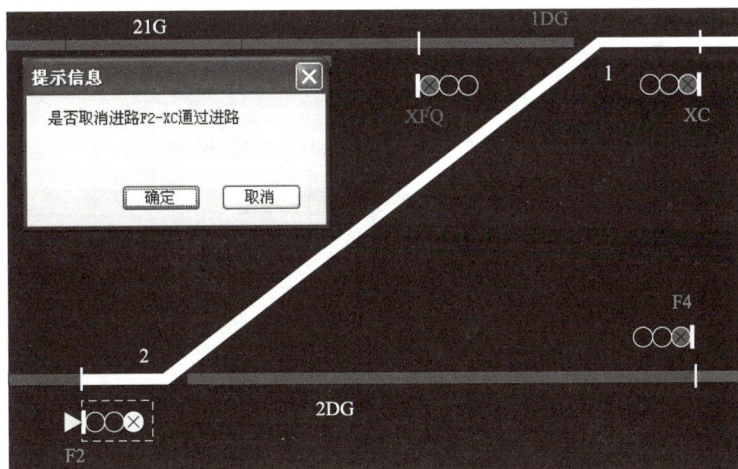

图3-51　提示信息

如确认提示信息中的进路不是需要取消的进路，则用鼠标左键点击【取消】按钮取消此次操作；如确认为需要取消的进路，则用鼠标左键点击【确定】按钮。

④取消成功后，进路白光带消失；始端信号机旁边显示黄三角图标。

（4）站台扣车。

①在工作站站场界面的站台处点击鼠标右键，在弹出菜单中选择【扣车】，如图3-52所示。

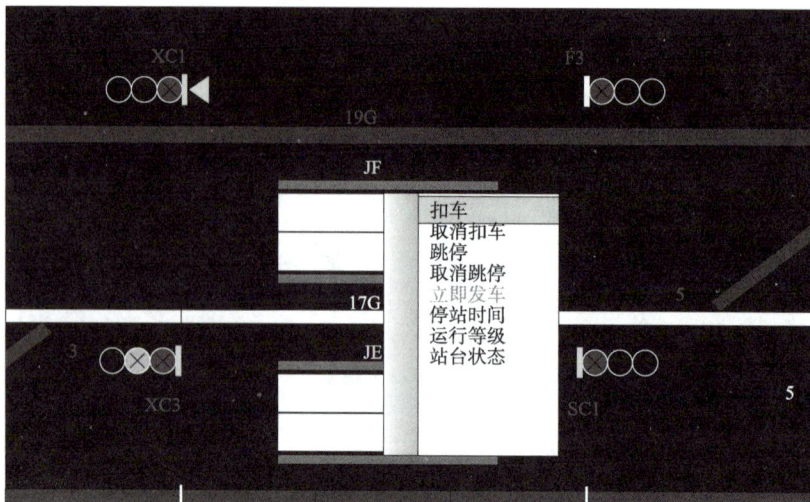

图 3-52　扣车菜单

②在弹出的设置扣车对话框的类型中选择扣车的方向,功能选项中选择扣车,点击【确定】按钮,如图 3-53 所示。

③在弹出的提示信息窗口,点击【确定】按钮,如图 3-54 所示。

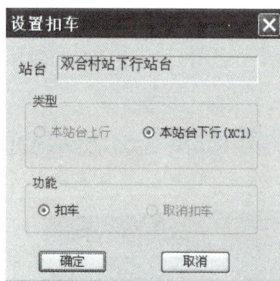

图 3-53　选择扣车

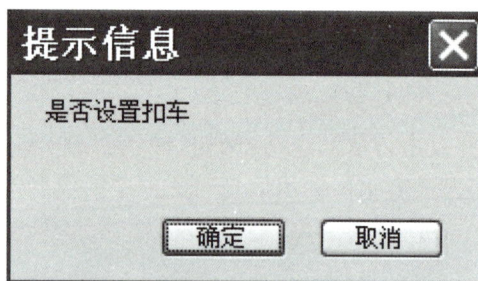

图 3-54　确认扣车

④若设置成功,则在站台上显示绿色字母 H,如图 3-55 所示。

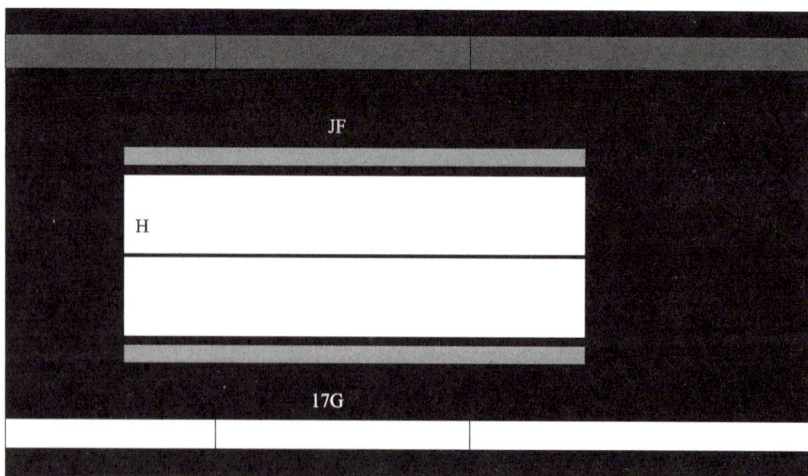

图 3-55　扣车成功

【任务评估】

班级		姓名		学号		日期	

任务目的

辨识 ATS 界面及各元素的意义;熟练掌握 ATS 系统的基本操作。

一、请根据当前状态写出当前值

任务	当前值	总分	得分
1.当前站场控制模式		5	
2.信号机状态		6	
3.道岔位置		6	
4.区段状态		6	
5.列车状态	车次号: 运行状态: 运行模式:	6	
6.站台状态	是否扣车: 是否跳停: 站台门:	6	
7.进路状态		5	

二、按照要求完成操作

任务	操作步骤与标准	总分	得分
8.办理进路	1.鼠标右键点击需要办理进路的始端信号机 * ; 2.鼠标移动至【办理进路】; 3.选择并点击待办理进路; 4.办理成功后,进路显示白光带,始端信号机开放,并且始端信号机旁边出现黄三角图标	20	
9.取消进路	1.鼠标右键点击已办理进路的始端信号机 * ; 2.鼠标移动至【取消进路】; 3.选择并点击待取消进路; 4.取消成功后,进路白光带消失,始端信号机旁边显示黄三角图标	20	
10.站台扣车	1.鼠标右键点击工作站站场界面的站台; 2.弹出菜单中选择【扣车】; 3.在弹出的设置扣车对话框的类型中选择扣车的方向,功能选项中选择扣车,点击【确定】按钮; 4.设置成功,则在站台上显示绿色字母 H	20	
总得分			

任务反思与总结:

注:*可根据当前设备状态选择。

项目拓展

基于车车通信的列车自主运行系统的应用

基于车车通信的列车自主运行系统简称 TACS（Train Autonomous Circumambulate System）。系统以基于 LTE-M 的"车-车"通信为基础,将传统的车地两层列车控制系统与车载网络控制系统、牵引系统和制动系统等高度融合,从列车运营管理的角度出发,围绕列车安全与高效运行这一核心,采用一体化设计思想,通过优化系统结构和功能,实现支持列车主动进路和自主防护,提高系统安全性、可靠性和运行效率,以及降低建设和运营维护成本的目的。

CBTC 系统存在如下缺点:子系统种类与轨旁设备繁多,子系统之间耦合度过高且相互之间功能交叉、功能冗余及交互复杂;子系统之间交互通信的信息周转及系统处理周期长;系统对列车的移动授权在地面进行集中管理,单个设备发生故障则影响整个区域等缺点。列车自主运行系统克服了传统的 CBTC 系统基于"车-地-车"的结构体系。

1. 基于车车通信的列车自主运行系统的结构

基于车车通信的列车自主运行系统的核心架构如图 3-56 所示。每列列车上的车载信号设备独立进行车辆位置和速度等状态的采集与计算,并根据收到的相邻列车位置状态信息和轨旁设备的状态信息获取动作并锁定轨道资源,控制车辆速度,以确保行车安全与效率。

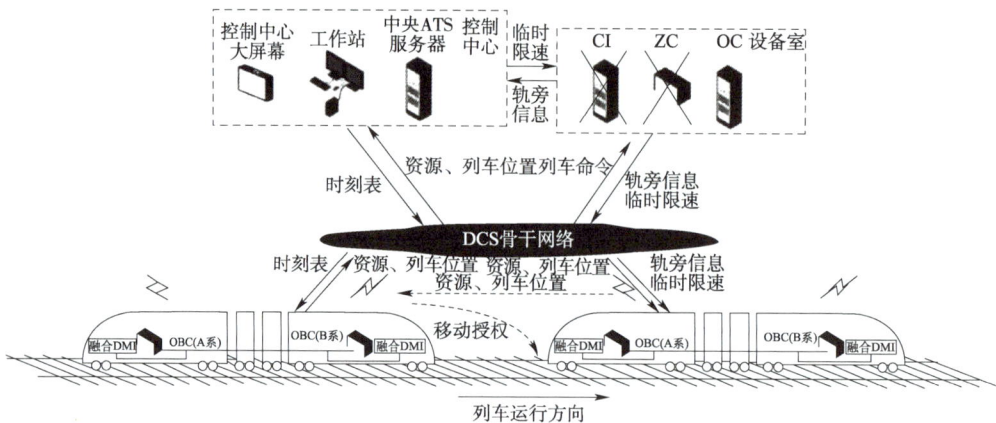

图 3-56 基于车车通信的列车自主运行系统的核心架构

ATS 将时刻表或实时人工进路命令下发给列车。目标控制器（OC）负责登记列车信息和更新资源登记,并执行列车动作命令。列车车载控制器（OBC）根据进路需求向 OC 登记并查询资源登记结果;向前车申请资源,并接受其他车辆申请释放资源;列车在 OC 更新登记实体资源,并对现场设备进行驱采;在获得的独占轨道资源内,计算列车制动曲线,防护列车运行。

基于车车通信的列车自主运行系统取消了传统 CBTC 系统的轨旁 CBI 联锁和区域控制器,优化了传统 CBTC 系统的"车-地-车"结构。车载 OBC 集成原轨旁的 CBI 与 ZC 的功能,轨旁仅保留与现场设备接口的 OC,减少了控制环节与接口复杂度,并通过"车-车"通信方式实现行车资源的交互。传统 CBTC 系统和基于车车通信的列车自主运行系统架构比较如图 3-57 所示。

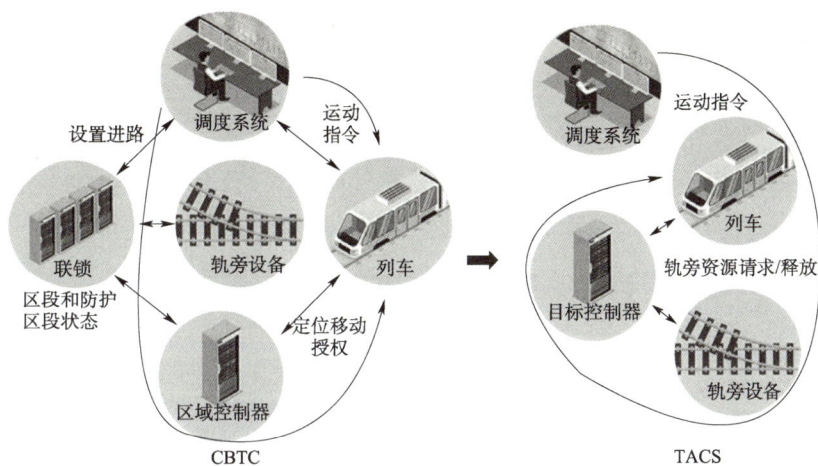

图3-57 传统CBTC系统和基于车车通信的列车自主运行系统架构比较

2. 基于车车通信的列车自主运行系统的功能

列车可以根据提前收到的运行计划进行自主触发进路,主要的ATP(列车自动保护)和联锁功能均可在列车上实现,基于资源管理的车载理念自主计算移动授权并在移动授权范围内自主行车,同时信号系统车载设备与车辆设备进行高度融合,形成以智能列车为中心的分布式控制系统。

(1)基于列车主动进路和自主防护的自主运行。

基于车车通信的列车自主运行系统中,ATS将运行计划提前下发至列车,由车载控制系统自主调整列车运行及自动触发进路,并根据列车计算的自身移动授权自主防护列车运行,从而实现列车主动进路、自主防护及自主运行,减少对ATS子系统可靠性的依赖。

(2)基于"资源"的安全防护。

相对于传统CBTC系统基于进路和移动授权防护的安全原理,基于车车通信的列车自主运行系统将行车路径虚拟为一段资源。其行车间隔的安全防护依赖于列车自主性的"独占"资源和移交机制,可以简化进路的设计和接口数据,并能更好地支持反向行驶、列车对开及往返行驶等行车方式。

(3)缩小行车间隔。

基于车车通信的列车自主运行系统通过优化系统结构,摒弃了传统CBTC系统的ZC及联锁双核心架构,将线路资源管理及移动授权功能由轨旁系统移至车载系统;设备的减少及子系统/设备间接口的优化,减少了设备间的数据交互及系统控制数据交互次数,同时车载控制数据流直达控制对象,提高了系统的实时性,有助于减小列车追踪间隔,提高系统性能;车辆段采用支持全自动运行模式的运行方式,提高了出库和入库效率以及车辆段的防护水平和作业水平。

(4)灵活的运营组织方式。

基于车车通信的列车自主运行系统的"车-车"通信方案实现了"车-车"及"车-地"的实时安全通信,有利于列车通过环境感知等新技术进一步提高其智能化水平。列车作为城市轨道交通列车运行控制系统的控制主体,使得同一区域多列车之间的协商运行成为可能,有利于丰富行车组织方式,降低运营组织的复杂度,提高运营组织的灵活性。

课后巩固

一、填空题

1. 列车自动控制系统是城市轨道交通信号系统的核心,它主要包括＿＿＿＿＿＿＿＿、＿＿＿＿＿＿＿＿和＿＿＿＿＿＿＿＿三个子系统。

2. 自动闭塞主要包括＿＿＿＿＿＿＿＿、＿＿＿＿＿＿＿＿和＿＿＿＿＿＿＿＿。

3. 列车自动控制系统按照其信息传递的方式可以分为＿＿＿＿＿＿＿＿和＿＿＿＿＿＿＿＿系统。

4. 列车的驾驶模式主要有＿＿＿＿＿＿＿＿、＿＿＿＿＿＿＿＿、＿＿＿＿＿＿＿＿、＿＿＿＿＿＿＿＿和＿＿＿＿＿＿＿＿。

5. ATP系统在列车超过＿＿＿＿＿＿＿＿速度时给出音响报警,如果司机在一定时间内将速度降到要求以下,则一切正常;超过＿＿＿＿＿＿＿＿速度启动紧急制动,直到停车,确保列车安全停车。

6. 列车自动运行系统主要用于实现＿＿＿＿＿＿＿＿的控制。

7. 基于通信的列车控制系统的关键技术是＿＿＿＿＿＿＿＿和＿＿＿＿＿＿＿＿。

二、选择题

1. (   )用于列车退行或者在车辆段的运行。

　　A. ATO模式　　　　B. CM模式　　　　C. RM模式　　　　D. AR模式

2. 列车一旦发出(   )指令时,中途不得缓解,直到停车。

　　A. 常用制动　　　　B. 紧急制动　　　　C. 一级制动　　　　D. 分机制动

3. 列车自动防护系统监督列车从地面获得行车信息的功能是(   )。

　　A. 速度监督　　　　B. 车门监督　　　　C. 报文监督　　　　D. 方向监督

三、简述题

1. 简述ATO系统控制列车自动运行的过程。

2. 简述列车自动监控系统进路的可行性检查的目的和步骤。

3. 简述列车调整的目的和目标。

4. 简述列车自动监控系统遥控到站控的转换。

5. 基于轨间电缆的CBTC是如何定位的?

城市轨道交通传输与支持系统应用

项目说明

城市轨道交通通信系统是保证列车安全、快速、高效运行的综合通信设备。城市轨道交通设备之间大量的信息传递,需要使用有线或者无线方式迅速、准确、可靠地传送城市轨道交通所需要的信息,同时城市轨道交通通信系统还需要传输系统、时钟系统等其他的支持系统。

学习目标

◇ 知识目标

1. 了解通信系统的模型。

2. 掌握通信及传输的方式。

3. 掌握通信的调制方式、多址方式的应用及特点。

4. 掌握传输系统的网络结构,以及与其他系统的接口关系。

5. 掌握无线通信系统的标准和在城市轨道交通中的应用。

6. 掌握车-地通信的结构及组网。

7. 掌握时钟系统的结构和作用。

◇ 能力目标

1. 会双绞线、同轴电缆和光纤的插拔操作。

2. 会双绞线的制作。

3. 会传输系统的网络配置与操作。

4. 会时钟系统的设置和同步。

◇ 素质目标

1. 通过通信过程的实现注重信息素养和创新思维的养成。

2. 通过时钟系统的应用加强时间观念和自我管理意识。

◇ 建议学时

12 课时

项目准备

课题4.1　通信基本认知

通信的目的是传递消息中所包含的信息。消息是物质或精神状态的一种反映,例如语音、文字、音乐、数据、图片或活动图像等。信息是消息中包含的有效内容,通信则是进行信息传递或者消息传递。实现通信的方式和手段有很多,如旌旗、消息树、烽火等,这属于非电的;如电报、电话、广播、电视、遥控、遥测、因特网和计算机通信等,这属于电的。

一、通信系统的模型

通信系统的作用是将信息从信源发送到一个或多个目的地。对于电通信,首先,要把消息转变成电信号;然后,经过发送设备,将信号送入信道,在接收端利用接收设备对接收信号做相应的处理后,将信号送给信宿(信息的接收者)再转换为原来的消息。这一过程一般可用图4-1的通信系统模型来概括。

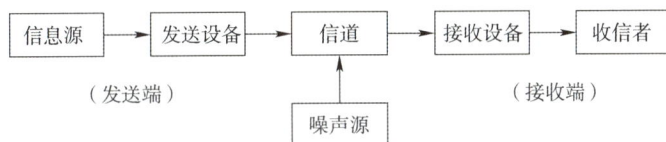

图4-1　通信系统模型

信息源(信源):把各种消息转换成原始电信号,如麦克风。信源可分为模拟信源和数字信源。

发送设备:产生适合于在信道中传输的信号。

信道:将来自发送设备的信号传送到接收端的物理媒质。它分为有线信道和无线信道两大类。

噪声源:集中表示分布于通信系统中各处的噪声。

接收设备:从受到减损的接收信号中正确恢复出原始电信号。

收信者(信宿):把原始电信号还原成相应的消息,如扬声器等。

消息的传递是通过它的物理载体——电信号来实现的,即把消息寄托在电信号的某一参量上(如连续波的幅度、频率或相位;脉冲波的幅度、宽度或位置)。按信号参量的取值方式不同,可把信号分为两类:模拟信号和数字信号。如果电信号的参量取值连续(不可数、无穷多),则称之为模拟信号。例如,话筒送出的输出电压包含有话音信息,并在一定的取值范围内连续变化。如果信号只取有限的几个值,则称之为数字信号,例如电报信号、计算机输入输出信号。通常,按照信道中传输的是模拟信号还是数字信号,相应地把通信系统分为模拟通信系统和数字通信系统,如图4-2所示。

1. 模拟通信系统

模拟通信系统是利用模拟信号来传递信息的通信系统,其模型如图4-3所示。

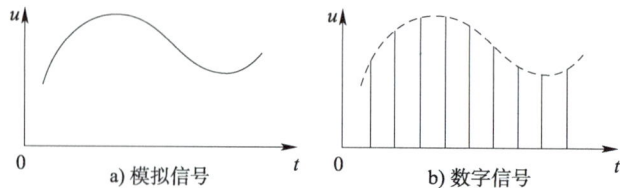

图 4-2　模拟信号和数字信号

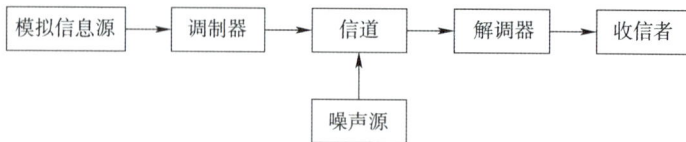

图 4-3　模拟通信系统

模拟通信系统包含两种重要变换。第一种变换是在发送端把连续消息变换成原始电信号,在接收端进行相反的变换,这种变换由信源和信宿来完成。这里所说的信号是基带信号。基带的含义是指信号从零频开始,如话音信号的频率范围为 $300 \sim 3400 \mathrm{Hz}$,图像信号的频率范围为 $0 \sim 6 \mathrm{MHz}$。有些信道可以直接传输基带信号,而以自由空间作为信道的无线电传输却无法直接传输这些信号。因此,模拟通信系统中常常需要进行第二种变换:把基带信号变换成适合在信道中传输的信号,并在接收端进行反变换,这就是调制和解调。经过调制以后的信号称为已调信号,它应有以下两个基本特征:携带有信息、适应在信道中传输。

2. 数字通信系统

数字通信系统(Digital Communication System,DCS)是利用数字信号来传递信息的通信系统,如图 4-4 所示。数字通信涉及的技术问题很多,其中主要有信源编码与译码、信道编码与译码、数字调制与解调、加密与解密等。

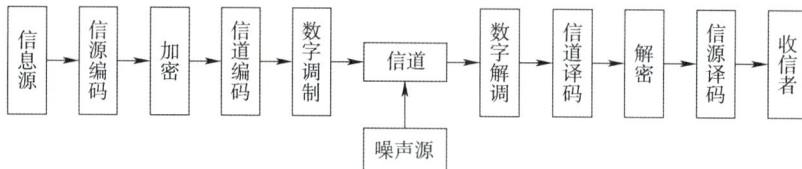

图 4-4　数字通信系统

信源编码有如下两个基本功能:

(1)提高信息传输的有效性,即通过某种数据压缩技术设法减少码元数目、降低码元速率。码元速率决定传输所占的带宽,而传输带宽反映了通信的有效性。

(2)完成模/数(A/D)转换,即当信息源给出的是模拟信号时,信源编码器将其转换成数字信号,以实现模拟信号的数字化传输。信源译码是信源编码的逆过程。

信道编码的意义是增强数字信号的抗干扰能力。信道编码器对传输中的码元加入保护成分(监督元),组成所谓"抗干扰编码"。接收端的信道译码器按相应的逆规则进行解码,从中发现错误或纠正错误,提高通信系统的可靠性。

在需要实现保密通信的场合,为了保证所传信息的安全,人为地将被传输的数字序列扰乱,即加上密码,这种处理过程叫加密。在接收端利用与发送端相同的密码复制品对收到的数字序列进行解密,恢复原来的信息。

数字调制就是把数字基带的频谱搬移到高频处,形成适合在信道中传输的带通信号。

二、通信及传输方式

1. 通信方式

通信可分为单工通信、半双工通信和全双工通信。采用单工和半双工通信可以节省无线信道资源,并降低无线终端设备耗电。

(1)单工通信。单工通信只支持数据在一个方向上传输,就和传呼机一样,如甲可以向乙发送数据,但是乙不能向甲发送数据。单工时每个移动台只占用 1 个无线频道,如图4-5 所示。

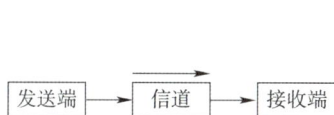

(2)半双工通信。半双工通信就是指一个时间段内只有一个动作发生,同一根传输线既作接收又作发送,虽然数据可以在两个方向上传送,但通信双方不能同时收发数据。采用半双工方式时,通信系统每一端的发送器和接收器,通过收/发开关转接到通信线上,进行方向的切换,因此,会产生时间延迟。半双工通信时,每个移动台只占用 1 个无线频道,如图4-6 所示。

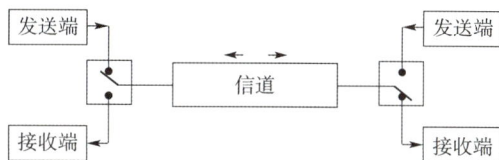

图 4-5　单工通信　　　　　图 4-6　半双工通信

(3)全双工通信。全双工通信可以同时进行双向传输,此时收发信道同时打开,双方可以同时讲话。全双工通信时每个移动台同时占用 2 个无线频道,如图4-7 所示。

2. 传输方式

(1)并行传输。并行传输是将代表信息的数字信号码元序列以成组的方式在 2 条或 2 条以上的并行信道上同时传输。其优点是节省传输时间,速度快,不需要字符同步措施,但需要 n 条通信线路,成本高,如图4-8 所示。

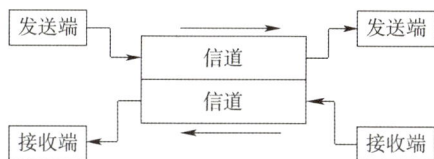

图 4-7　全双工通信　　　　　图 4-8　并行传输

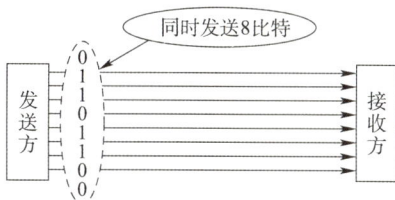

(2)串行传输。串行传输是将数字信号码元序列以串行方式一个码元接一个码元地在一条信道上传输。其优点是只需一条通信信道,节省线路铺设费用,但是其传输速度慢且需要外加码组或字符同步措施等,如图4-9 所示。

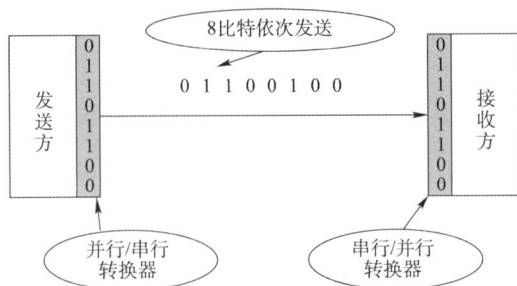

图4-9　串行传输

三、调制技术

调制就是对信号源的信息进行处理然后加到载波上,使其变为适合于信道传输形式的过程,是使载波随信号的改变而改变的技术。一般来说,信号源的信息(也称为信源)含有直流分量和频率较低的频率分量,称为基带信号。基带信号往往不能作为传输信号,因此,必须把基带信号转变为一个相对基带频率而言频率非常高的信号以适合于信道传输。这个信号叫作已调信号,而基带信号叫作调制信号。调制是通过改变高频载波载体信号的幅度、相位或者频率,使其随着基带信号幅度的变化而变化。而解调则是将基带信号从载波中提取出来,以便预定的接收者(信宿)处理和理解。

调制的种类很多,分类方法也不一致。按调制信号的形式不同,调制可分为模拟调制和数字调制。用模拟信号调制称为模拟调制;用数据或数字信号调制称为数字调制。按被调信号的种类不同,调制可分为正弦波调制和脉冲调制等。正弦波调制有幅度调制、频率调制和相位调制3种基本方式,后两者合称为角度调制。

1. 正弦波幅度调制

正弦波幅度调制,即正弦载波幅度随调制信号而变化的调制,简称调幅(Amplitude Modulation,AM)。数字幅度调制也叫作幅移键控(Amplitude-shift Keying,ASK)。调幅的技术和设备比较简单,频谱较窄,但抗干扰性能差,广泛应用于长中短波广播、小型无线电话、电报等电子设备中。

早期的无线电报机采用火花式放电器产生高频振荡。传号时,火花式发报机发射高频振荡波,空号时,发报机没有输出。这种电报信号的载波不是纯正弦波,它含有很多谐波分量,会对其他信号产生严重干扰。

2. 正弦波频率调制

正弦波频率调制,即正弦载波的瞬时频率随调制信号而变化的调制,简称调频(Frequency Modulation,FM)。数字频率调制也称频移键控(Frequency-shift Keying,FSK)。

调频是1933年阿姆斯特朗发明的。这种调制具有良好的抗干扰性能,广泛用于高质量广播、电视伴音、多路通信和扫频仪等电子设备中。

3. 正弦波相位调制

正弦波相位调制,即正弦载波的瞬时相位随调制信号而变化的调制,简称调相(Phase Modulation,PM)。数字调相也称相移键控(Phase-shift Keying,PSK)。

4. 脉冲调制

脉冲调制,即受调波为脉冲序列的调制。脉冲调制可分为脉冲调幅、脉冲调相、脉冲调宽等方式。通常把模拟/数字信号转换也看作是脉冲调制,这种调制有脉码调制、差值脉码调制、增量调制等。脉冲调幅实质上就是信号采样,常用于模/数转换电路、信号转换电路和各种电子仪器(如采样示波器等)。

脉冲调制信号的频谱较宽,但除了脉冲调幅之外,其他都具有较好的抗干扰性能,特别是脉码调制的性能最好,是一种理想的调制方式。数字电话、遥测、遥控以及迅速发展的综合通信网,大多采用这种调制方式。

四、多址复用技术

无线通信的多址方式有频分多址(Frequency Division Multiple Access,FDMA)、时分多址(Time Division Multiple Access,TDMA)、码分多址(Code Division Multiple Access,CDMA)和空分多址(Space Division Multiple Access,SDMA)4 种,如图 4-10 所示。

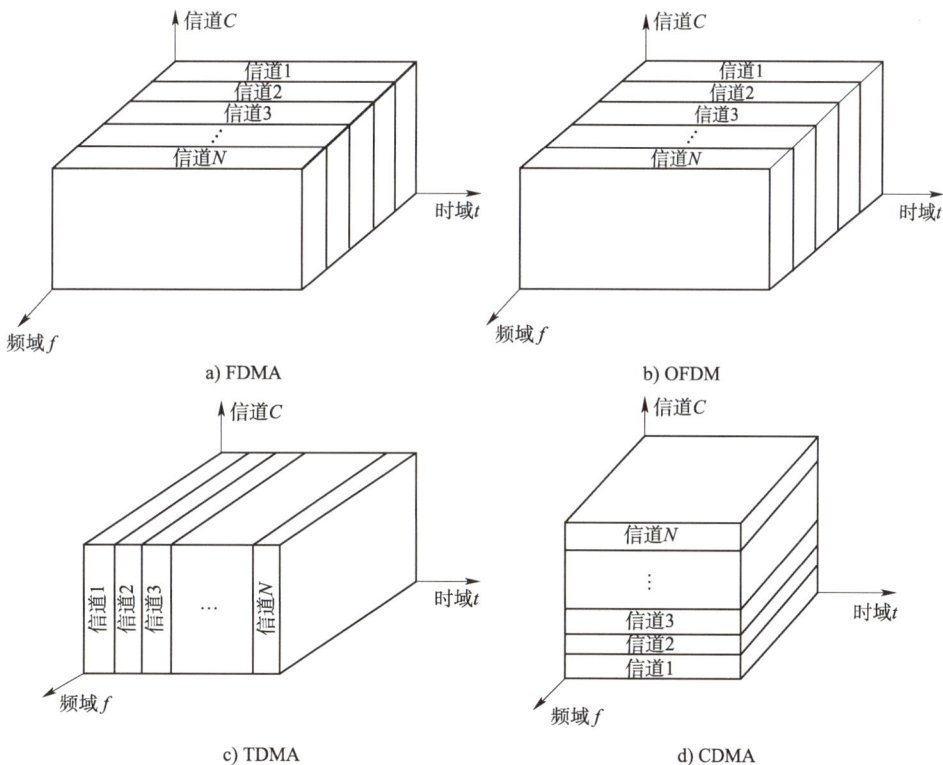

图 4-10　FDMA、OFDM、TDMA、CDMA

1. 频分多址

频分多址是把信道频带分割为若干更窄的互不相交的频带(称为子频带),把每个子频带分给一个用户专用(称为地址),如图 4-10a)所示。频分复用是指载波带宽被划分为多种不同频带的子信道,每个子信道可以并行传送一路信号的一种技术。频分复用技术下,多个用户可以共享一个物理通信信道,该过程即为频分多址复用。FDMA 模拟传输是效率最低的网络,这主要体现在模拟信道每次只能供一个用户使用,使得带宽得不到充分利用。此外 FDMA 信道大于通常需要的特定数字压缩信道,且对于通信沉默过程 FDMA 信道也是浪费的。一直以来,TDMA 和 CDMA 都是结合 FDMA 共同作用,也就是说,特定频带可以独立用于其他频带的 TDMA 或 CDMA 信号。

频分复用技术除传统意义上的频分复用外,还有一种是正交频分复用(Orthogonal Frequency Division Multiplexing,OFDM)。OFDM 实际是一种多载波数字调制技术,将信道分成若干正交子信道,将高速数据信号转换成并行的低速子数据流,调制到每个子信道上进行传输。正交信号可以通过在接收端采用相关技术来分开,这样可以减少子信道之间的相互干扰(ISI)。每个子信道上的信号带宽小于信道的相关带宽,因此每个子信道上可以看成平坦性衰落,从而可以消除码间串扰。由于每个子信道的带宽仅仅是原信道带宽的一小部分,信道均衡变得相对容易。目前 OFDM 技术已被广泛应用于广播式的音频和视频领域以及民用通信系统中,主要的应用包括非对称的数字用户环线(ADSL)、数字视频广播(DVB)、高清晰度电视(HDTV)、无线局域网(WLAN)、第 4 代(4G)、移动通信系统第 5 代(5G)移动通信系统等。

2. 时分多址

时分多址是把时间分割成互不重叠的时段(帧),再将帧分割成互不重叠的时隙与用户具有一一对应关系,依据时隙区分来自不同地址的用户信号,从而完成的多址连接,如图 4-10b)所示。时分多址是把时间分割成周期性的帧,每一个帧再分割成若干个时隙向基站发送信号,在满足定时和同步的条件下,基站可以分别在各时隙中接收到各移动终端的信号而不混扰。同时,基站发向多个移动终端的信号都按顺序安排在预定的时隙中传输,各移动终端只要在指定的时隙内接收,就能在合路的信号中把发给它的信号区分并接收下来。TDMA 较之 FDMA 具有通信信号质量高、保密较好、系统容量较大等优点,但它必须有精确的定时和同步以保证移动终端和基站间正常通信,技术上比较复杂。

3. 码分多址

码分多址,不同用户传输信息所用的信号不是靠频率不同或时隙不同来区分,而是用各自不同的编码序列来区分,或者说,靠信号的不同波形来区分,如图 4-10c)所示。如果从频域或时域来观察,多个 CDMA 信号是互相重叠的。接收机用相关器可以在多个 CDMA 信号中选出其中使用预定码型的信号。其他使用不同码型的信号因为与接收机本地产生的码型不同而不能被解调。CDMA 抗干扰能力强,采用宽带传输,抗衰落能力强,由于采用宽带传输,在信道中传输的有用信号的功率比干扰信号的功率低得多,频率利用率高,不需频率规划。

4. 空分多址

空分多址(SDMA)利用不同的用户空间特征(用户位置)区分用户,从而实现多址通信。其采用智能天线技术,可构成空间上用户的分割。配合电磁波被传播的特征,可使不同地域的用户在同一时间使用相同频率,实现互不干扰的通信;利用定向天线,可使电磁波按一定指向辐射,局限在波束范围内;不同波束范围可使用相同频率,也可控制发射功率,使电磁波仅作用在有限距离内。

移动通信中充分运用了 SDMA 方式,用有限的频谱构成大容量的通信系统。

五、无线通信的频率资源

无线通信技术是以无线电波为介质的通信技术。无线电波通常是指频率在 3kHz ~ 1GHz 之间的电磁波。大部分无线电波可以在所有方向上进行长距离传播(特别是低频和中低频),还易于穿透墙壁。

无线电波在自由空间中的传播速度与光速一样,约为 300000km/s,在其他传播介质中的传播速度要低一些。

1. 长波信道

长波信道所使用的频率在 300kHz 以下,波长在 1000m 以上。长波沿着地面(尤其是沿海平面)的传播损耗较小,并对海水具有较好的渗透性。长波方式传输信息一般用于航海导航和潜海通信系统。

2. 中波信道

中波信道的频率为 0.3 ~ 3MHz,波长在 100 ~ 1000m 范围内。该中频频段内的电磁波以地面波为主要传播方式,传播损耗比长波稍大,传播距离较远。例如,无线电中波广播就使用中波信道。

3. 短波信道

短波信道的短波频段为 3 ~ 30MHz,波长为 10 ~ 100m,也称为高频信道。该频段的地面传播损耗较大,地面传播距离较短,但借助地球上空的电离层反射可进行远距离通信,这种传播方式通常称为天波。

短波信道具有机动灵活、廉价和架设方便的特点,在现代通信中得到广泛应用。大功率短波电台作为远距离通信手段的补充和备用,是现代通信网中较为重要的通信信道。

4. 超短波信道

超短波信道的超短波频率范围一般为 30 ~ 3000MHz,其中 30 ~ 300MHz 称为甚高频(VHF),300 ~ 3000MHz 称为特高频,有时也把 300 ~ 3000MHz 划入微波信道频段。在该频段中,由于频率高而电离层不能反射,地面损耗又较大,因此,传播的主要方式是空间直射波和地面反射波的合成。该频段一般作为近距离(<100km)的通信手段。移动通信系统大多数借助于超短波信道的部分频带来传输信息。

5. 微波信道

3000MHz 以上的波段通常称为微波频段。微波频段中,波长很短,天线方向性相当强;在自由空间传播时,能量沿一定方向发射,传输效率较高,容许调制的频带较宽,适用于大容量的信息传输。

微波频段主要工作方式是中继线路,每隔约 50km 设一个中继站,连续接力可构成长距离大容量的微波干线。

6. 卫星信道

卫星信道的频段是微波中的数吉赫兹到数十吉赫兹的频段。卫星信道是指利用人造地球卫星作为中继站转发无线电信号,在多个地球站之间进行通信的信息传输信道。一颗通信卫星天线的波束所覆盖的地球表面区域内的各种地球站,都可通过卫星中继和转发信号进行通信。

课题4.2 传输系统的应用

传输系统是一个基于光纤的宽带综合业务数字传输网络,为各种业务信息提供多种宽窄带传输通道,构成传送语音、文字、数据和图像等信息的综合业务传输网。其担负着城市轨道交通几乎所有通信系统信息传输的重任。随着 CBTC 的发展,它还需要承担信号系统的信息传输。因此,传输系统在城市轨道交通通信系统中的地位非常重要。

一、传输系统结构

传输系统由光纤骨干网、网络节点、用户接口卡、网络管理系统组成,如图 4-11 所示。

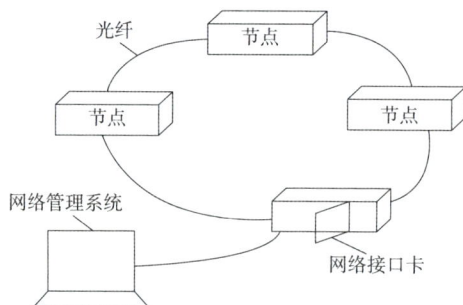

图 4-11　传输系统结构

光纤骨干网贯穿整个传输介质,它有光纤、电缆两种传输介质。短距离连接使用电缆或多模光纤和 LED 光源,长距离连接只能使用单模光纤。

网络节点是用户访问网络、使用网络的途径,为用户接口卡提供电源,接收用户接口卡信息发送到光纤网络,接收光纤网络信息传送到用户接口卡。

用户接口卡是用户接入系统的硬件工具,它使自身系统无限向外延伸,有硬件和软件两种形式。硬件通过板卡自身跳线和微动开关实现,软件通过网络中心实现。

网络管理系统基于主流、成熟的操作系统和友好的操作界面,对传输网络进行配置、扩展、管理和维护。

二、网络结构

城市轨道交通传输系统为其他系统提供可靠灵活的传输通道。城市轨道交通的传输网络一般采用环形网络结构,如图 4-12 所示。这种结构由两个环路连接,一个环路运行,负责传送信息,另一个环路备用,两个环路功能一致,系统运行时不断监测备用环路,确保备用环路能随时启动。主路故障,备用环路立即启动,这种结构所需电缆少,当主环路发生故障时,自动切换到另一回路仍能保持正常的通信。

根据业务的不同,运营控制中心和车站业务点的连接还可能有总线形、星形和网状的网络结构。星形网络结构以中心节点为中心,很形象,但是这种网络结构过分依赖中心节点、组网费用高、布线比较困难,如图 4-13 所示。

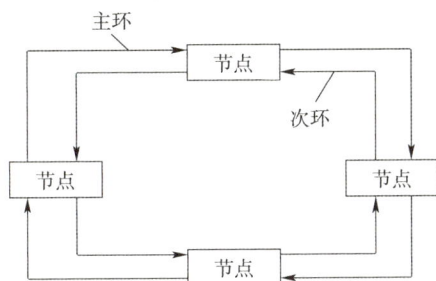

图 4-12　环形网络

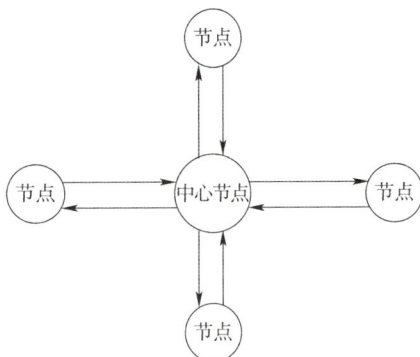

图 4-13　星形网络结构

总线形结构中,网络中的各个节点设备用一根总线(如同轴电缆等)挂接起来,实现网络的功能。总线形结构的数据传输是广播式传输结构,数据发送给网络上所有的计算机,只有地址与信号中的目的地址相匹配的设备才能接收到。总线形的网络不是集中控制,故障诊断需要在整个网络的各个站点上进行;当节点发生故障,隔离起来比较方便,一旦传输介质出现故障,就需要将整个总线切断,这样易于发生数据碰撞,导致线路争用现象严重。当发生故障时,故障节点从网络中去除,受地理条件限制,成本高,如图 4-14 所示。

网状形网络中,节点之间的连接是任意的,没有规律。网状结构分为全连接网状和不完全连接网状两种形式。全连接网状中,每个节点和网中其他节点均由链路连接。不完全连接网中,两节点之间不一定由直接链路连接,它们之间的通信依靠其他节点转接。这种网络的优点是节点间路径多,可大大减少碰撞和阻塞,局部的故障不会影响整个网络的正常工作,可靠性高;网络扩充比较灵活、简单。这种网络关系复杂,建网不易,网络控制机制复杂,如图 4-15 所示。

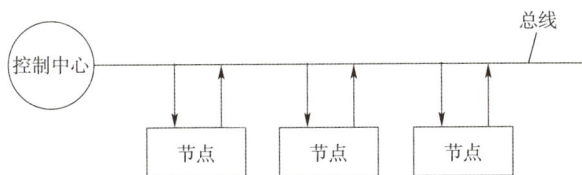

图 4-14　总线形结构

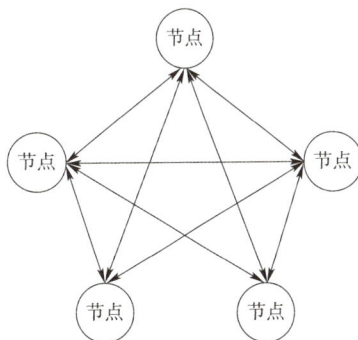

图 4-15　网状形结构

三、节点间的连接方式

环路连接方式中,每个光/电收发器模块分别与前一节点和后一节点通信,如图 4-16 所示。

链路连接方式中,一个光/电收发器负责与前一节的通信,而另一个光/电收发器负责与后一节点通信,如图 4-17 所示。

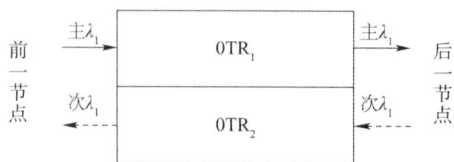

图 4-16　环路连接方式　　　　图 4-17　链路连接方式

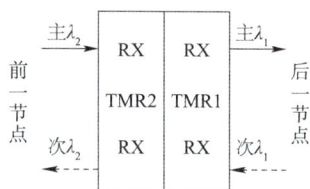

链路连接方式与环路连接方式相比,链路连接方式可以在同一节点针对不同连接距离采用不同的波长或收发器模块(光或电),例如,短距离传输使用 850nm 的光收发器模块,而长距离传输使用 1300nm 的收发器模块,或者在长距离传输使用光收发器模块,而在短距离传输使用电收发器模块。

四、运行方式和故障恢复

传输系统采用双环路运行方式,一个环路运行,负责传送信息,另一环路备用。两个环路功能一致,系统运行,不断监测备用环路,确保备用环路能随时启动,主路故障,备用环路立即启动。

为了保证系统的可靠性,当系统发生故障时,系统自动重新配置线路的传输路径,使系统仍然正常工作。当主环故障时,系统自动将信息传输通道切换到备用环路。当次环故障时,系统不采取网络重组动作,但是会将次环路状况信息报告运营控制中心,通知进行维修。

当出现双环路故障(同点)和节点故障时,采用回环措施,即一节点将输出的主环信息接入到次环,另一节点将次环信息接入到主环,如图 4-18 所示。

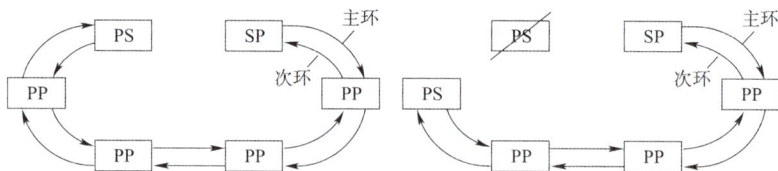

图 4-18　双环路和节点故障的回环措施

五、传输系统与其他系统的接口

传输系统为通信和信号等系统提供信息传输,因此,传输系统必须对各系统带宽和接口进行计算和预留。

一般情况下公务与专用电话数字中继、用户自动交换机(Private Automatic Branch Exchange,PABX)局间中继及无线基站链路采用 2M 数字通信接口。专用通信、广播、时钟等其他系统采用以太网,且要求各种业务对以太网通道相互独立。

表4-1是某地铁企业传输系统业务通道需求。

传输系统业务通道需求　　　　　　　　　　　　　表4-1

序号	业务类别	接口类型	传输速率	信道方式	带宽
1	公务电话	E1	1Mbit/s	点对点	4M
		10/100BASE-T	2Mbit/s	共线以太网	2M
2	专用电话	E1	1Mbit/s	点对点	4M
		10/100BASE-T	2Mbit/s	共线以太网	2M
3	无线通信系统	E1	1Mbit/s	点对点	4M
		10/100BASE-T	2Mbit/s	共线以太网	2M
		10/100BASE-T	2Mbit/s	共线以太网	2M
4	广播音频	10/100BASE-T	2Mbit/s	共线以太网	2M
5	时钟信号及网管	10/100BASE-T	1Mbit/s	共线以太网	2M
6	视频监视系统	10/100BASE-T	1Mbit/s	共线以太网	2M
		1000BASE-T	100Mbit/s	共线以太网	100M
		100BASE-T	10Mbit/s	共线以太网	10M
7	电源网管	100BASE-T	1Mbit/s	共线以太网	2M
8	信号系统	10/100BASE-T	10Mbit/s	共线以太网	10M
9	自动售检票系统	10/100BASE-T	2Mbit/s	共线以太网	2M
10	综合监控系统	1000BASE-T	100Mbit/s	共线以太网	100M

六、传输介质

城市轨道交通传输系统的传输介质有双绞线电缆、同轴电缆和光纤。

1. 双绞线电缆

双绞线是由一对相互绝缘的金属导线绞合而成。采用这种方式，不仅可以抵御一部分来自外界的电磁波干扰，也可以降低多对绞线之间的相互干扰。把2根绝缘的导线互相绞在一起，干扰信号作用在这两根相互绞合在一起的导线上是一致的（这个干扰信号叫作共模信号），在接收信号的差分电路中可以将共模信号消除，从而提取出有用信号（差模信号）。

任何材质的绝缘导线绞合在一起都可以叫作双绞线，同一电缆内可以是一对或一对以上双绞线，一般由2根22～26号单根铜导线相互缠绕而成；也有使用多根细小铜丝制成单根绝缘线的，实际使用时，双绞线是由多对双绞线一起包在一个绝缘电缆套管里的。典型的双绞线有一对的、有四对的，也有更多对双绞线放在一个电缆套管里的，这些我们统称为双绞线电缆。双绞线一个扭绞周期的长度，叫作节距，节距越小，抗干扰能力越强。双绞线如图4-19所示。

双绞线分为非屏蔽双绞线（Unshielded Twisted Pair，UTP）和屏蔽双绞线（Shielded Twisted Pair，STP）两大类。屏蔽双绞线在双绞线与外层绝缘封套之间有一个金属屏蔽层；屏蔽层可减少辐射，防止信息被窃听，也可阻止外部电磁干扰的进入，使屏蔽双绞线比同类的非屏蔽双绞线具有更高的传输速率。

图 4-19　双绞线

常见的双绞线有三类线、五类线和超五类线,以及最新的七类线。七类线线径较粗。双绞线特点如下:

(1)一类线:主要用于语音传输(一类标准主要用于 20 世纪 80 年代初之前的电话线缆),不用于数据传输。

(2)二类线:传输频率为 1MHz,用于语音传输和最高传输速率 4Mbit/s 的数据传输。

(3)三类线:电缆的传输频率为 16MHz,用于语音传输及最高传输速率为 10Mbit/s 的数据传输。

(4)四类线:电缆的传输频率为 20MHz,用于语音传输和最高传输速率 16Mbit/s 的数据传输。

(5)五类线:该类电缆增加了绕线密度,外套一种高质量的绝缘材料,传输率为 100MHz,用于语音传输和最高传输速率为 100Mbit/s 的数据传输,这是最常用的以太网电缆。

(6)超五类线:超五类线具有衰减小、串扰少,具有更高的衰减与串扰的比值和信噪比、更小的时延误差等特点,其性能得到很大提高。超五类线主要用于千兆位以太网(1000Mbit/s)。

(7)六类线:该类电缆的传输频率为 1 ~ 250MHz,六类布线系统在 200MHz 时综合衰减串扰比应该有较大的余量,它提供 2 倍于超五类线的带宽。六类布线的传输性能远远高于超五类线标准,最适用于传输速率高于 1Gbit/s 的应用。

(8)超六类线或 6A:此类产品传输带宽介于六类和七类之间,传输频率为 500MHz,传输速度为 10Gbit/s,标准外径 6mm。

(9)七类线:传输频率为 600MHz,传输速度为 10Gbit/s,单线标准外径 8mm,多芯线标准外径 6mm。

(10)八类线,是当前最新一代的双屏蔽(SFTP)网线。它具备出色的传输性能,能够支持高达 2000MHz 的带宽,并且其传输速率高,可达 40Gb/s。然而,要实现这样的高速传输,传输距离需控制在 30 米以内,以确保达到最佳性能。因此,八类线常应用于短距离数据中心的服务器、交换机、配线架以及各类设备的连接之中。

2. 同轴电缆

同轴电缆是由相互绝缘的同轴心导体构成的电缆,包括内导体、绝缘层、外导体和护套,如图 4-20、图 4-21 所示。内导体为铜线,外导体为铜管或网。电磁场封闭在内外导体之间,故辐射损耗小,受外界干扰小。

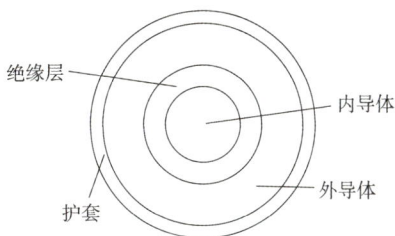

图 4-20　同轴电缆　　　　图 4-21　同轴电缆的构成

同轴电缆的得名与它的结构相关。同轴电缆也是局域网中最常见的传输介质之一。它由一层圆筒式的外导体套在内导体(一根细芯)外面,两个导体间用绝缘层隔离,外层导体和内层导体的圆心在同一个轴心上,所以叫作同轴电缆。同轴电缆之所以设计成这样,也是为了防止外部电磁波干扰信号的传递。

同轴电缆根据其直径大小可以分为:粗同轴电缆和细同轴电缆。粗同轴电缆适用于比较大型的局部网络,它的标准距离长,可靠性高。由于安装时不需要切断电缆,可以根据需要灵活调整计算机的入网位置,但粗缆网络必须安装收发器电缆,安装难度大,总体造价也高。相反,细同轴电缆安装则比较简单,造价低,但安装过程要切断电缆,两头须装上基本网络连接头,然后接在 T 形连接器两端,所以当接头多时容易产生故障隐患,这是目前运行中的以太网最常见故障之一。

无论是粗同轴电缆还是细同轴电缆均为总线拓扑结构,即一根缆上接多部机器,这种拓扑适用于机器密集的环境,但是当任意触点发生故障时,故障会串联影响到整根缆上的所有机器。故障的诊断和修复都很麻烦。

同轴电缆的优点是可以在相对长的无中继器的线路上支持高带宽通信,而其缺点也是显而易见的,具体表现在如下 3 个方面:

(1)体积大,细缆的直径就有 0.375 英寸(1 英寸 = 2.54 厘米),占用电缆管道的大量空间;

(2)不能承受缠结、压力和严重的弯曲,这些都会损坏电缆结构,阻止信号的传输;

(3)成本较高。

这些缺点正是双绞线能克服的,因此在现在的局域网环境中,同轴电缆基本已被基于双绞线的以太网物理层规范所取代。

3. 光纤

光纤是光导纤维的简称,是一种利用光在玻璃或塑料制成的纤维中的全反射原理实现信息传递的光传导工具。微细的光纤封装在塑料护套中,使得它能够弯曲而不至于断裂。通常,光纤一端的发射装置使用发光二极管或一束激光将光脉冲传送至光纤,光纤的另一端的接收装置使用光敏元件检测脉冲。

在日常生活中,由于光在光导纤维的传导损耗比电在电线传导的损耗低得多,光纤被用作长距离的信息传递。光纤与其他几种介质的比较,见表 4-2。

光纤与其他几种介质的比较　　　　　　　　表 4-2

名称	带宽	衰减系数(dB/km)	中继距离(km)	敷设安装	接续
对称电缆	6MHz	20	1~2	方便	方便
同轴电缆	400MHz	19	1.6	方便	方便
微波传输	40~120MHz	2	10	特殊	传输介质
光纤光缆	>10GHz	0.2	>50	方便	特殊

从表 4-2 可以看出,光纤有以下优点。

(1)频带宽。

频带的宽窄代表传输容量的大小。载波的频率越高,可以传输信号的频带宽度就越大。在甚高频频段,载波频率为 48.5~300MHz。若带宽约 250MHz,只能传输 27 套电视和几十套调频广播。可见光的频率达 10 万 GHz,比甚高频频段高出一百多万倍。尽管由于光纤对不同频率的光有不同的损耗,频带宽度受到影响,但在最低损耗区的频带宽度也可达 3 万 GHz。目前单个光源的带宽只占了其中很小的一部分(多模光纤的频带约几百兆赫,好的单模光纤可达 10GHz 以上),采用先进的相干光通信可以在 3 万 GHz 范围内安排 2000 个光载波,进行光波复用,可以容纳上百万个频道。

(2)损耗低。

在同轴电缆组成的系统中,最好的电缆在传输 800MHz 信号时,每公里的损耗都在 40dB 以上。相比之下,光导纤维的损耗则要小得多,传输 1.31μm 的光,每公里损耗在 0.35dB 以下;若传输 1.55μm 的光,每公里损耗更小,可达 0.2dB 以下。这就比同轴电缆的功率损耗要小一亿倍,使其能传输的距离要远得多。

(3)重量轻。

因为光纤非常细,单模光纤芯线直径一般为 4~10μm,外径也只有 125μm,加上防水层、加强筋、护套等,用 4~48 根光纤组成的光缆直径还不到 13mm,比标准同轴电缆的直径 47mm 要小得多,加上光纤是玻璃纤维,比重小,使它具有直径小、重量轻的特点,安装十分方便。

(4)抗干扰能力强。

因为光纤的基本成分是石英,只传光,不导电,在其中传输的光信号不受电磁场的影响,故光纤传输对电磁干扰、工业干扰有很强的抵御能力。

(5)保真度高。

光纤传输一般不需要中继放大,不会因为放大引入新的非线性失真。只要激光器的线性好,就可高保真地传输电视信号。

(6)工作性能可靠。

我们知道,一个系统的可靠性与组成该系统的设备数量有关。设备越多,发生故障的机会越大。因为光纤系统包含的设备数量少(不像电缆系统那样需要几十个放大器),可靠性自然也就高,加上光纤设备的寿命都很长,无故障工作时间达 50 万~75 万小时,其中寿命最短的是光发射机中的激光器,寿命也在 10 万小时以上,故一个设计良好、安装正确的光纤系统的工作性能是非常可靠的。

目前,有人提出了新摩尔定律,也叫作光学定律。该定律指出,光纤传输信息的带宽,每

6 个月增加 1 倍,而价格降低了 50%。光通信技术的发展,为因特网宽带技术的发展奠定了非常好的基础。这就为大型有线电视系统采用光纤传输方式扫清了最后一个障碍。由于制作光纤的材料(石英)来源十分丰富,随着技术的进步,成本还会进一步降低;而电缆所需的铜原料有限,价格会越来越高。显然,今后光纤传输将占绝对优势,成为建立省、自治区、直辖市为单位以至全国统一的有线电视网的最主要传输手段。

光导纤维是由两层折射率不同的玻璃组成。光纤的结构,如图 4-22 所示。

光纤内层为光内芯,直径在几微米至几十微米,外层的直径 0.1 ~ 0.2mm。一般内芯玻璃的折射率比外层玻璃大 1%。根据光的折射和全反射原理,当光线射到内芯和外层界面的角度大于产生全反射的临界角时,光线透不过界面,全部反射。这时光线在界面经过无数次的全反射,以锯齿状路线在内芯向前传播,最后传至纤维的另一端。均匀光纤导光原理,如图 4-23 所示。

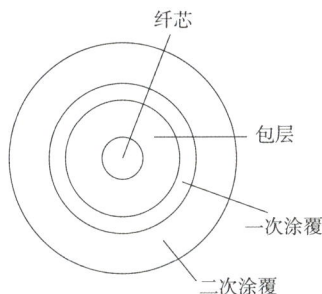

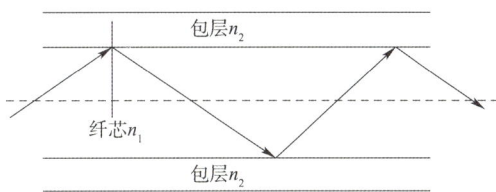

图 4-22 光纤的结构　　　　图 4-23 均匀光纤导光原理

光纤有多模光纤和单模光纤之分。多模光纤的中心玻璃芯较粗($50\mu m$ 或 $62.5\mu m$),可传多种模式的光,但其模间色散较大。这就限制了传输数字信号的频率,而且随距离的增加会更加严重。而单模光纤中心玻璃芯较细(芯径一般为 $9\mu m$ 或 $10\mu m$),只能传一种模式的光。因此,其模间色散很小,适用于远程通信,但其色度色散起主要作用,这样单模光纤对光源的谱宽和稳定性有较高的要求,即谱宽要窄,稳定性要好。

单模光纤一般光纤跳纤用黄色表示,接头和保护套为蓝色;多模光纤一般光纤跳纤用橙色表示,也有的用灰色表示,接头和保护套用米色或者黑色。

光纤传输系统通常是将传输的信息加载到激光上,将激光调制传输到目的地后再解调出来。光端机及时对来自信息源的信号进行处理,发送光端机将光源通过电信号调制成光信号,输入光纤传输到远方;接收端的光端机内有光检测器,将来自光纤的光信号还原成电信号,经过放大、整形,再恢复原形,输送到电端机的接收端。对于长距离的传输还需要中继器,将经过长距离光纤衰减和畸变后的微弱光信号放大、整形,再生成一定强度的光信号,继续送向前方以保证良好的通信质量。中继器多采用光—电—光形式,即将接收到的光信号用光电检测器变换为电信号,放大整形再生后再调制光源,将电信号转化成光信号重新发出,而不是直接放大光信号。近年来,适合做光中继器的光放大器研制成功,这将使得用光纤放大器的全光中继变为现实。

在使用光纤的过程中需要注意自身的安全,光纤及其接收器中传输的是激光,所以不要试图调整或改变激光设备及其控制电路,不要用眼睛直接去看光端口或光纤末端,准备好待用的连接电缆不要除去防护帽,处理使用过的光纤时要注意,破碎纤维非常尖锐,可能会导致眼睛或皮肤损伤。图4-24为光纤使用的特殊警示标识。

图4-24   光纤使用的特殊警示标识

课题 4.3   无线传输的应用

城市轨道交通运营中的列车控制需要上下行低速数据业务,需要为其提供双向、连续、高可靠的车-地无线传输通信;乘客信息系统业务则以下行数据为主,向乘客提供各类信息及节目播放;车载视频监视系统业务则以上行数据传输为主,将列车实时监控图像上传到运营控制中心供调度指挥人员查看。所以,车-地之间的数据、图像、视频等业务需要实时性和高可靠性的无线传输通道。目前比较常用的城市轨道交通无线传输有无线局域网(Wireless Local Area Network,WLAN)技术和长期演进(Long Term Evolution,LTE)技术两种。

一、WLAN 技术的应用

1. WLAN 技术标准

WLAN 技术标准主要为 IEEE802.11(Institute of Electrical and Electronics Engineers,IEEE,电气与电子工程师协会)。这种标准主要分为 IEEE802.11b、IEEE802.11g、IEEE802.11n、IEEE802.11a、IEEE802.11ac、IEEE802.11ax、IEEE802.11be 等。不同的标准在使用期间存在不同优势,如表4-3所示。在城市轨道交通无线通信领域,IEEE802.11g 和 IEEE802.11n 应用得比较多,其次为 IEEE802.11a。IEEE802.11a 工作频率维持在 5.150GHz 频段,不重叠信道为 12 个,传输速率较高。使用期间,主要的调制传输技术为正交频分复用技术。为了在实现高传输速率情况下没有任何障碍,可以将接入距离降低30m或者50m。IEEE802.11b 的工作频率范围维持在 2.40GHz 频段,其中,含有 3 个不重叠信道,实现的共享速率比 IEEE802.11a 低。对于 IEEE802.11g,其工作频率范围维持在 2.400GHz 频段,具备较高的传输速率,与 IEEE802.11b 可以兼容。

不同标准 WLAN 对比   表4-3

名称	标准	发布年份(年)	频段	速率
Wi-Fi 1	802.11	1997	2.4GHz	2Mbps
Wi-Fi 2	802.11b	1999	2.4GHz	11Mbps

续上表

名称	标准	发布年份(年)	频段	速率
Wi-Fi 3	802.11a	1999	5GHz	54Mbps
	802.11g	2003	2.4GHz	54Mbps
Wi-Fi 4	802.11n	2009	2.4GHz/5GHz	600Mbps
Wi-Fi 5	802.11acWave1	2013	5GHz	1.3Gbps
Wi-Fi 6	802.11acWave2	2015	5GHz	3.47Gbps
	802.11ax	2019	2.4GHz/5GHz	10Gbps
Wi-Fi 7	IEEE802.11be	2022	2.4GHz/5GHz/6GHz	30Gbps

2. 车-地无线 WLAN 的组网方式

车-地无线 WLAN 的组网使用的是一种相互组合的结构方式,其中,组网期间所使用的设备主要为无线控制器、无线接入点、车载内部交换机等,在整个系统中,构建的组网方案是 IEEE802.11b、IEEE802.11g 标准的集合体现。车-地无线 WLAN 系统能够在运营控制中心、车载系统之间进行数据信息的有效传输,所以,在工作中需要将一套完整的无线管理系统应用到运营控制中心,保证该系统能够对车-地无线 WLAN 组网系统中存在的网络、设备、性能、相关配置等各个要素实现统一化管理,这一工作的执行是整个组网工作中最重要的。接着,还需要根据车-地无线信号的覆盖情况,沿着各个车站的通信机房,实现分布式数据接入交换单位的设置,促进车站无线视频交换。这样不仅能与列车车厢内的车载数据控制单元实现无线数据通信,还能优化工作。光纤收发器能够将 100M 光纤与车站无线视频的交换机相互连接,并利用传输系统将通道与运营控制中心无线控制器相互连接。在车-地无线 WLAN 组网系统中,运营控制中心、车站,都是视频监控与乘客信息系统之间的主要接口。

二、LTE 技术的应用

LTE 是 3G 的演进,是由第三代合作伙伴计划制定的全球通用标准。LTE 制式分为 FDD-LTE 和 TD-LTE,分别采用频分复用和时分复用技术。LTE 与 WiMax 一起被称作第四代移动宽带(4G)标准,由 2G(GSM,CDMA)、2.5G(EDGE/GPRS,CDMA2000)、3G(UMTS)演进而来。2018 年,中国城市轨道交通协会发布了《城市轨道交通车地综合通信系统(LTE-M)规范》,正式定义了地铁行业应用的 TD-LTE 规范,因此 TD-LTE 开始在地铁行业大规模应用,新建地铁线路信号系统车-地通信开始逐渐用 LTE-M 方案替代 WLAN 方案。LTE 车-地无线通信方案遵循 LTE-M 标准协议,采用 TD-LTE 标准,在 1.8GHz 专用频段(1785 ~ 1805MHz)进行车-地通信。

1. LTE-M 的优势

基于 WLAN 的无线通信网络存在使用公共频段信道有限,使用者多易受干扰,网络安全隐患大,列车在接入点(Access Point, AP)间频繁切换,易造成车-地通信中断,AP 设备多,管理难度大,维护难度大,覆盖距离短等问题。LTE-M 无线系统具有以下优势:

（1）专有频段,避免公众信号干扰。LTE 采用专有频段,与 Wi-Fi、蓝牙、公网等分开,避免各类公众无线信号干扰,确保经过干扰区域时车载业务正常和行车安全。

（2）专有技术,避免系统内部干扰。使用因特网中继聊天(Internet Relay Chat,IRC)、波束成形(Beamforming,BF)等技术避免同频干扰,解决 LTE 同频组网时邻区干扰。

（3）长距离覆盖,减少设备、简化维护。射频拉远单元(RRU)长距离覆盖,减少轨旁基站数量,隧道内设备大幅度减少,减少安装维护工作室内基带处理单元(BBU)部署,射频拉远单元则部署在车站靠近隧道处,维护检修方便,时间灵活选择。

（4）统一管理,远程集中监控。车载终端和地面基站、核心网在同一套网管上统一管理,车载终端根据网管的配置,定期或当事件触发时上报终端状态,支持对原始数据、表格历史数据导出操作,方便用户分析网络质量、定位等问题。

2. LTE-M 典型组网方式

LTE-M 系统在不同频段宽度下可提供的速率与发射功率、子帧配比、天线设置、调制方式等因素相关,典型的组网方式见表 4-4(A 网综合承载网、B 网仅 CBTC)。

典型 LTE-M 组网及承载业务　　　　　　　　　　　　　　表 4-4

序号	频率宽度	组网方式	可承载业务
1	5M	网络 A:3MHz	CBTC
		网络 B:1.4MHz	CBTC
2	10M	网络 A:5MHz	CBTC + 紧急文本 + 列车状态监控
		网络 B:3MHz/5MHz	CBTC
3	15M	网络 A:10MHz	CBTC + 紧急文本 + 列车状态监控 + 1 路标清 PIS + 1～2 路标清 CCTV + 集群
		网络 B:3MHz/5MHz	CBTC
4	20M	网络 A:10MHz	CBTC + 紧急文本 + 列车状态监控 + 1 路标清 PIS + 1～2 路标清 CCTV + 集群
		网络 B:5MHz/10MHz	CBTC

注:在实际组网中应考虑隔离频段。

LTE-M 系统在城市轨道交通中需要承载 CBTC、PIS 和 CCTV 业务,其网络结构如图 4-25 所示。

3. LTE-M 的漏缆覆盖

城市轨道交通运行区域存在不同的覆盖场景。车站站厅、设备区走廊等相对开阔区域宜采用全向天线进行覆盖,如图 4-26 所示。区间、联络线等狭长区域宜采用漏缆覆盖,如图 4-27 所示。

CBTC 业务涉及行车安全,对设备可靠性要求较高,所以区间 A、B 网漏缆一般采用分设方式。可在区间 A、B 网 RRU 连接区间漏缆前增设分合路设备,与车载终端的双接收天线形成下行 2×2 的 MIMO(多入多出)系统,如图 4-28 所示。系统通过在发射端和接收端分别使用多个发射天线和接收天线,充分利用无线信道的空间特性,提高信道的容量和可靠性,降低误码率。

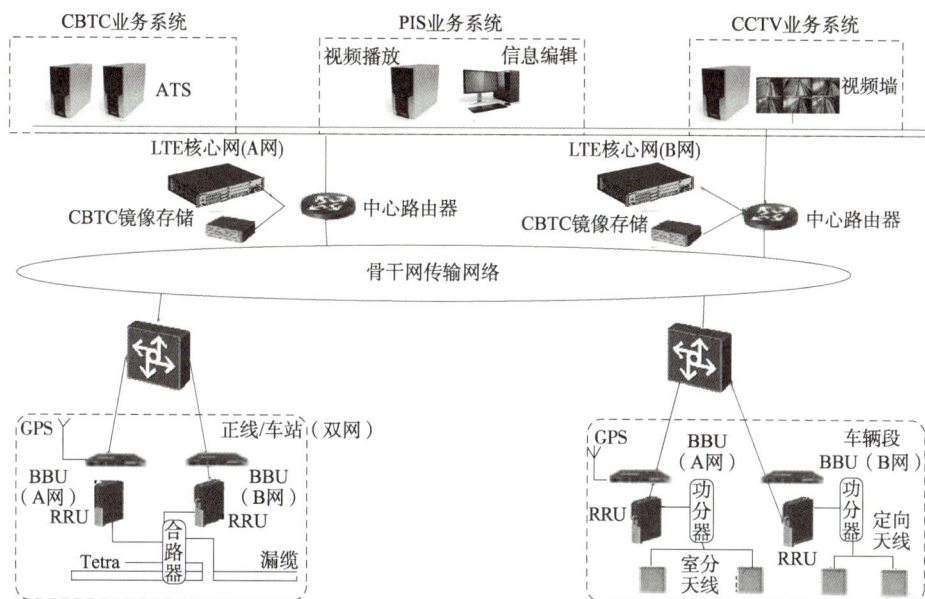

图4-25 LTE-M 网络结构

图4-26 全向天线

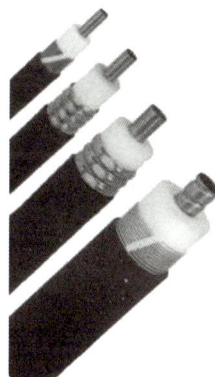

图4-27 漏缆

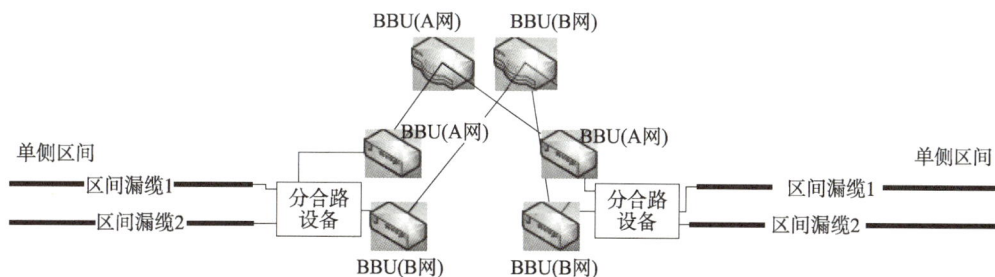

图4-28 漏缆连接示意图

课题4.4 时钟系统的应用

时钟系统为运营控制中心调度员、车站值班员、列车司机、各部门工作人员及乘客提供统一的标准时间信息,为城市轨道交通其他系统的中心设备提供统一的时间信号。时钟系统的设置对保证地铁运行计时准确、提高运营服务质量起到了重要作用。

一、时钟系统的构成

时钟系统采用运营控制中心与车站/车辆段2级组网方式。由运营控制中心一级母钟、车站/车辆段二级母钟、子钟和网管设备等组成,如图4-29所示。

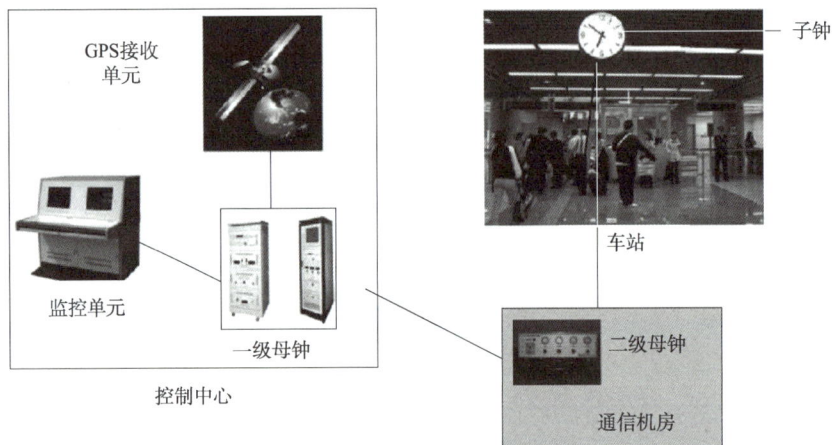

图4-29 时钟系统的构成

时钟系统一般采用卫星定位系统标准时间信息❶。运营控制中心一级母钟接收卫星定位系统时钟源信号或者接收来自TCC同步信号的标准时间信号,通过传输设备传送至车站/车辆段二级母钟,同时一级母钟内含主备用高稳晶振提供时间信号。

卫星定位系统的卫星分布使得在全球任何地方、任何时间都可观测到4颗以上的卫星,并能保持良好的定位解算精度。卫星都安装有四台原子钟,地面主控站能够以优于±5ns的精度,使卫星定位系统时间和协调世界时(UTC)之差保持在±1s以内。此外,卫星还向用户播发它自己的钟差、钟速和钟漂等时钟参数。利用卫星定位系统信号可以测得站址的精确位置,因此,卫星定位系统的卫星可以成为一种全球性的用户无限制的时间信号源,用于进行精确的时间比对。

卫星定位系统接收单元通过接收天线接收卫星信号,然后将卫星信号传送给微处理器

---

❶ 卫星定位系统主要包括我国自主研发的北斗卫星导航系统(Beidou Navigation Satellite System,BDS)、美国研发的全球定位系统(Global Positioning System,GPS)、俄罗斯研发的格洛纳斯卫星导航系统(GLONASS)、欧盟研发的伽利略卫星导航系统(GALILEO)。

计算出标准时钟,并通过外部接口,如串口或以太网口传送一级母钟,为一级母钟提供标准时钟信息,如图 4-30 所示。

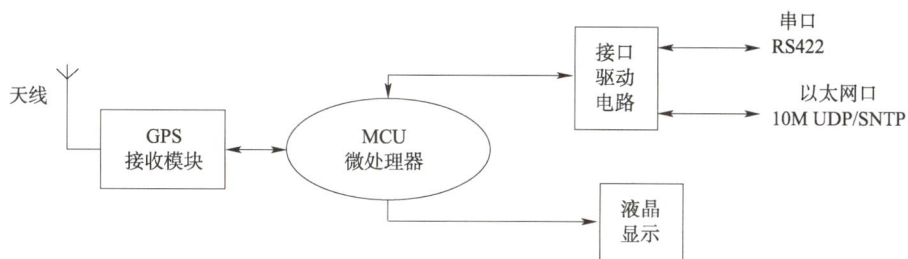

图 4-30　卫星定位系统接收单元

中心一级母钟在运营控制中心通过传输系统,以以太网接口与沿线各站、停车场的二级母钟通信,发送一级母钟的标准时间信号,并在运营控制中心采用以太网接口和 RS422 接口两种接口方式为其他通信各系统提供统一的时间信号,使各子系统设备与时钟系统同步,从而实现轨道交通全线执行统一的时间标准,如图 4-31 所示。监控单元设置于运营控制中心,与一级母钟相连,实时监控时钟系统主要设备运行状况。

图 4-31　中心一级母钟

二级母钟设于各车站、车辆段通信设备室内,用于接收一级母钟的校时信号,并驱动子钟,如图 4-32 所示。

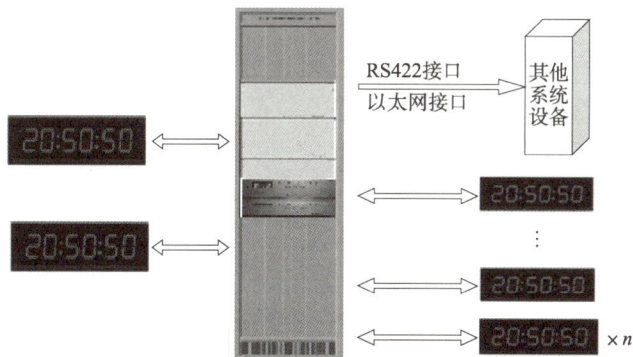

图 4-32　二级母钟

子钟设于运营控制中心调度大厅和各车站的站厅、站台、车站控制室、警务室、票务室、变电所控制室、站台门设备室、综合监控系统(ISCS)监控室、会议交(接)班室、站长室、站区长室及其他与行车有关的处所,并在车辆段信号楼运转室、值班员室、停车列检库、联合检修库等有关地点设置子钟,如图4-33所示。

图4-33 子钟

时钟系统网管设备设于运营控制中心通信网管中心,用于管理时钟系统,实时监测一级母钟、二级母钟的工作状态。当运营控制中心、车站、车辆段时钟设备故障时,一级母钟、二级母钟可实时将告警信号发送到运营控制中心时钟系统网管设备,如图4-34所示。

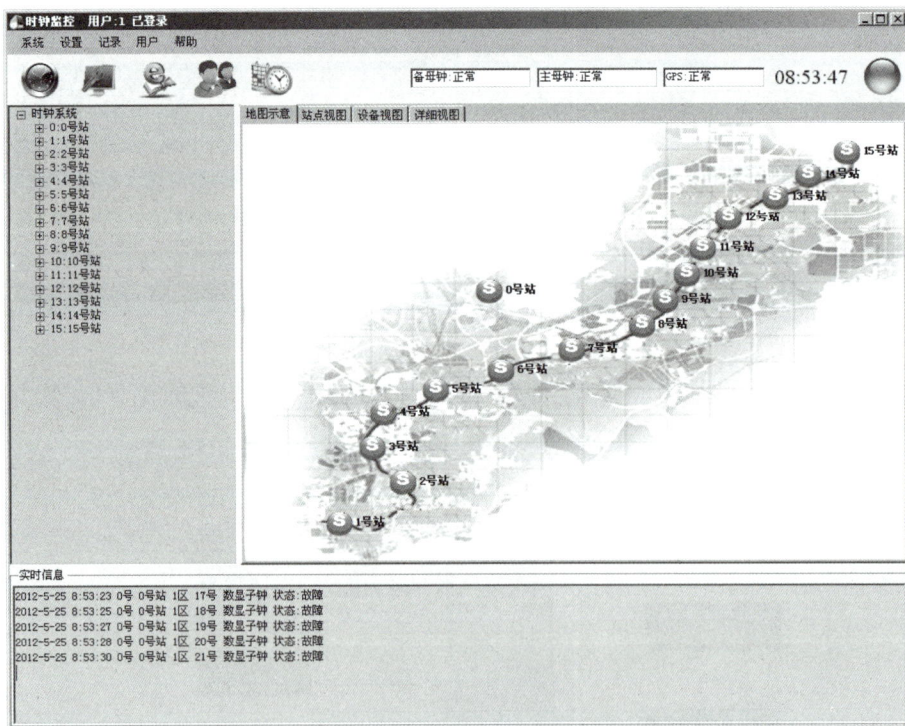

图4-34 时钟系统网管设备

目前部分城市设有城市轨道交通指挥中心(Traffic Command Center,TCC),运营控制中心一级母钟不再从卫星定位系统接收单元获得时钟源,而是从TCC总母钟接收时钟源,TCC总母钟从卫星定位系统接收单元获得时钟源。这样,时钟系统的构成框图如图4-35所示。

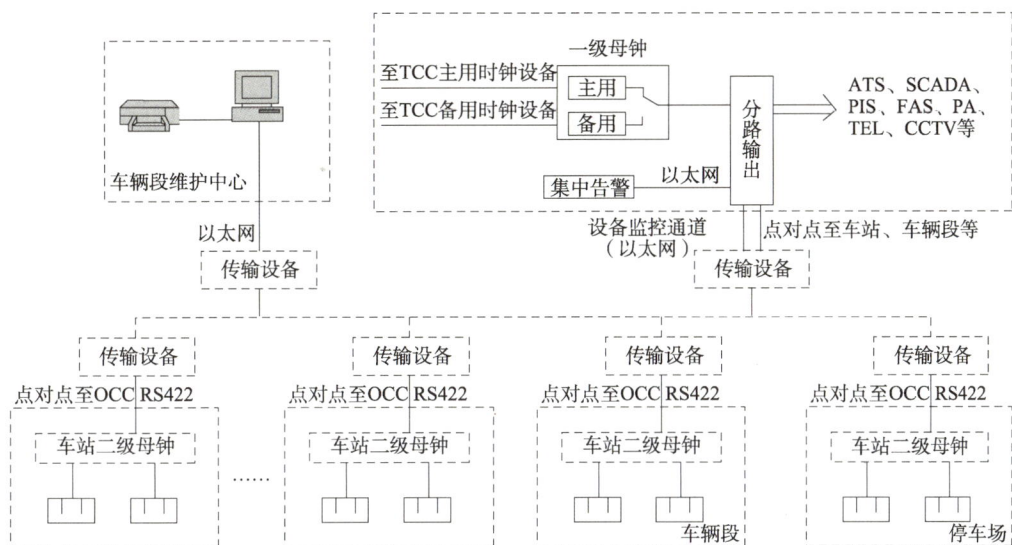

图 4-35 时钟系统的构成框图

二、时钟系统的功能

1. 中心一级母钟功能

在运营控制中心设置的一级母钟是整个时钟系统的中枢部分,其工作的稳定性很大程度上决定了整个系统的可靠性,因此一级母钟被设计为主、备机配置的双机系统模式,主、备机具有自检和互检功能,并且主、备机之间可实现自动或手动切换。

（1）中心一级母钟接收单元发送的标准时间信号。标准时间信号接收单元正常工作时,该信号将作为中心一级母钟的时间基准;外部所有的标准时间信号接收出现故障时,中心一级母钟将采用自身的高稳定晶振产生的时间信号作为时间基准,驱动二级母钟或自带子钟正常工作并向时钟系统网管设备发出告警或向运营控制中心集中告警。

（2）中心一级母钟能不间断地接收 TCC 母钟的标准时间信号,并对自身内部时钟进行自动校时,保持同步。当主用外部信号无效或中断后自动切换到备用外部信号上。

（3）中心一级母钟通过分路输出接口箱,采用以太网方式与传输子系统相连,通过数字传输系统向设置于各车站、停车场的二级母钟发送标准时间信号,统一校准各个二级母钟,并负责向运营控制中心的子钟提供标准时间信号。当二级母钟、子钟或传输通道出现故障时,能立即向时钟系统网管中心发出告警。

（4）中心一级母钟能够实时监测市电电网的频率波动情况,当频率波动过大时,可发出报警以提醒设备管理人员采取必要措施。

（5）中心一级母钟通过以太网接口与中心监控计算机相连,以实现对时钟系统主要设备和部件的监控。

（6）中心一级母钟设置多路标准的 RS422 子钟输出接口,连接运营控制中心的子钟,子钟输出接口为指针式和数字式通用接口,每路可带 20 个子钟。

（7）中心一级母钟提供标准的 RS422 接口及以太网接口,以便向其他系统提供标准时间信号。这些系统包括传输系统、公专合一电话系统、无线系统、广播系统、视频监视系统、列车自动监控系统(ATS)及电源监控系统、自动售检票系统、乘客信息系统、电源系统、火灾自动报警系统(Fire Alarm System,FAS)、综合监控系统(ISCS)(含 BAS 系统、SCADA 系统)、办公自动化系统以及其他需要统一时间的子系统,这些系统通过发送全时标时间信号,以实现各通信子系统时间的严格统一。

(8)中心一级母钟通过对主、备母钟工作状态的循环自检和互检,在发现故障时能够立即实现母钟主、备机的自动转换,平常主、备母钟也可以手动转换。

2. 二级母钟功能

二级母钟设置在各车站、停车场通信设备室内。为了保证系统的可靠性,二级母钟设置为主、备机模式。在正常情况下,主机工作,当出现故障时,自动转换到备用机上工作,提高系统的可靠性。

(1)二级母钟采用以太网接口,通过传输系统提供的数据传输通道与中心一级母钟相连。二级母钟通过数据传输通道接收一级母钟发出的标准时间信号,随时与一级母钟保持同步。车站二级母钟与中心母钟数据误差精度小于 10ms。

(2)带有年月日及时分秒显示,并有数字式多路输出接口。能够发送标准时间信号,控制驱动所在范围的子钟以及本站的其他系统。

(3)二级母钟通过 RS422 接口向所在区域的子钟发送标准时间信号,以实现对子钟时间显示精度的校准,同时接收子钟回送的工作状态信息,并能够向中心一级母钟回馈自身及所辖子钟的工作信息。

(4)二级母钟通过以太网接口接收中心一级母钟发送的信息来替换自身设备的毫秒计时;然后再依次校准分、时、日、月、年、星期等计时单元。

(5)二级母钟具有独立的高稳定晶振,中心一级母钟对二级母钟是校对的关系,而不是绝对的指挥关系,当中心一级母钟或数据传输通道出现故障时,二级母钟将依靠自身晶振产生的时间信号独立工作并指挥所辖子钟运行,并立即向时钟系统网管设备告警。

(6)二级母钟具有日期、时间显示功能,时间显示器以年、月、日、星期、时、分、秒格式显示。时间显示器平常显示日历和时间,所负载的子钟出现故障时,可以显示故障子钟的信息。

(7)二级母钟具有子钟分路输出接口,通过超五类屏蔽双绞软线连接本车站/停车场内各子钟。二级母钟与子钟采用标准 RS422 接口,采用直接电缆方式与所在区域的子钟相连接;二级配置标准 RS422 接口、8 路以太网接口,为其他系统提供统一标准时间信息。

(8)二级母钟的主备母钟具有软切换功能。二级母钟通过对主、备母钟工作状态的循环自检和互检,在发现故障时能够立即实现母钟主、备机的自动转换,平常主、备母钟也可以手动转换。

3. 子钟功能

子钟接收母钟发送的标准时间信号,对自身的精度进行校准,向工作人员及乘客直接指示时间信息。子钟在接收到标准时间信号后,向所属母钟回送自身的工作状态。

所有子钟均具有独立的计时功能,平时跟踪母钟工作。当母钟出现故障或因其他原因接收不到标准时间信号时,子钟仍能依靠自身晶振工作,并向时钟系统管理中心发出告警。

子钟具有故障告警功能,自身可发出可视告警信号(子钟显示格式为"时:分:秒"时,如果母钟与子钟的通信正常,"时"与"分"及"分"与"秒"之间的":"将不闪动;如果母钟与子钟之间的通信不正常,":"会不断地闪动。如果子钟显示格式为"时:分"时,则相反。母钟与子钟的通信正常时,"时"与"分"之间的":"将闪动,表示秒信号;母钟与子钟之间的通信不正常时,":"不会闪动),同时将故障告警信号送至二级母钟,二级母钟可以显示子钟的故障告警信息。二级母钟通过传输系统将告警信号送至一级母钟,由一级母钟将告警信号送至时钟系统网管设备,时钟系统网管设备显示子钟的告警信息。

数显子钟均采用高亮 LED 数码管显示,显示清晰醒目,色泽均匀,视觉柔和,显示字符边缘清晰,字体饱满;子钟均有时、分、秒显示;显示效果照度均匀无阴影,显示窗口不透出清晰的数码管;电源切换时可保证子钟不死机。

所有子钟均具有 12/24 制计时显示格式,也可以通过监控系统有选择地进行部分和全部子钟显示格式的定时切换。子钟的地址码均可通过拨动开关进行设置更改。

子钟由母钟统一供电。在每个母钟机柜内都配有一个电源分配箱,用于给母钟所负载的子钟提供电源。

4. 网管功能

在运营控制中心设置一套时钟系统网管设备,对全线时钟设备进行实时监控。监控界面采用全中文显示、下拉菜单模式,具有图形化的人机界面,具有优良的开放性和可扩充性,可以很方便地对需要显示的二级母钟和子钟数量进行更改;它通过以太网接口与一级母钟相连,具有集中维护功能和自诊断功能,可进行时钟系统一般的实时监控、配置管理、安全管理、故障管理。

(1)实时监控:能够监测全线时钟主要设备的运行状态,监视一级母钟、二级母钟、子钟、信号处理单元、标准信号接收单元等设备的运行数据、工作状态,并进行相应显示。

(2)配置管理:对车站站名、子钟地址等进行设置,可检验、调校中心一级母钟和二级母钟的自走时精度。

(3)安全管理:系统具有多级密码保护功能,非授权人员不能进入网管系统。

(4)故障管理:当时钟系统设备发生故障时,网管系统发出报警,并可在监控终端主界面上显示主要故障内容及设备位置;故障可定位到任一母钟、子钟;声音报警信号能通过手动操作消除。

三、时钟系统的控制模式

1. 中心控制运行模式

中心控制运行模式,是时钟系统正常状况的控制模式,此时一级母钟系统正常接收卫星定位系统信号,传送标准时间给二级母钟及其他需要时间信号的设备;当一级母钟不能正常接收卫星定位系统信号时,则通过自身高稳晶振运作提供时间信号给二级母钟等终端用户,以满足地铁运营的要求。此时各设备所接收的信号仍然来自一级母钟,只是这个时间信号并不是来自卫星定位系统,而是来自一级母钟的晶振。

2. 车站降级控制模式

当一级母钟不正常接收卫星定位系统信号且一级母钟出现故障不能向二级母钟传送时间信号时,则使用车站降级控制模式。此时由二级母钟自身的高稳晶振运作提供给子钟时间信号,但不给其他系统提供时间信号;当二级母钟出现故障时,子钟自行运作,继续向乘客提供时间显示。

项目实施与评估

任务 4.1　网线的制作

【任务目的】

掌握网线的制作。

【任务设备】

网线、网线钳、网线测试仪、水晶头。

【任务步骤】

(1)剥线。把双绞线的灰色保护层剥掉,可以利用压线钳的剪线刀口将线头剪齐,再将线头放入剥线专用的刀口,稍微用力握紧压线钳,慢慢旋转,让刀口划开双绞线的保护胶皮,如图 4-36 所示。

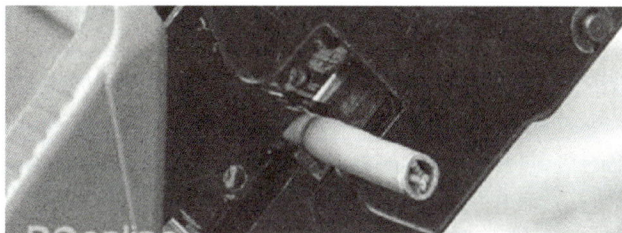

图 4-36　剥线

(2)排线。把几组线缆依次排列好并理顺。

双绞线的制作方式有 2 种国际标准,分别为 T568A 和 T568B,可以制作出直通线缆以及交叉线缆。简单地说,直通线缆就是水晶头两端都同时采用 T568A 标准或者 T568B 的接法;而交叉线缆则是水晶头一端采用 T586A 的标准制作;而另一端则采用 T568B 标准制作,如图 4-37 所示。

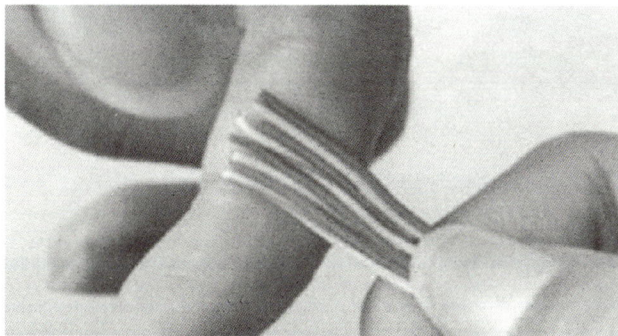

图 4-37　排线

T568A 标准描述的线序从左到右依次为:绿白-1,绿-2,橙白-3,蓝-4,蓝白-5,橙-6,棕白-7,棕-8;T568B 标准描述的线序从左到右依次为:橙白-1,橙-2,绿白-3,蓝-4,蓝白-5,绿-6,棕白-7,

棕-8。

交叉线和直连线使用的原则就是同种设备相连用交叉线,不同设备相连用直连线。如计算机对计算机就使用交叉线,路由器对计算机就使用直连线。

(3)剪线。利用压线钳的剪线刀口把线缆顶部裁剪整齐,保留的是去掉外层保护层的部分约 15mm,如图 4-38 所示。

(4)插线。把整理好的线缆插入水晶头内,如图 4-39 所示。

图 4-38　剪线　　　　　　　　　　　图 4-39　插线

(5)压线。确认无误之后把水晶头插入压线钳的 8P 槽内,用力握紧线钳,受力之后听到轻微的"啪"一声即可,如图 4-40 所示。

(6)测试。把在 RJ-45 两端的接口插入测试仪的 2 个接口之后,打开测试仪我们可以看到测试仪上的 2 组指示灯都在闪动。若测试的线缆为直通线缆的话,在测试仪上的 8 个指示灯应该依次为绿色闪过,证明了网线制作成功,可以顺利地完成数据的发送与接收。若测试的线缆为交叉线缆的话,其中一侧同样是依次由 1～8 闪动绿灯,而另外一侧则会根据 3、6、1、4、5、2、7、8 这样的顺序闪动绿灯。若出现任何一个灯为红灯或黄灯,都证明存在断路或者接触不良现象。此时最好先对两端水晶头再用网线钳压一次,再测,如果故障依旧,再检查一下两端芯线的排列顺序是否一样,如果不一样,则剪掉一端重新按另一端芯线排列顺序制作水晶头,如图 4-41 所示。

 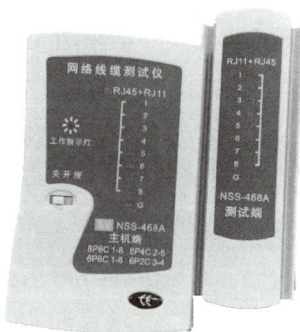

图 4-40　压线　　　　　　　　　　　图 4-41　测试

【任务评估】

班级		姓名		学号		日期	

任务目的
按照 T568A 或者 T568B 线序标准完成网线的制作。

任务	操作步骤与标准	总分	得分
1. 剥线	1. 把双绞线的灰色保护层剥掉,可以利用压线钳的剪线刀口将线头剪齐; 2. 将线头放入剥线专用的刀口,稍微用力握紧压线钳慢慢旋转,让刀口划开双绞线的保护胶皮	15	
2. 排线	1. 把几组线缆依次排列好并理顺; 2. 根据要求正确按照 T568A 或者 T568B 理线	25	
3. 剪线	1. 利用压线钳的剪线刀口把线缆顶部裁剪整齐; 2. 保留去掉外层保护层的部分约 15mm	10	
4. 插线	把整理好的线缆插入水晶头内	10	
5. 压线	1. 把水晶头插入压线钳的8P槽内; 2. 用力握紧压线钳,受力之后听到轻微的"啪"一声	10	
6. 测试	1. 把在RJ45两端的接口插入测试仪的两个接口; 2. 打开测试仪可以看到测试仪上的两组指示灯都在闪动	20	
7. 现场清理	操作完毕现场清理干净,无遗留	5	
8. 其他	线芯无损坏,压接牢固	5	
总得分			

任务反思与总结:

任务4.2 光纤的熔接和测试

【任务目的】

掌握光纤的熔接和测试。

【任务设备】

光纤熔接机、光纤工具箱(开缆工具、光纤切割刀、光纤剥离钳、凯弗拉线剪刀、斜口剪、酒精棉等)、螺丝刀、光纤配线架、光纤尾纤、耦合器、多模光缆、热缩套管。

【任务步骤】

(1)开剥光缆,并将光缆固定到接续盒内。在固定多束管层式光缆时由于要分层盘纤,各束管应依序放置,以免缠绞。将光缆穿入接续盒,固定钢丝时一定要压紧,不能有松动。否则,有可能造成光缆打滚纤芯。注意不要伤到管束,开剥长度取1m左右,用卫生纸将油膏擦拭干净。

(2)将光纤穿过热缩管。将不同管束、不同颜色的光纤分开,穿过热缩套管。剥去涂抹层的光缆,可以保护光纤接头。

(3)打开熔接机电源,选择合适的熔接方式。光纤熔接机的供电电源有直流和交流2种,要根据供电电流的种类来合理开关。每次使用熔接机前,应使熔接机在熔接环境中放置至少15min。根据光纤类型设置熔接参数、预放电时间及主放电时间等。如没有特殊情况,一般选择用自动熔接程序。在使用中和使用后要及时去除熔接机中的粉尘和光纤碎末,光纤熔接机如图4-42所示。

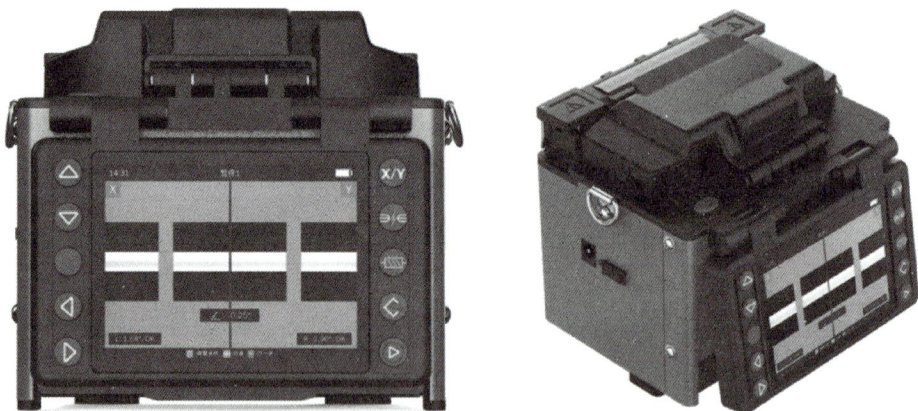

图4-42 光纤熔接机

(4)制作光纤端面。光纤端面制作的好坏将直接影响接续质量,所以在熔接前一定要做好合格的端面。

(5)裸纤的清洁。将棉花撕成平整的小块,蘸少许酒精,夹住已经剥覆的光纤,顺光纤轴向擦拭,用力要适度,每次要使用棉花的不同部位和层面,这样即可提高棉花利用率。

(6)裸纤的切割。首先清洁切刀和调整切刀位置,切刀的摆放要平稳,切割时,动作要自然、平稳,勿重、勿轻,避免断纤、斜角、毛刺及裂痕等不良端面产生。

（7）放置光纤。将光纤放在光纤熔接机的 V 形槽中,小心压上光纤压板和光纤夹具,要根据光纤切割长度设置光纤在压板中的位置,关上防风罩,按熔接键就可以自动完成熔接,在光纤熔接机显示屏上会显示估算的损耗值。

（8）移出光纤用熔接机加热炉加热。检查是否有气泡或者水珠,若有则要重做。

（9）盘纤并固定。科学的盘纤方法可以使光纤布局合理、附加损耗小,经得住时间和恶劣环境的考验,可以避免因积压造成的断纤现象。在盘纤时,盘纤的半径越大、弧度越大,整个线路的损耗就越小。所以,盘纤一定要保持一定半径,避免激光在纤芯中传输时,产生一些不必要的损耗。

（10）密封接续盒。野外接续盒一定要密封好。如果接续盒进水,由于光纤以及光纤熔接点长期浸泡在水中,可能会导致光纤衰减增大。

【任务评估】

班级		姓名		学号		日期	

任务目的

按要求完成光纤的熔接。

任务	操作步骤与标准	总分	得分
1. 光缆开剥	1. 开剥光缆,并将光缆固定到接续盒内; 2. 束管应依序放置,以免缠绞; 3. 将光缆穿入接续盒,固定钢丝压紧,无松动; 4. 不要伤到管束,开剥长度取 1m 左右,用卫生纸将油膏擦拭干净	20	
2. 光纤熔接	1. 光纤穿过热缩管; 2. 打开熔接机电源,选择合适的熔接方式; 3. 制作光纤端面; 4. 裸纤的清洁; 5. 裸纤的切割; 6. 放置光纤熔接; 7. 检查	40	
3. 盘纤密封	1. 盘纤并固定,盘纤布局合理,半径适中 2. 密封接续盒	15	
4. 光纤测试	熔接效果,0.03dB 以内得 20 分,0.04~0.5dB 得 15 分,0.5~1dB 得 10 分,1dB 以上得 5 分,断纤 0 分	20	
5. 现场清理	操作完毕现场清理干净,无遗留	5	
总得分			

任务反思与总结:

任务 4.3 时钟系统母钟的设置

【任务目的】

掌握时钟系统母钟面板认知和设置。

【任务设备】

时钟系统母钟。

【任务步骤】

1. 认识母钟面板（图 4-43）

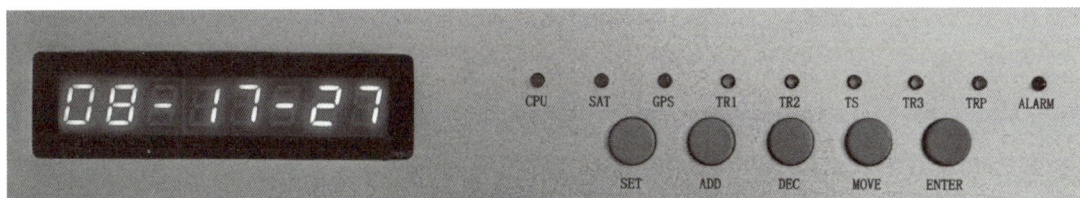

图 4-43　母钟面板

POWRE：电源指示灯。

Alarm：报警指示灯（亮为报警）。

TRP：与监控终端通信的指示灯（闪烁为通信）。

TR4：Txd4 发送 3 区标准时间信号指示；Rxd4 接收 3 区信号指示。

TR3：标准时间的输出指示灯（亮为输出）。

TR2：Txd2 发送本站 2 区信号指示；Rxd2 接收本站 2 区信号指示。

TR1：Txd1 发送本站 1 区子钟信号指示；Rxd1 接收本站 1 区子钟信号指示。

GPS：GPS 信号指示。

SAT：校时指示灯。

CPU：中央处理器工作状态指示。

2. 母钟的设置

（1）按 SET 一次后，显示并闪烁时位→ 88—88—88 。

（2）按 ADD 或 DEC ，输入标准的小时时间，显示并闪烁→ 88—88—88 。

（3）按 MOVE ，显示并闪烁分位→ 88—88—88 。

（4）按 ADD 或 DEC ，输入标准的分钟时间，显示并闪烁→ 88—88—88 。

（5）按 MOVE ，显示并闪烁秒位→ 88—88—88 。

（6）按 ADD 或 DEC ，输入标准的秒时间，显示并闪烁→ 88—88—88 。

（7）按 ENTER 存储设置的时间，显示→ 88—88—88 。

（8）若调整有误，请重新按（1）~（7）步骤调整。

【任务评估】

班级		姓名		学号		日期	

任务目的

时钟系统母钟面板认知和设置。

任务	操作步骤与标准	总分	得分
1. 说出母钟面板灯或者按钮的作用和当前状态	POWRE： Alarm： TRP： TR4： TR3： TR2： TR1： GPS： SAT： CPU：	50	
2. 母钟的设置	将母钟日期和时间设置为当前时间： 年、月、日、时、分、秒	50	
	总得分		

任务反思与总结：

项目拓展

5G 在城市轨道交通中的应用

5G,即第五代移动通信技术,是 5th Generation Mobile Communication Technology 的简称,是新一代的移动通信技术。5G 以其高速率、低时延和广连接特点成为未来实现人-机-物互联的网络基础设施。

城市轨道交通基于 5G 网络的高带宽特点,建立了车站与车站之间高速的通信线路,实现了关键的业务应用,如车载数据下载、车辆视频传输等。利用 5G 网络低时延技术,将人工智能与计算前置,实现对列车信号处理的实时管制,可为列车无人驾驶等新的应用提供支持。依托 5G 网络的广连接特性,对信号、通信、机电、供电等多个专业设备进行统一管理,实现了跨专业故障诊断、数据分析等创新应用。利用 5G 技术构建了一个综合性的平台结构,支撑运营、服务和维护三大智能场景,促进城市轨道交通安全、效率和服务的提高。

1. 基于 5G 网络的城市轨道交通智慧运营

基于 5G 大数据分析的客流发展,通过 5G 高带宽网络实现列车信号数据、列车称重数据、ARC 清分数据、监控视频数据和移动高清视频数据等多数据传输,通过数据分析技术进行数据汇总和综合分析,实现对站厅、站台的客流感知预警等动态分析应用。

基于 5G 高清视频技术分析客流疏导,根据车站及车站周边主要人群集散地不同,及时给出调整客流组织策略和行车组织计划的建议,高效率进行临时大客流的疏散,实现客流与列车的动态调整。通过掌握实时客流以及预测的大客流场景和列车动态运行情况,提前做好大客流应急预案,实现客流疏散引导等。

2. 基于 5G 网络的城市轨道交通智慧服务

基于 5G 的人工智能客服机器人,在城市轨道交通车站中建立基于视频咨询、人脸识别、语音识别、体感交互、物体识别、室内定位和导航等多种智能的强大人机交互能力的人工智能系统。在城市轨道交通车站 5G 覆盖区域安装不同业务的客服机器人,通过人脸识别技术、AI 技术等,实现对乘客的智能化服务。

基于 5G 技术的人工智能出行辅助系统,结合城市轨道交通线路数据、实时运营数据和历史数据,经分析处理后,为乘客提供前往目的地的最佳乘坐路径以及预测到达时间。

3. 基于 5G 技术的城市轨道交通智慧维护

基于 5G 网络的 AR 辅助车站巡检功能,利用 5G 大带宽和低时延的特点,通过高清视频系统为车站工作人员巡检工作提供支持,将第一视角高清视频等信息实时发送至车控指挥中心,大大提高了运营工作效率。

基于 5G 网络的辅助机器人巡检,利用城市轨道交通内设备巡查监控机器人可以通过随身携带多组件的高性能城市轨道交通监测器,对站内设备情况实行全面实时监控,无须额外布线,在有效降低城市轨道交通运营管理费用的同时,提高城市轨道交通运营商的管理水平。5G 高速的带宽检测网络系统支持自动化的检查检测机器人,用于检查隧道、电力设备和其他检测装置。

课后巩固

一、填空题

1. 传输系统由_____、_____、_____和网络管理系统组成。

2. 把基带信号变换成适合在信道中传输的信号,并在接收端进行反变换,这就是_____。正弦波调制有_____、_____和_____三种。

3. 无线通信的多址方式有_____、_____、_____和空分多址。

4. 双绞线分为_____和_____。

5. 同轴电缆由_____、_____、_____和护套组成。

二、选择题

1. 提高信息传输有效性的方式是(　　)。
   A. 信源编码　　　　B. 信道编码　　　　C. 信源解码　　　　D. 信道解码

2. 光纤通信利用的是光的(　　)原理。
   A. 折射　　　　　　B. 全反射　　　　　C. 反射　　　　　　D. 以上都有

3. 适用于长距离传输的是(　　)。
   A. 单模光纤　　　　B. 多模光纤　　　　C. 双绞线　　　　　D. 同轴电缆

4. 可以同时进行双向传输,同时讲话的是(　　)。
   A. 单工　　　　　　B. 双工　　　　　　C. 半双工　　　　　D. 半单工

5.【多选】正常情况下时钟系统采用(　　)。
   A. 卫星定位系统标准时钟　　　　　　B. 一级母钟信号
   C. 二级母钟信号　　　　　　　　　　D. 子钟自身信号

6.【多选】电缆外导体的作用是(　　)。
   A. 回路导体　　　　B. 保护内导体　　　C. 屏蔽作用　　　　D. 提高强度

7.【多选】时钟系统的功能是(　　)。
   A. 保证运营准时　　　　　　　　　　B. 服务乘客
   C. 统一全线设备标准时间　　　　　　D. 以上都不是

三、简述题

1. 简述串行通信和并行通信的过程及优缺点。

2. 简述进行基带调制的原因和方法。

3. 简述环形传输结构的特点和可靠性保证的方法。

4. 光纤安全使用需要注意什么?

5. 简述 LTE-M 在城市轨道交通信号系统中的优势。

6. 简述时钟系统中心级控制模式。

城市轨道交通语音通信系统应用

项目说明

城市轨道交通诸多运营场景中需要工作人员之间或者工作人员与乘客之间进行沟通，而语音沟通是最快捷、最可靠的方式之一。城市轨道交通设置了固定工作人员之间的公务电话和专用电话系统，固定工作人员与移动工作人员之间、移动工作人员与移动人员之间的无线通信系统，以及工作人员对办公区工作人员和乘客的广播系统。

学习目标

◇ **知识目标**

1. 掌握公务电话系统的组网。
2. 掌握专用电话的种类及其使用。
3. 掌握录音设备的使用方式。
4. 掌握集群和专用通信方式的特点。
5. 掌握无线通信系统的结构。
6. 掌握广播系统的作用和结构。
7. 掌握广播系统的控制。

◇ **能力目标**

1. 会使用公务电话完成呼入、呼出和电话会议。
2. 会使用专用调度电话完成调度员和车站值班员的呼叫和接听。
3. 会使用无线通信电话完成单呼、组呼、全呼，实现调度命令的发布和接收。
4. 会根据需要进行广播区和广播词等的选择并完成广播任务。

◇ **素质目标**

1. 通过电话和无线系统的应用，锻炼良好的沟通能力。
2. 通过使用广播系统注重加强责任心与专注力。

◇ **建议学时**

8 课时

项目准备

课题5.1 电话系统的应用

电话系统为城市轨道交通的管理、运营和维修人员提供语音服务。电话系统主要分为公务电话系统和专用电话系统。目前部分新建地铁线路采用公务、专用电话系统合并设计的方案,构成一个统一的公务、专用合一的电话交换系统,在同一个运营控制中心进行运营操作与管理,即公务、专用电话系统软、硬件分别设置,具有功能独立、运营独立、管理维护独立等系统隔离特性。但公务电话和专用电话系统又处在同一个交换平台上,共享电话交换机公共部件,共享中继链路和网络管理系统。

一、公务电话系统的构成

公务电话相当于企业的内部电话网,其核心是程控数字交换机,再通过中继线路与城市市话网相连,实现城市轨道交通内部对外通话,程控数字交换机的分机分布在城市轨道交通的各办公管理部门、运营控制中心、车站、设备室等需要通话的区域。公务电话系统主要用于地铁内部各部门之间的电话联系,为地铁的运营、管理、维修等部门的工作人员提供服务。公务电话系统能与轨道交通指挥中心公务电话交换机连接,实现地铁内部各线间的电话互通;地铁公务电话系统能与公用电话网连接,实现地铁用户与公网用户间的通信。

公务电话系统主要由设置于运营控制中心的程控数字交换机、停车场备用程控数字交换机、车站程控数字交换机、网络系统、电话终端和计费系统构成,通过传输系统提供的2Mb/s通道相连,构成公务电话交换网,如图5-1所示。

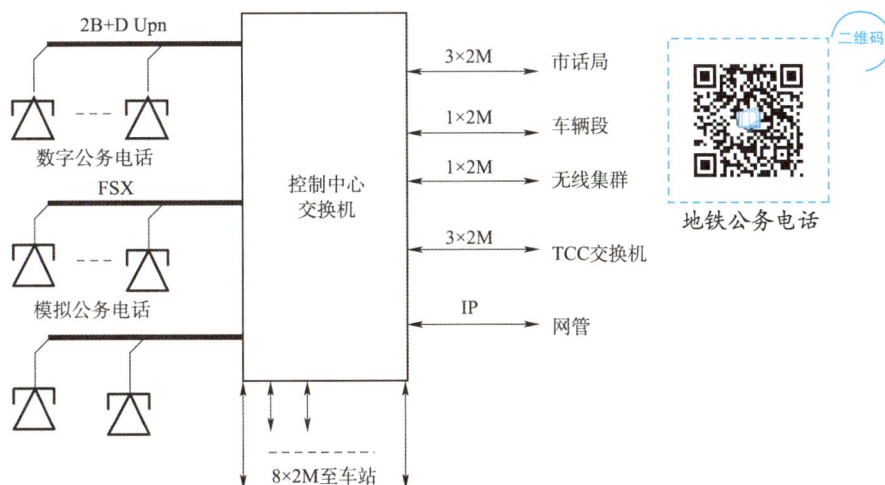

图5-1 公务电话交换网

交换网络的基本功能是根据用户的呼叫要求,通过控制部分的接续命令,建立主叫与被叫用户间的连接通路。目前主要采用由电子开关阵列构成的空分交换网络和由存储器等电路构成的时分接续网络。

1. 程控数字交换机

程控数字交换机是公务电话的核心,它实质上是一部由计算机软件控制的数字通信交换机,按用途可分为市话、长话和用户自动交换机。交换机在硬件上采用全模块化结构,提供高集成度、高可靠性、高功能、低成本的硬件产品;软件上采用高级语言,具有多种为数据交换和连接而设计的系统软件,功能强大。

程控数字交换机的主要任务是实现用户间通话的接续。基本划分为2大部分:话路设备和控制设备。话路设备主要包括各种接口电路(如用户线接口和中继线接口电路等)和交换(或接续)网络;控制设备在纵横制交换机中主要包括标志器与记发器,而在程控数字交换机中,控制设备则为电子计算机,包括中央处理器(CPU)、存储器和输入/输出设备,如图5-2所示。

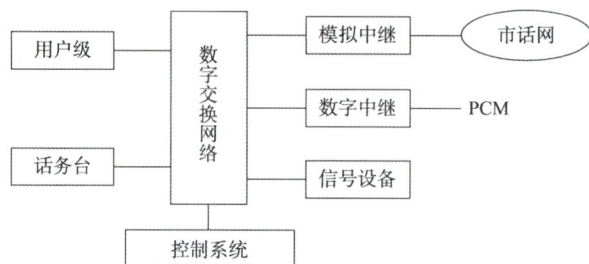

图 5-2　程控数字交换机的结构

用户电路的作用是实现各种用户线与交换之间的连接,通常又称为用户线接口电路。根据交换机制式和应用环境的不同,用户电路也有多种类型,对于程控数字交换机,目前主要有与模拟话机连接的模拟用户线电路及与数字话机、数据终端(或终端适配器)连接的数字用户线电路。

出入中继器是中继线与交换网络间的接口电路,用于交换机中继线的连接。它的功能和电路所用的交换系统的制式及局间中继线信号方式有密切的关系。对模拟中继接口单元,其作为实现模拟中继线与交换网络的接口,基本功能一般有发送与接收表示中继线状态(如示闲、占用、应答、释放等)的线路信号,转发与接收代表被叫号码的记发器信号,供给通话电源和信号音,向控制设备提供所接收的线路信号。

数字中继线接口单元的作用是实现数字中继线与数字交换网络之间的接口,它通过 PCM 有关时隙传送中继线信令,完成类似于模拟中继器所应承担的基本功能。但由于数字中继线传送的是 PCM 群路数字信号,因而它具有数字通信的一些特殊问题,如帧同步、时钟恢复、码型交换、信令插入与提取等,即要解决信号传送、同步与信令配合3个方面的连接问题。

控制部分是程控数字交换机的核心,其主要任务是根据外部用户与内部维护管理的要求,执行存储程序和各种命令,以控制相应硬件实现交换及管理功能。

程控数字交换机控制设备的主体是微处理器,通常按其配置与控制工作方式的不同,可分为集中控制和分散控制2类。为了更好地适应软硬件模块化的要求,提高处理能力及增强系统的灵活性与可靠性,目前程控交换系统的分散控制程度日趋提高,已广泛采用部分或完全分布式控制方式。

程控数字交换机的优越性能够提供许多新的用户服务功能,如缩位拨号、来电显示、定时叫醒、呼叫转移等业务,不再是单一的语音业务。可以通过故障诊断程序对故障进行检测和定位,在发生故障时迅速及时处理,因此它在维护管理上和可靠性上具有优越性。为满足交换机外部条件的需要,增加的新业务往往只改变软件(程序和数据)即可。

2. 公务电话网络系统

在城市轨道交通中,为满足对内和对外的语音通信的需求,提高城市轨道交通人员的信息沟通、运营管理和维修组织的效率,提供便捷的语音通话,公务电话系统采用专网建设。

城市轨道交通电话的分布决定了网络结构的特点,考虑程控电话网络的设计需要,程控电话网络的用户线路距离短、通话质量高、用户线路传输衰耗小、可靠性高,程控电话交换网络采用环形网络结构,如图5-3所示。

图中公务电话系统由3台用户程控数字交换机通过传输系统以环形网络构成。其优点是当任意2台交换机间线路中断,可通过迂回传输线保持通话,以保证网络的可靠性,并且采用同一厂家设备组成同类网使终端之间的连接采用相同方式。

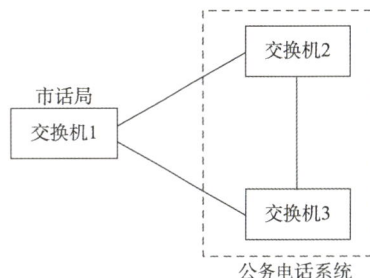

图5-3 环形电话网络

各车站通过传输系统节点实现话路集中分配,两交换机间使用2M数字中继,本网和市话局采用全自动呼出呼入方式,本网出局采用直接进入电话局程控数字交换机,入局则由电话机程控数字交换机选组直接接出。

3. 公务电话

公务电话一般使用普通电话机、多功能电话机、数字电话机等(图5-4),都具备双音多频(Dual Tone Multi-frequency,DTMF)按键、留言显示灯、响灯,有重拨和来电显示等功能。

a)   b)

图5-4 公务电话使用的多功能电话机

二、公务电话系统的功能

公务电话完成城市轨道交通内部语音通信,需要具备以下功能:

1. 交换功能

(1)内部呼叫及出入局呼叫,网内用户之间呼叫,采用直拨用户5位内部号码的方式。

(2)对市话局的自动呼入、呼出,国内、国际长途,人工、自动呼入、呼出,以及话费立即通知等功能,市话呼入采用8位市话号码直入方式,市话呼出显示8位市话号码。

(3)"119"(火警)、"110"(匪警)、"120"(救护)特种业务呼叫自动转移至市话局的"119""110""120"等特种业务呼叫上。全线公务电话用户直接拨打"119"(火警)、"110"

(匪警)、"120"(救护)等特种业务号码,直接连接到市话局的特种业务上。

(4)通过停车场交换机及运营控制中心(通过 TCC 交换机转接)出入市话。一般全线市话接入设置在停车场主交换系统上,全线各站及运营控制中心节点用户通过停车场交换机出入市话。

2. 计费功能

对用户开展网内、网外、国内、国际长途各种业务,按时间分段进行分类实时计费,应留有定期和脱机计费功能。计费系统能存储1年以上话单。

3. 多方通话功能

公务电话交换机配置有多方会议系统,该会议功能支持全线用户参与。在各车站及运营控制中心分别配置有多方电话会议系统,每个节点交换机都可以同时召开独立的电话会议。这样的配置可充分满足用户对多方电话会议功能的需求。

4. 服务功能

(1)公务交换系统具有综合业务数字网(Integrated Services Digital Network,ISDN)交换能力,具有数字接口,能与分组交换网连接,具有向宽带 ISDN 过渡性能。

(2)公务交换系统提供语音邮箱,存储时间不小于 200 小时。

(3)公务交换系统提供虚拟网功能,实现多交换机虚拟专网服务,全线车站、运营控制中心及停车场交换机形成虚拟专网,共享服务功能。

(4)数字程控公务电话交换系统能接入模拟和数字式电话,并支持传真机、调制解调器等通信终端设备接入,具有自动判别用户传真、数据等非话业务的功能,并能保证此类业务接续的连续性而不被其他呼叫插入或中断。

(5)数字程控公务电话交换系统采用 2M 数字中继接口与 TCC 等外部系统进行数字式连接,提供全自动组网功能,在地铁全网中可联系其他地铁线用户实现 5 位直拨功能,使授权的无线便携台用户能够全自动与公务电话用户实现通话接续。具备与公网分组交换网相连的条件,数字程控公务电话交换系统 IP 网关中继卡板提供 10/100M 的以太网接口,顺应通信技术发展的潮流,IP 网关中继卡板支持会话初始协议(Session Initiation Protocol,SIP)、媒体网关控制协议(Media Gateway Control Protocol,MGCP),基于高速 IP 通道可承载语音、视频、数据、广播、会议等。

公务电话所提供的服务功能,见表 5-1。

公务电话所提供的服务功能　　　　表 5-1

序号	服务功能	序号	服务功能	序号	服务功能
1	缩位拨号	6	三方通话	11	会议电话呼叫
2	热线服务	7	叫醒服务	12	优先分机插入
3	呼出限制	8	遇忙回叫	13	强插
4	主叫号码显示	9	恶意呼叫追查	14	预先录音通告
5	无条件呼叫前转	10	呼叫等待	15	语音邮箱

(6)分机热线功能。可以设置当用户摘机不拨号时,延时一段时间后立即自动转接至指

定用户。延时时间间隔可以根据用户需求进行灵活的调整。

（7）话务台功能。可实现自动查号、语音查号、呼叫转接，根据话务台要求支持中文显示。

（8）维护管理功能。网管系统能够满足复杂、大型网络的管理需求，系统具有灵活的扩充能力，可以适应需求多变的环境。一套网管能对本系统（包括运营控制中心、车辆段及各车站交换机）进行集中维护和统一管理，同时要考虑到对既有线和新建线的统一管理，以及与相关网管系统的互联，以充分共享资源，提高管理效率。

网管系统支持全网数据共享。系统应采用统一的数据库，所有的数据均在后台数据库中统一进行管理、在网络上实现共享。

（9）时间同步功能。能接收时钟系统中心母钟提供的标准时间信息，校准本系统内所有需要时间信息的设备。时钟系统的接口为 RS422 或 RJ45，时间信息格式由时钟系统厂商提供。

三、专用电话的构成

专用电话系统是调度员和车站、车辆段值班员指挥列车运行和下达调度命令的重要通信工具，是为列车运营、电力供应、日常维修、防灾救护、票务管理提供指挥手段的专用通信系统。

根据地铁企业运营需要和业务性质，专用电话系统包括调度电话、站内电话、站间电话（又称闭塞电话）、专用维修电话。

调度电话，主要是为列车运营、电力供应、防灾救护、票务管理等提供可靠的指挥手段，它包括行车调度台、电力调度台、防灾/环控调度台。站内电话，是用于车站（段）值班员利用本系统与站（段）内重要部门用户直接进行通话的专用通信设备。站间电话，是用于车站值班员与相邻车站（段）值班员直接进行通话的专用通信设备。站内、站间电话功能应采用专用调度系统的车站分系统实现。专用维修电话，是为相应系统及段、场提供直通电话业务的专用通信设备。

专用电话系统由主用运营控制中心系统、停车场备用运营控制中心系统和车站系统等独立节点组成。

专用电话运营控制中心系统由主系统、调度台、录音设备，以及车站的分系统、值班台、调度分机、站内电话分机、区间电话机等构成，如图5-5所示。

主用运营控制中心和备用运营控制中心专用电话主系统与各车站专用电话分系统之间通过2M 数字中继通道采用星形方式连接，各车站分系统至主、备运营控制中心主系统各设1 个2M 通道，两个专用电话主系统之间采用2 个2M 通道相连，当车站分系统连接主系统的1 个中继发生故障时，可通过两个主系统间的中继通道进行迂回处理，保证通话需求。

主用运营控制中心因出现紧急情况不能使用时，备用运营控制中心主系统可通过传输系统提供的通道与各车站分系统保持通信，此时备用运营控制中心调度通信设备能完成主用运营控制中心主系统所有的调度通信功能。

车站分系统之间通过主干高抗干扰电缆（30P）连接，可实现备用站间的电话功能。

1. 专用电话主系统

专用电话主系统采用标准机柜，插箱式结构设计，单系统分为控制层和扩展层两种插箱，用户容量超过控制层能力时增加扩展层。

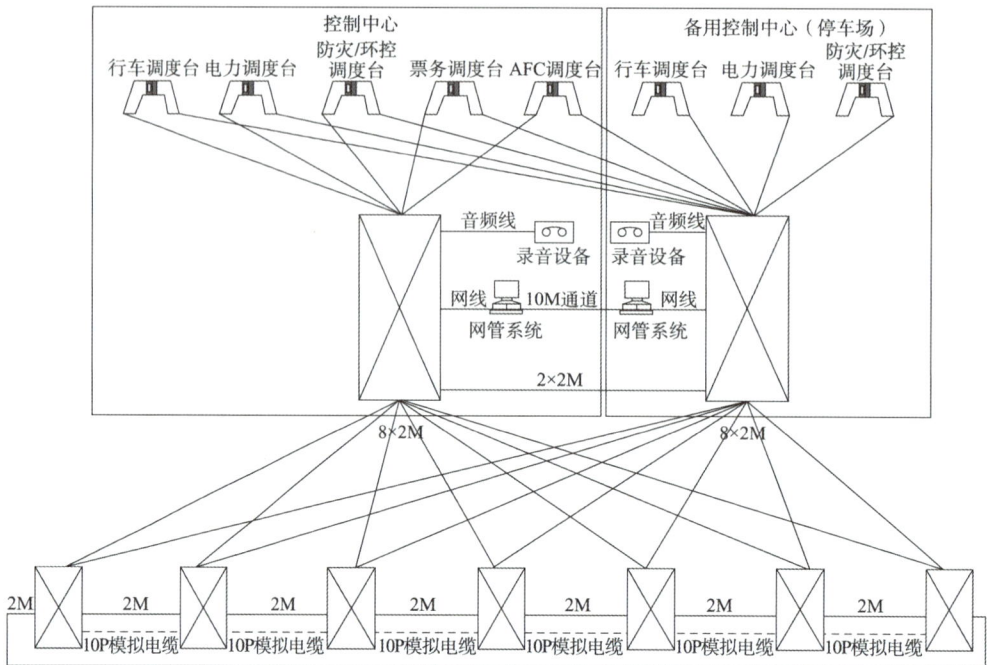

图 5-5 专用电话的构成

专用电话主系统包括主控板(图 5-6)、扩展板、驱动板、数字中继板、E1 数字用户板、接口板、铃流板等。

图 5-6 主系统主控板

2. 调度台

调度台是调度电话的核心,由具有交换功能的交换机组成,设置在运营控制中心,为调度人员提供专用的通信服务。城市轨道交通中一般设置行车调度台、电力调度台、维修调度台、环控调度台、公安调度台等。

调度机硬件上与程控数字交换机相同,只是功能上有比较大的区别。交换机是为广大公众服务的,用户之间是平等的,而调度机的服务对象是一个有严格上下级关系的群体;调度台在调度系统中处于核心地位,调度机是为调度台服务的,而交换机的话务台只是完成来话转接；调度台在紧急情况下要求快速接通，调度台的操作要求简单，如"一键通"等，而交换机需要一方一方地拨号呼出。

调度台选叫某一分机时，选叫信号同时通过传输线送往各个分机，但只有相应被选的分机才能接通总机而振铃。分机振铃后，拿起话柄按下送话按钮便可对总机讲话。此时，总机如处在受话状态可直接听到分机的应答。总机呼叫分机时分机振铃 3 次无应答则自动断线，在分机上留有来电信息，分机呼叫主机时自动接通。

调度台配置在运营控制中心，有传统的按键式调度台和基于个人计算机（Personal Computer，PC）屏幕的触屏调度台。

（1）传统的按键式调度台。

按键式调度台，有的调度台提供互相独立的双手柄，可由 2 个调度员共用 1 个调度台进行调度。调度台可单键完成单呼、固定组呼及全呼功能，并有会议功能，能对分机进行任意的编组呼叫；调度台配置有液晶显示屏，用以显示时间、引导操作提示、来话信息、通话信息等。调度台一般有热线键、拨号键和功能键，热线键的一个热键对应一个用户、一组用户或全部用户，可以实现"一键通"；拨号键和传统的电话号盘一样，可在热键损坏时拨出电话号码或拨出外线电话；功能键有通话保持、重拨、免提、翻页等，如图 5-7 所示。

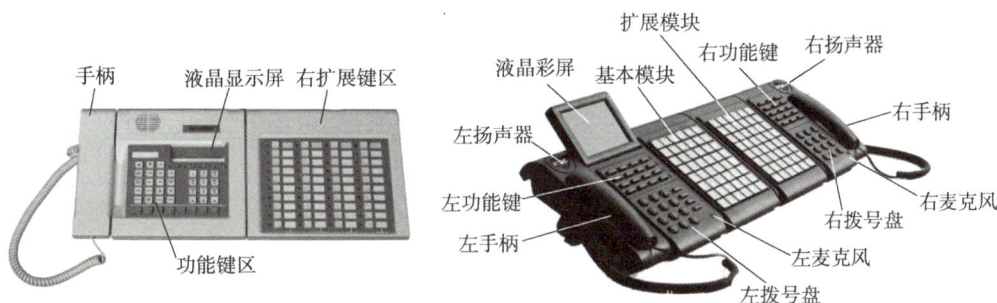

图 5-7 按键式调度台

（2）基于 PC 屏幕的触屏调度台。

基于 PC 屏幕的触屏调度台，在 PC 机中加入调度台应用软件，外接扬声器和电话手柄等。软件调度台可通过改进软件和增加摄像头而组成多媒体调度台，提供可视调度电话，如图 5-8 所示。

3. 录音设备

录音设备应确保地铁运营控制中心调度员与车站运营人员之间调度指令和安全指令的正确保存，可对每个话路进行录音、监听、回放及识别来电号码，并运用信息化、网络化的技术，为地铁调度提供现代化的管理手段，提高管理部门信息的收集、处理能力，联动及反应能力，为各级管理人员提供准确、及时的分析数据，提高管理的工作效率。

录音设备采用运营控制中心综合设备室的集中录音方式，采用带各种接口的双机热备数码式录音设备。在运营控制中心综合设备室设置集中录音设备网管服务器和录音查询终端，车辆段通信信号车间设置集中录音设备远程维护网管终端。各车站、车辆段（含综合基地）和停车场需录音的电话（含公务、专用、无线电话）和广播语音通过 PCM 音频通道上传至运营控制中心,进行集中录音。集中录音,如图 5-9 所示。

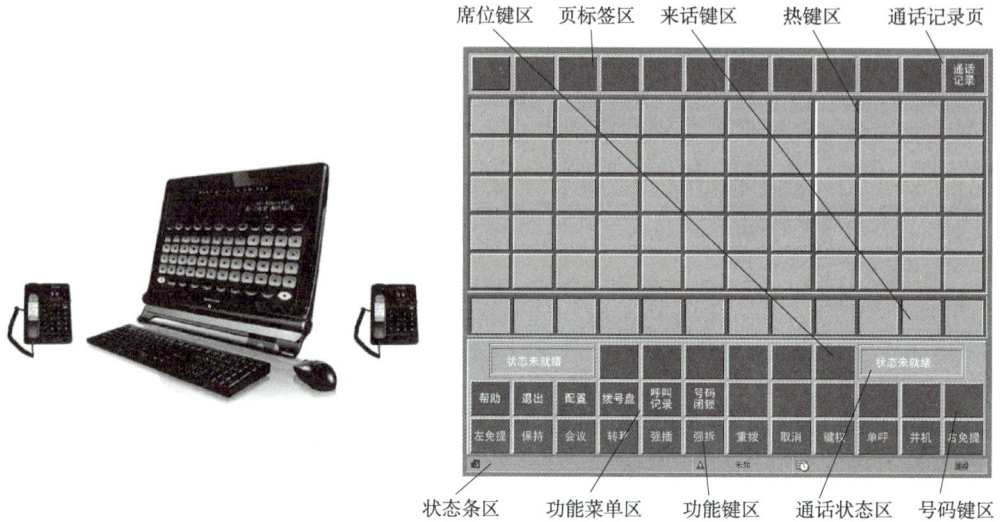

图 5-8 基于 PC 屏幕的触屏调度台

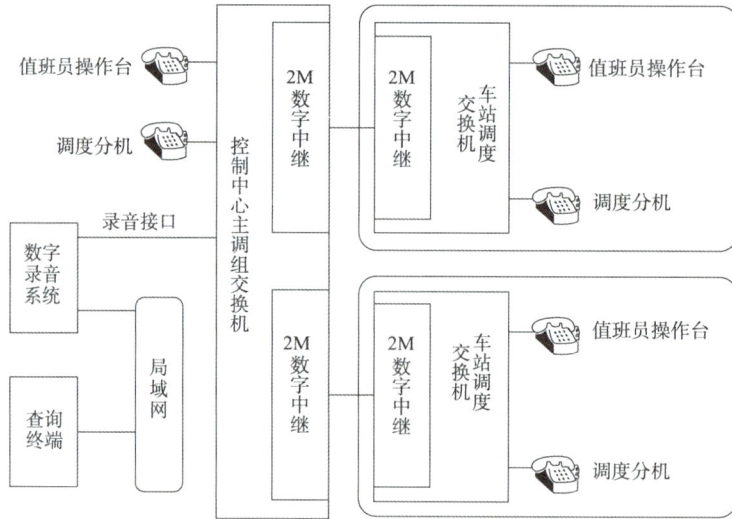

图 5-9 集中录音

录音设备虽然是通信系统中一个独立的系统,但是它和电话系统关系密切。电话系统特别是调度电话都有录音设备接口,以实现对调度员与分机、调度员与调度员之间的通话录音。

录音设备应具有录音、监听、通话统计、分级密码管理、来电显示等功能,可对各个录音节点录音数据的快速查询回放,集中录音设备与时钟系统定时进行校时服务,确保录音记录与实际时间的一致性。

录音设备应能提供 24h、365d 不间断录音服务,应能保存 3 个月数据记录,并可外置储存。数字式集中录音设备具有多路实时录音功能,实时录音记录,以便随时重放通信实况。录音设备应可靠性高,复原度高,保密性好,不可删改,查询方便。数字集中录音设备应为双机热备份,在故障情况下可自动转换,并具有手动转换功能;录音设备须满足多信道同时 24h

不间断录音、不漏录的要求。在维护人员进行查询、监听或维护操作时，不影响设备正常录音功能；对录音设备查询、检索、监听、输出录音须使用分级密码权限管理，以方便对录音的管理。

4. 调度分机

调度分机配置在车辆段和各车站，通常采用普通话机或数字话机，如图5-10所示。调度总机与分机间点对点连接，分机接到中心调度员的选叫时铃响，业务员拿起话机手柄按下送话按钮即可与调度员通话；分机若呼叫总机，摘机后无须按键即可直接接通总机，分机设有单工通话按钮和紧急呼叫键。

图5-10　调度分机

5. 站内和区间电话分机

在车站内的站厅、站台、售票厅、客服中心和站控室等不同的工作地点，工作人员通常会通信频繁，若通过公务电话会加重公务电话交换机和传输系统的负荷；此外，拨号连接的方式也不适合站内通信，所以在车站内部应配置相对独立的电话交换系统。

站内电话可以用普通拨号方式建立连接，各分机与车站值班台采用热线通话方式，分机间的通话由车站值班室转接，热线方式比较常用；还有延时热线方式，分机摘机后等待5s不拨号即呼叫车站值班室，若摘机后5s内拨了其他号码则与其他分机通话。

站内电话可提供车站内部人员的直接通话和本站值班员与相邻车站或大区间值班员的双向热线通话，同时也能使乘客或车站工作人员在紧急情况下使用紧急电话。

站内电话由车站电话交换机、车站值班台和电话分机组成。车站电话交换机通常采用小型程控数字交换机实现，与公务电话交换机相连；车站值班台设在车站控制室，供值班人员使用，一般用数字电话实现。电话分机，站内用户用普通电话机连接，一般一个车站有几十门分机。

站间电话是供相邻车站值班员之间联系的直通电话，也称闭塞电话。行车电话机的双方任何一方摘机即可与对方通话；站间行车电话通话范围局限于两个车站值班员之间，不允许越站通话。如图5-11所示，站间电话可直接呼叫上行或下行车站值班员。站间电话具有紧急呼叫邻站及邻站呼入显示功能，站间电话不得出现占线（优先级高于站内直通电话）或通道被其他用户占用等情况。

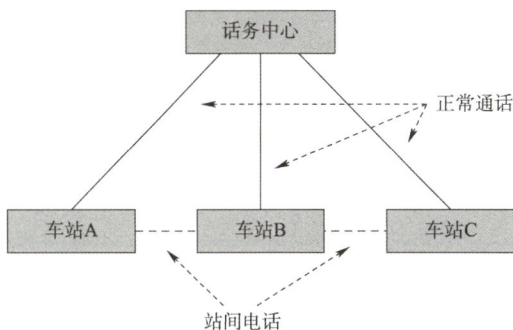

图5-11　站间电话

区间电话是为系统运营和维护及应急需要，安装在隧道里的电话，它是列车司机和维修人员在紧急情况下及时联系车站及相关部门的一种电话。轨旁电话由轨旁电缆连接于站内交换机;轨旁电话机具有抗冲击性和防潮等特性,区间内 150～200m 安装一部轨旁电话,3～4 部轨旁电话机并接使用同一号码,并且用多部电话交叉配置的方式以增加其可靠性。轨旁电话可同时接听站内电话和公务电话,通过插座或开关实现号码转换,如图 5-12 所示。

a)   b)

图 5-12　轨旁电话

四、专用电话的功能

专用电话完成城市轨道交通运营的语音通信,需要具备以下功能。

1. 调度功能

(1)调度台与调度分机可以实现优先通话或无阻塞通话。

(2)调度员可利用按键或摘机,呼叫或应答某个被调用户;也可同时呼叫或应答多个被调用户。

(3)调度员可以通过监听、插话或强插,实现对被调用户通话状态的干预。必要时可以直接催挂,甚至强行插除其正在进行的通话。

(4)调度员可通过紧急呼叫方式,以长振铃急呼被调用户,并可用此功能启动广播呼叫系统,广播寻找被调用户。

(5)调度员可根据预先设置的分组用户进行组呼,按下组呼键一次性呼出该组所有的用户,实现对多个被调用户的通信。有的调度机可以进行全呼,即一次呼出所有的被调用户。

(6)调度员可以召集多方的大、小型电话会议。调度员可预先设置和编辑多个会议组及其参加成员,根据会议组编号一次呼出所有参加会议的成员,亦可召开全部被调用户的大型会议。调度员可以在会议过程中临时指定某个被调用户加入/退出会议,并可在会议过程中指定某个(或多个)被调用户发言。

2. 自动交换功能

以下的自动交换功能不需要全部具备,可根据实际需求有所增减:

(1)调度员与被调用户之间、调度用户与调度用户之间、调度用户与外线之间均可直接拨号。可根据用户服务等级限拨外线或长途通话等。

(2)能实现调度用户之间的呼叫、调度用户呼叫外线、外线呼叫调度用户,必要时可经调度台人工转接。

(3)当调度机与市话交换机的中继以 El 连接时,占用市话的号码资源。公共电话网用户可直接拨叫调度用户;调度用户亦可直接拨叫外线。

3. 中继组网功能

调度机具有中继组网功能。调度机的中继组网功能如下:

（1）调度机具有数字、模拟兼容的组网能力。配备数字、环路、微波、特高频等中继接口，可组成模拟或数字调度专网。

（2）多台数字调度机可以互联，组成无级或多级的自动数字调度网。

（3）调度机配置有标准的 E1 接口，可以直接与传输系统的 E1 接口相连接，通过传输系统中 PCM 一次群链路的传输，可以实现中继线或用户线的延伸。

（4）某些具有组网能力的调度机，可按用户组网需求设置中继汇接或迂回功能，以确保调度专网的安全与畅通。

（5）不同设备制造商所生产的调度机要求有标准的中继与用户接口，便于不同制造商生产的调度机互联组网。

4. 显示、终端功能

（1）调度机可配接 2B + D 数字终端，可直接进行数传。有时，指定的某些 2B + D 数字终端既是上级调度台的调度用户，又具有二级调度台功能，可以对指定区域的调度用户进行区域调度。

（2）调度机可配接会议终端设备，会议终端设备配备有微音器和扬声器。要求该设备具有回音抑制功能，以避免扬声器与微音器之间的声音回授产生啸叫。

（3）调度系统在噪声过大的环境中可配接抗噪声扩音终端，以组成抗噪声通信系统。

（4）调度机可配套使用扩音指令终端，实现自动扩音指令通信。

（5）调度台显示屏可显示用户状态、中继状态、会议状态、引导操作提示、键盘自检等。按键（按键上的发光二极管或可编程字符）可显示对应用户的状态。

5. 维护、测试功能

为提高设备可靠性和方便维护、测试人员的工作，调度系统具有下列维护、测试功能：

（1）可以通过计算机维护终端，采用人机交互（MMI）进行用户、中继、业务、配置等数据的设置或修改。还可采用人工或自动方式，对各种电路板、中继接口电路、用户接口电路以及外线等进行测试、诊断，自动判定并显示故障电路板或电路。

（2）为提高设备可靠性，不少调度机公共部分冗余热备，设备能自动监测，故障时自动切换；为保证备用部分正常工作，可定期自动切换。

（3）配置热备份一次和二次电源系统。当市电中断时，能自动切换至直流后备电源供电以保证通信的畅通。

6. 特殊功能

（1）计算机显示功能。除了调度台显示外，增设计算机显示功能，以显示调度系统的工作状态，例如：调度用户忙闲、中继忙闲、绳路忙闲、呼叫调度员的调度分机号或外线号、通话起止时间等。

（2）与移动通信接续功能。可利用计算机选发或群发移动短信；故障情况下可自动呼叫相关维护人员的手机。

（3）有线、无线用户的连接功能。某些调度机通过用户或中继接口可以连接无线基站，调度员可通过调度台直接呼叫无线用户。有线、无线通信分机之间，可通过拨号进行通话。

（4）录音功能。调度机配置有录音接口，可以接续录音、录时设备，人工或自动地录音、录时调度通话,并可复录再存档。

课题5.2 无线通信系统的应用

无线通信系统是地铁固定用户与移动用户之间、移动用户与移动用户之间可靠的通信手段,对于确保行车安全、提高运营效率和管理水平、改善服务质量、应对突发事件提供了重要保证。

地铁无线通信不仅需要满足运营本身所需的列车无线通信和车辆段无线通信,还需要根据地铁运营管理的实际情况满足管理所需的必要的调度通信,如日常维修的维修调度无线通信、紧急情况下防灾调度无线通信以及必要的站务无线通信等。

一、无线集群

城市轨道交通无线通信系统按频段分为专用频道和无线集群方式两种。

专用频道方式是根据用途配置频道,有多少用途就有多少频道。移动通信系统使用的频道是固定的,一旦用户选择了某信道,那么它的通话就只能在这一信道上进行,每种频道只作一种用途,空闲也不作他用。

无线集群方式是所有用途共用一个频道或多个频道。根据需要临时分配、设置一个控制频道和若干通话频道,通话频道数目少于用途数,平时移动台接受中心控制并向中心返回信息,通话时由中心分配通话频道,结束后自动返回。

无线集群方式按照动态信道指配的方式实现多用户共享多信道,与专用频道方式相比有以下优点:

①共用频率:将原来配给各部门专有的频率加以集中管理,供各家共用;

②共用设施:由于频率共用,就有可能将各家分建的运营控制中心和基站等设施集中合建、共同管理;

③共享覆盖区:可将各家邻近覆盖区的网络互联起来,从而获得更大的覆盖区;

④共享通信业务:可利用网络有组织地发送各种专业信息为大家服务;

⑤改善服务:由于多信道共用,可调剂余缺、集中建网,可加强管理、维修,因此提高了服务等级,增加了系统功能;

⑥分担费用:共同建网可以大大降低机房、电源等建网投资,减少运营维护人员,并可分摊费用。

总之,无线集群通信系统是共享资源、分担费用,向用户提供优良服务的多用途、高效能而又廉价的先进无线通信系统。

二、无线通信系统的构成

无线通信系统由运营控制中心设备、车站设备、移动台设备及无线覆盖等组成(图5-13)。

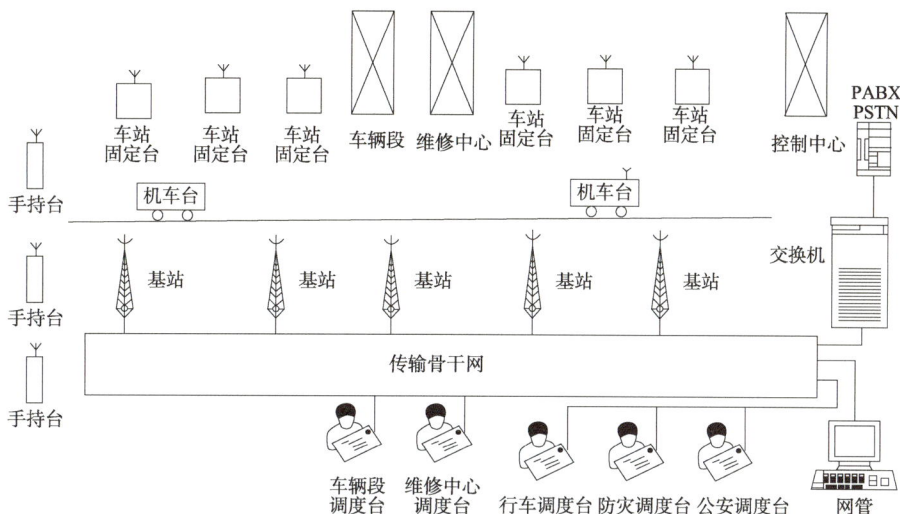

图 5-13　无线调度系统

车辆段设备,主要由双载频数字集群基站、车辆段远端调度台、固定台、天线等组成。线路区间设备,主要包括直放站、漏缆等。

1. 运营控制中心设备

运营控制中心设备有调度台、网管及配套设备,可以满足运营的需求。下边主要介绍调度台和网管。

(1)调度台。

调度台设备由基于调度计算机的调度终端组成,如图 5-14 所示。调度员通过调度台能呼叫本部门移动用户,并具有最高优先权,无线通信系统的四台调度台分别由行车调度员、防灾调度员、维修调度员、车辆段调度员值守。行车调度员通话权限仅限于车载电台、固定电台、部分有权限的手持台;维修调度员通话权限仅限于维修作业人员,同时具有行车调度台通话功能和修改列车位置的管理功能;防灾调度员通话权限仅限于本部门移动作业人员;车辆段调度员通话权限仅限于车辆段内移动台。

图 5-14　调度台

(2)网管。

网管可为用户提供不同的图形用户界面,网管终端可以位于主站或远端站。网管终端通过以太网接口连接到中心无线设备机柜内的以太网交换机上。网管具有故障管理、配置管理、统计管理、性能管理、安全管理,以及对无线通信系统实现资源管理和用户控制等功能。

2. 车站设备

车站设备,主要由双载频基站、车站值班员固定台、车站广播台等设备组成。

（1）双载波基站。

双载波基站提供无线覆盖、空中信令、空中数据传输等业务。

（2）固定台。

固定台与调度子系统配合工作向车站值班人员提供满足城市轨道交通无线通信子系统需求的专门调度和通话功能。如图 5-15 所示,固定台加装固定台控制盒、电源变换电路及附属设备,提高了无线用户终端的语音、数据通信、信息显示能力和对车站工作环境的适应能力。固定台安装在车站值班室,能使车站值班员轻松接入无线系统。

图 5-15　固定台

（3）车站广播台。

车站广播台与广播系统的接口(数据和音频),用于手持台向广播系统发送数据信息,同时广播系统在接收信息后,打开相应的音频通道给无线系统,在优先级允许的状态下,对相应的上下行站台进行广播。

3. 移动台设备

移动台设备包括车载台和手持台。

（1）车载台。

无线通信系统在每列电客车的车头和车尾及轨道车驾驶室内各设置车载台一个,车载台控制盒是列车司机操作的人机界面,实现列车司机与运营控制中心调度员/车站(车辆段)值班员之间的呼叫、状态报告的发送和接收以及数据传输,如图 5-16 所示。

（2）手持台。

无线通信系统配置一定数量的手持台,实现车站工作人员或者移动作业人员与车站值班员或控制信息调度员之间联系,如图 5-17 所示。

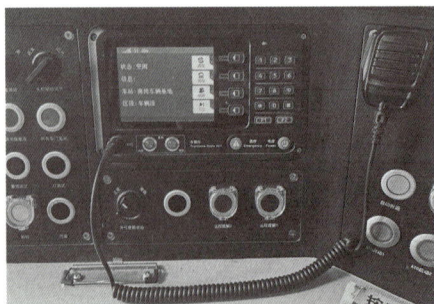 

图 5-16　车载台　　　　　　　图 5-17　手持台

4. 无线覆盖

无线覆盖采用多基站小区制方式,如图 5-18 所示。在全线各车站及车辆段设置双载频无线集群基站,完成对全线车站、车辆段区间的无线场强覆盖。

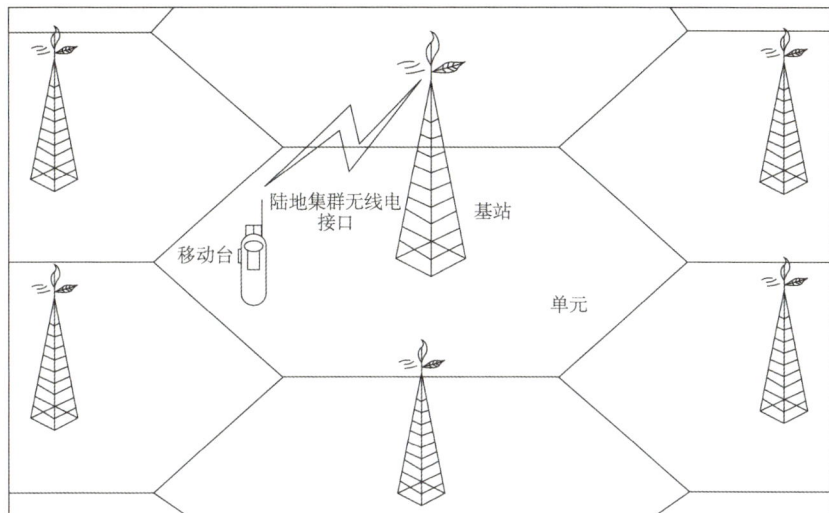

图 5-18 多基站小区

无线通信系统场强应覆盖地铁的全部范围,包括双正线区间以及车辆段与正线的出入线,车辆段内地面的整个区域包括信号楼、维修基地、办公楼、停车列检库等,还应覆盖全线车站各车站站台、站厅、出入口、安全/消防通道、设备用房及办公用房区域。

无线通信系统在隧道区间采用漏缆方式进行覆盖,每条隧道敷设 1 条漏缆,漏缆敷设在隧道顶或者弱电侧上部,地下区间车站站台借助隧道漏缆覆盖。车站的站厅、办公区域采用无源小天线加射频电缆的方式进行覆盖,收发天线共用。车辆段设置无线通信系统天线,采用全向天线用于车辆段内的场强覆盖。

电波在隧道中传输很困难,它被隧道墙壁很快吸收,从而使电波的传输衰耗大大增加,限制了通信距离。据有关试验表明,隧道中传播电波的频率越高,衰耗越小,例如在长3000m、宽80m、高4m的隧道中,在 153MHz 和 300MHz 的频率上,传播的衰减速度分别为40dB/300m 和 20dB/300m。为了解决电磁波在隧道中传输的问题,通常采用沿隧道敷设波导线的方法,电磁波沿着波导线传播,从而减少传播衰耗。最常用的波导线是漏泄同轴电缆(图 5-19)。

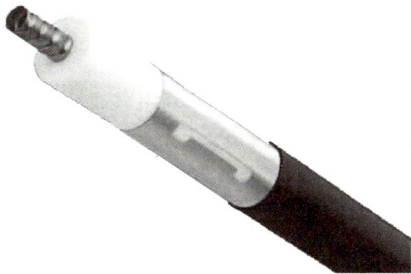

图 5-19 漏泄同轴电缆

漏泄同轴电缆,外导体为皱纹铝管,内导体是铝管或软铜轴线单线,并在外导体沿纵向周期性设置具有电波漏泄作用的槽孔,使电缆内的电磁能的一部分作为电波均匀地向外辐射。

当在漏泄同轴电缆的内外导体加上信号电压,内外导体会有电流。在未开槽孔的地方,电流在外导体表面沿电缆轴向流动,内部磁场与轴向垂直;在开槽孔的地方,电流分解为槽孔长度方向和与槽孔垂直方向2部分,磁场也为2部分。槽孔长度方向的电流,因为槽孔很窄,电流几乎不泄漏,与槽孔垂直的电流分布大乱,磁场大量泄漏;电流为交流时,泄漏到外面的磁场产生电场,成为辐射电磁波波源。

三、无线通信系统的功能

地铁无线通信系统的用户应包括运营控制中心行车调度员;沿线各站的车站值班员、站内移动值班人员,以及运行线路上的列车司机;运营控制中心环控调度员、线路和车站内的相关移动人员;运营控制中心维修调度员、线路和车站内的移动维修人员;车辆段值班员、车辆段内列车司机、列检,以及车辆段移动工作人员等。无线通信系统的功能如下。

1. 通话功能

无线通信系统具备以下用户之间的通话功能:

(1)运营控制中心调度员与在线列车司机之间的通话;

(2)车站值班员与在线列车之间,车站值班员与站内移动值班人员之间的通话;

(3)列车司机之间的通话;

(4)运营控制中心防灾/环控调度员与相关移动人员之间,相关移动人员与相关移动人员之间的通话;

(5)运营控制中心维修调度员与移动维修作业人员之间,移动维修作业人员与移动维修作业人员之间的通话;

(6)车辆段值班员与车辆段内列车司机之间的通话;

(7)车辆段值班员与车辆段内持便携电台人员之间的通话;

(8)车辆段内持便携电台作业人员之间的通话;

(9)公务电话用户与专用无线通信用户之间的通话;

(10)不同组成员之间通话(通过调度台转接);

(11)运营控制中心调度员对在线列车的广播。

2. 呼叫功能

无线通信系统具备以下各种呼叫功能。

(1)通播组呼叫。

本部门的调度员向所管辖的全体成员(多组组员)发起呼叫,被呼叫的成员无须手动转组即能自动纳入通播组的通话中,此呼叫为双向通信。

(2)单呼。

移动、固定用户和调度台间能进行一对一的选择呼叫,移动用户间能进行一对一的选择呼叫。

(3)组呼(半双工)。

向预先定义的通话组用户发起一点对多点的呼叫。

（4）紧急呼叫。

当移动用户对调度台发起紧急呼叫而系统资源被全部占用时,系统将中断权限为最低级的用户通话,并向发起紧急呼叫的用户立刻分配信道资源。被呼叫的移动台将给出相应提示,并伴有特殊音响。

移动台允许对相应的调度台发起紧急呼叫,也允许对通话组发起紧急呼叫,呼叫目的地号码能在系统侧设置。

（5）电话互联呼叫（全双工）。

公务电话用户向被授权的移动用户或者被授权移动用户向公务电话用户发起呼叫。

（6）车组号呼叫。

运营控制中心调度员、车站值班员在调度台上能利用车组号呼叫运行列车(列车车组号固定)。

（7）车次号呼叫。

运营控制中心调度员、车站值班员利用车次号呼叫运行列车(列车车次号每次运行变化)。

（8）站管区呼叫。

车站值班员呼叫本站管区的列车移动用户,处于站管区内的列车移动用户呼叫该站管区车站的行车值班员。

3. 数据传送功能

无线通信系统具备以下数据传送功能:

（1）状态信息传送。

无线通信系统的移动用户和调度员之间能发送预先设置的状态信息。

（2）短数据信息传送。

移动用户之间、移动用户与调度员之间能进行双向数据信息传送(含简体中文短数据)。

（3）分组数据传送。

车载电台与调度台之间能传送分组数据,车载电台接收来自运营控制中心的分组数据,并具备向列车内相关显示设备的输出功能。

（4）数据承载。

无线通信系统具备数据承载功能,能具备数据库调阅、文本信息与图像文件传送等方面的功能,满足通过便携电台数传接口及外置终端将静态图像传送到运营控制中心的需求。

4. 故障弱化功能

无线通信系统具备以下故障弱化功能:

（1）单站集群。

无线通信系统支持单站集群的工作模式,当基站和运营控制中心设备之间的线路连接出现故障时,基站自动进入单站集群工作模式,一旦连接恢复正常,基站自动返回正常集群模式;在单站集群模式下,基站能为其服务区内的用户提供登记和组呼功能,在组呼模式下支持紧急呼叫、迟后接入、呼叫方显示等功能。

（2）脱网直通功能。

移动用户能脱离集群系统网络,构成移动用户之间的脱网直通,此功能仅限于手持便携电台应用。

5. 系统管理功能

无线通信系统有以下系统管理功能：

（1）系统配置管理。

无线通信系统的系统管理员根据业务需要能对系统的结构配置、网络配置及参数配置进行管理,在进行系统配置管理的过程中不得中断对应的业务。

（2）用户管理。

无线通信系统的系统管理员能进行系统用户的管理,包括建立、修改、删除系统数据库的用户信息,用户接入时监视用户的数据,并对用户设备进行管理(包括编组设置,系统等级、功能的设定等)。

用户管理的内容包括用户基本数据管理、基本业务数据管理、补充业务管理、用户位置和群(组)管理等。

（3）移动台遥毙/激活。

无线通信系统的系统管理员能远端关闭和开启移动台。

（4）统计报告。

用户的配置报告包括系统内以单呼、组呼、互相呼等方式进行统计的报告及系统内每一信道的使用状态报告等。

（5）故障管理。

无线通信系统能对系统内的设备(包括运营控制中心的控制及网络设备、基站设备等)进行故障检测报警和管理。

（6）自诊断功能。

无线通信系统须具备自诊断功能,能在运营控制中心的网管终端上对数字集群交换机、基站等设备进行远程在线的测试与诊断,测试及诊断能达到板卡级。

6. 时钟同步功能

系统接收运营控制中心时钟系统一级母钟发出的时间同步信号,并同步无线通信系统的调度台,集中告警终端的时间。

7. 录音功能

与专用电话相似,无线系统通话需要被录音,所以无线通信系统行车调度员的所有通话均需要被录音,无线通信系统具有录音接口,列车司机能对行车调度员的语音命令进行录音,并能回放,录音时长不少于60min。

四、无线通信系统的呼叫方式

1. 调度台与移动台间的呼叫

（1）调度台单呼下属移动台。

在调度台终端人机界面上选中该移动台的名称,系统即将其转变为用户的无线标识号,经中心交换机处理后传输到用户注册的基站,经泄漏电缆或天线发射出去;移动台接收到控制信号后与自身标识号做比较,若比较一致可确定自己为调度台呼叫用户,则控制移动台振铃,用户按压通话键即可建立通话。

(2)调度台组呼下属移动台。

调度台向下属移动台发起组呼,被呼组内用户不经振铃与任何操作,可直接收听调度员讲话或同组其他用户(按下 PTT 开关)讲话。

(3)移动台呼叫调度台。

有两种方式,一种是移动台直接单呼调度台;另一种是以数据传送方式向调度台发出呼叫请求短消息,调度台收到短消息后再回叫该移动台,操作与上述操作一致。

2. 手持台之间的呼叫

(1)本组内的组呼。

移动台的组选择旋钮选择在本组组号位置,按下 PTT 开关即可发起组呼,本组其他用户无须任何操作,即可听到组呼发起者的讲话。

(2)呼叫另一组用户。

把移动台组选择旋钮调到对方组号位置,按下 PTT 开关即可发起组呼,对方组用户同样无须操作即可收听,实现此种通话的前提是本机应先设置好对方组号。

(3)监听其他组用户的呼叫。

保持在本组组号旋钮位置,利用扫描功能可监听到其他组用户的呼叫,前提是移动台先设置好扫描功能。

3. 移动台单呼移动台

当移动台单呼另一移动台时,若两移动台拥有私密通信的权限,则直接拨出对方 ID 号,或利用提前编写好的对方别名发出呼叫,都可完成单呼。

4. 车载台与车站用户间的呼叫

(1)车载台呼叫车站用户。

车载台呼叫车站用户(包括车站固定台和车站内手持台)可有三种方式:

①车载台单呼车站固定台。

②采用组呼方式,提前编制好通话组,需要通话时,把车载台的组选择旋钮调到要呼叫的车站组位置,按下 PTT 开关即可通话。

③把线上所有车站台编为一组,在所有车载台上都设置好此通话组的组号,不需要呼叫车站台时调至自身通话组,当需要和车站固定台通话时将选择旋钮调至该组号位置。这种方式有一缺点,即当发生呼叫时,车载台会把线上所有车站固定台都呼叫到,从而影响无关车站的正常工作。

(2)车站用户呼叫车载台。

车站用户(包括车站固定台和车站内手持台)呼叫车载台主要有两种方式:

①将所有车载台编为一个通话组,在所有车站固定台和手持台上都设置好此通话组组号,当不需要呼叫车载台时调至自身通话组,当需要呼叫车载台时将选择旋钮调至该组号位置。当发生呼叫时会造成所有车载台都被呼叫到,影响无关车载台的正常工作。

②将所有车载台编为一个通话组,车载台设优先监视功能,所有车载台都设置通话组扫描功能,并在所有车站固定台和手持台上都设置好车载台通话组组号。当车站需呼叫列车

时先选择此组旋钮,按 PTT 开关呼叫,车载台监听到呼叫后,退出当前呼叫组转向扫描功能接受呼叫。此种方式因扫描功能只在该站点的所有业务信道上扫描,所以只影响本基站范围内的列车车载台,是城市轨道交通中应用的首选方式。

五、TETRA 数字集群通信系统的应用

陆地集群无线电(TETRA)数字集群通信系统,是欧洲通信标准协会(ETSI)为了满足欧洲各国的专业部门对移动通信的需要而设计、制定的一种统一标准的开放性系统。TETRA 是基于数字时分多址技术的专业移动通信系统,如今已成为欧洲的标准,同时也像全球移动通信系统(Global System for Mobile Communications,GSM)一样,在国际上被很多国家采用。TETRA 是目前制定得较周密、开放性较好、技术较先进、参与厂商较多的数字集群系统,在城市轨道交通无线通信系统中使用非常广泛。

TETRA数字集群
系统及操作

该系统可在同一技术平台上提供指挥调度、数据传输和电话服务,它不仅提供多群组的调度功能,而且还可以提供短数据信息服务、分组数据服务以及数字化的全双工移动电话服务。支持移动台脱网直通通信方式(DMO),可实现鉴权、空中接口加密和端对端加密。具有虚拟专网功能,可以使一个物理网络为互不相关的多个组织服务。

TETRA 整套设计可提供集群通信、非集群及具有话音通信、电路数据通信、短数据信息通信、分组数据业务的直接模式(移动台对移动台)通信。TETRA 系统是一种非常灵活的数字集群标准,它的主要优点是兼容性好、开放性好、频谱利用率高、保密功能强。

1. TETRA 的基本通信方式

TETRA 的基本通信方式有以下 4 种,适用于在不同用途和不同场合的使用。

(1)语音加数据通信方式(Voice + Data,V + D)。

提供许多与语音和数据传输相关的用户终端业务、承载业务和补充业务。使用 25kHz 信道的 TDMA 系统,每射频信道分 4 个时隙,能同时支持话音、数据和图像的通信。与单个移动台相结合,可减少阻塞及互调干扰问题,数据传输速率最高可达 28.8kb/s。

(2)优化分组数据通信方式(Packet Data Optimised,PDO)。

使用 25kHz 信道的 TDMA 系统,每射频信道分 4 个时隙,主要面向宽带、高速数据传输。PDO 只支持分组数据业务,其有效数据传输率可高达 36kb/s。

(3)直通通信方式(Direct Mode Operation,DMO)。

DMO 是脱网直通模式,直通模式就是终端机之间直接通过空中接口通信,不需要网络基础设施。当移动台处于网络覆盖范围外,或即使在覆盖范围之内,需要安全通信时可采用 DMO 方式,实现移动台和移动台之间的通信。如果终端处于网络覆盖范围内,通过入网终端,就可以在 ISO 第三层上提供集群方式与直通方式的相互转换。

(4)集群模式(Trunked Mode Operation,TMO)。

集群模式就是终端机之间需要中转站(网络基础设施)才能通信。其具有完善的调度业务,可支持半双工和全双工两种模式通信。但是通话距离远,需要网络,在没有建立基站的地方不能使用。

2. 手持台的使用

手持台的外观、主界面、按钮和指示灯如图5-20所示。

图 5-20 无线手持台

紧急呼叫键:按下紧急呼叫键,对讲机将进入紧急呼叫模式。紧急呼叫模式既可在集群模式(标准模式)下使用,也可在直通模式(不经系统)下使用。发起紧急呼叫的对讲机 ID 或用户别名将显示在所有接收对讲机的屏幕上,包括调度对讲机。

旋钮:用户可以调节音量/查看通话组列表(两用旋钮),按下旋钮可在音量调节功能和滚动查看列表功能之间切换。按下并按住旋钮可实现锁定;再次按下并按住旋钮可实现解锁;关机后再开机将自动解锁。

PTT 键:一键呼叫到目标,被叫不摘机接听,是专用调度指挥通信中最重要的功能。

待机屏幕:在空闲时,屏幕显示如图5-21所示,分别表示设备处于集群和直通模式。

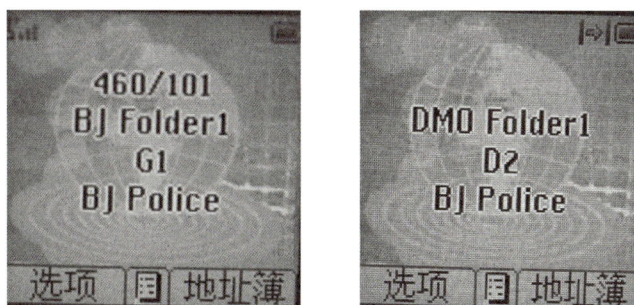

图 5-21 集群模式和直通模式待机屏幕

开关/结束/返回键:按下并按住开关/结束/返回键,对讲机开(关)机。

菜单键和星形键:先后按下菜单键和星形键锁定和解锁键盘。

LED 指示灯:绿灯保持亮着表示正在使用;闪烁的绿灯表示在系统覆盖范围内;红灯保持亮着表示不在系统覆盖范围内;闪烁的红灯表示对讲机在开机时正在连接网络/进入

DMO;闪烁橙色表示有呼叫正在呼入;没有指示灯显示表示关机。

手持台的呼叫有集群模式(TMO)组呼、私密呼叫和直通模式组呼。集群模式组呼是用户与自己选择的通话组中的其他成员之间的即时通信。组呼参与者可以在组呼过程中,加入(新增)和退出该组呼。通话组是预先规定的一组用户,可以加入和/或发起组呼。在对讲机的屏幕上,以号码和名称表示通话组。选择通话组,按下并按住 PTT 键,通话;松开 PTT键,接听。如果需要呼叫另一个通话组,先更改/选择通话组,按下 PTT 键,在新的通话组发起呼叫;通话组中的成员如果开机,将收到该呼叫。

私密呼叫,也称为点对点呼叫或个呼,是两个用户之间的呼叫,其他对讲机均无法听到通话内容。在待机屏幕拨号,按下然后松开 PTT 键,对讲机将发出铃声,等待对方接听呼叫(这种方式也被称为回呼)。

直通模式组呼仅在紧急情况下使用,用户可以与同组的终端通信,组呼方式与集群模式相同。

课题5.3 广播系统的应用

广播系统是城市轨道交通运营行车组织和管理中不可缺少的系统。按使用用户不同可划分为行车广播和防灾广播。行车广播主要是广播系统向公众广播,包括通告地铁列车运行状态、列车到站离站、线路换乘、时间表变更、列车误点、向导等服务信息,播放音乐改善站厅、站台、列车车厢候车环境;对工作人员广播包括发布有关通知信息,在办公区、站台、站厅、运用库、段内道岔群附近协同配合工作等。防灾广播主要是在突发灾害或紧急情况时,组织指挥事故抢险,提高应急响应能力。

广播的作用和使用

一、广播系统的结构

广播系统是一个整体,典型的广播系统如图 5-22 所示。

广播系统设备主要由运营控制中心广播设备和车站广播设备构成。

1. 运营控制中心广播设备

运营控制中心广播设备由调度中心设备(控制防灾广播控制终端、中心音频话筒盒、监听音箱),通信设备室设备(广播前级控制器、数字音频终端控制器、交换机),网管室设备(维护管理终端、打印机)及连接附件等组成。

(1)运营控制中心广播控制终端和中心音频话筒盒。

运营控制中心广播控制终端分为行车广播控制终端和防灾广播控制终端。行车广播控制终端由综合监控系统进行界面集成,通过 RJ45 以及 MODBUS TCP 协议接入广播系统,通过协议内容实现对车站广播系统的所有操作控制,每一个广播控制终端分配一个唯一的 IP 地址,同时每个 ISCS 集成的广播控制终端配备广播中心音频话筒盒一个。防灾广播控制终端也配备广播中心音频话筒盒一个。中心行车广播控制终端与广播中心音频话筒盒如图 5-23 所示。

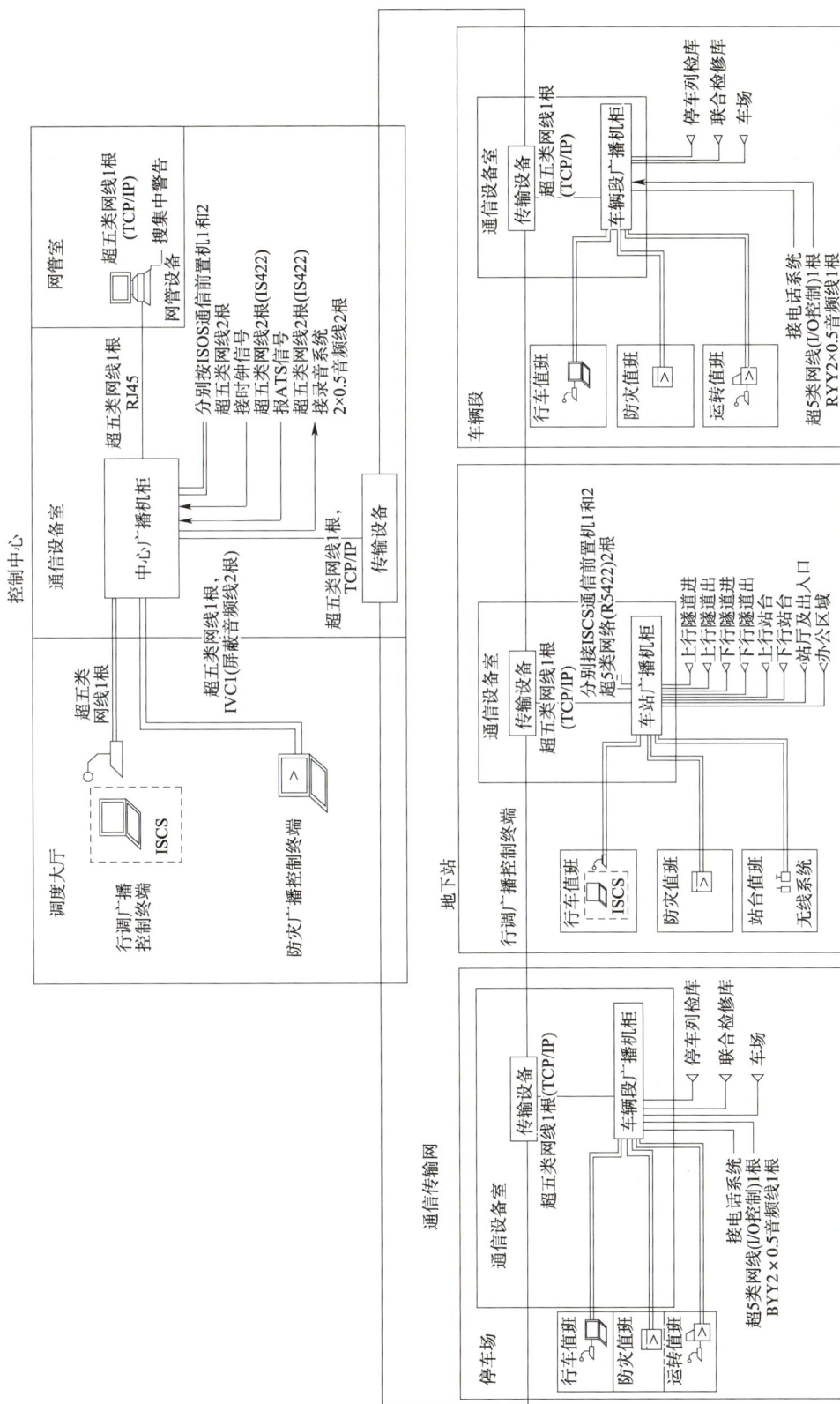

图5-22 广播系统结构图

a) 中心行车广播控制终端　　　　　　　　b) 广播中心音频话筒盒

图 5-23　中心行车广播控制终端与广播中心音频话筒盒

（2）监听音箱。

监听音箱用于完成运营控制中心声音的播放，如图 5-24 所示。

（3）广播前级控制器。

广播前级控制器作为广播的核心控制设备，是广播控制程序的载体（图 5-25）。

图 5-24　监听音箱

图 5-25　广播前级控制器

（4）数字音频终端控制器。

数字音频终端控制器（图 5-26）将数据包解码还原成模拟音频播放。对广播区监听时，广播音频通过数字音频终端控制器进行编码，数字音频终端控制器将数据包解码还原为监听音频。

图 5-26　数字音频终端控制器

（5）交换机。

交换机起数据交换功能，连接传输系统和本地数字音频终端控制器、广播前级控制器。

（6）网管维护管理终端。

系统网管维护终端经 50M 以太网通道与全线各站、车辆段相连进行通信，可实时监控管理全线各站、车辆段的所有设备及模块的运行状态，并以图形及菜单方式进行显示。可监测到的信息为:电源状态、设备状态、广播区选择指示、信源指示、中心的各项操作等。

2. 车站广播设备

车站广播设备由车控室设备(车站防灾广播操作盒、车站音频话筒盒、监听音箱),通信设备室设备(车站广播前级控制器、数字音频终端控制器、消防接入解析控制器、噪声检测通信控制器、功率放大器检测切换装置、数字功率放大器、回路检测装置、回路保护装置、远距离传输变换器、换乘接口设备),站台的噪声探头,广播区扬声器网及连接附件等组成。

车站广播设备的车控室设备、通信室设备和中心广播设备大部分相同,以下对不同设备进行介绍。

(1)消防接入解析控制器。

消防接入解析控制器与防灾广播控制盒联动,实现紧急广播功能。消防接入解析控制器是接收、判断、处理来自消防中心的消防报警信号,并通过网络传送至系统的主呼叫站,主呼叫站根据消防联动配置信息,启动相应的消防广播,如图5-27所示。

图5-27 消防接入解析控制器

(2)噪声检测通信控制器。

各车站广播机柜内均装有噪声检测通信控制器,连接安装在上下站台等乘客公共区域内的噪声探头,对周围的环境噪声进行检测,通过相应的控制设备,根据回授的背景噪声大小,自动调整功率放大器的输出电平,以保证信噪比 >25 dB 的最佳输出,使声场保持一定的广播信号强度,以达到最佳的播音效果。车站广播控制盒单片机根据接收到的噪声实际电平,和已经建立的数学模型进行比较,自动调节相应广播区输出音量的大小。

(3)功率放大器检测切换装置。

当功率放大器出现故障时,功率放大器向功率放大器检测切换装置发出报警信号,功率放大器检测切换装置将切断故障功率放大器的前级输入,改由备机输入,同时将切断故障功率放大器与广播区回路的连接,改由备机向此广播区输出,实现功率放大器自动切换功能。

(4)数字功率放大器。

数字功率放大器将前级信号放大输出至后端设备。

当温度过高时,功率放大器将自动发送故障信息至功率放大器检测切换装置。

当扬声器区域出现短路时,功率放大器将自动发送故障信息至功率放大器检测切换装置。

(5)噪声探头。

连接安装在车站上下站台等乘客公共区域内的噪声探头(图5-28),对周围的环境噪声

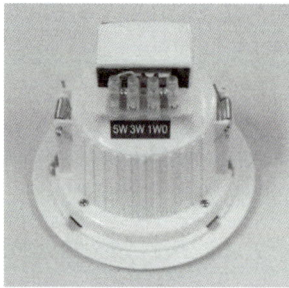

图 5-28　噪声探头

进行检测,车站广播机柜内均装有该设备,噪声探头通过噪声检测通信控制器,根据回授的背景噪声大小,自动调整功率放大器的输出电平,使声场保持一定的广播信号强度,以达到最佳的播音效果。

（6）扬声器。

根据地铁车站的类型和运行管理特点,车站的广播区分为上行隧道广播区、下行隧道广播区、上行站台广播区、下行站台广播区、站厅广播区、办公用房广播区、出入口广播区及疏散通道广播区,换乘站增设一个换乘通道广播区。

每一播音区组成一个扬声器网,本地广播电缆连接末端安装扬声器。根据安装位置不同,扬声器有吸顶扬声器、号筒扬声器、音柱,如图 5-29 所示。

a)　　　　　　　　　　b)　　　　　　　　　　c)

图 5-29　扬声器

二、广播系统的功能

1. 中心广播操作功能

运营控制中心行车调度员通过中心广播控制终端可对全线、任意一个车站或多个车站、任意车站的任意一选区或多个选区进行话筒广播、语音广播、语音段选择、线路广播等选择广播。

2. 车站广播操作功能

车站值班员可通过车站广播控制终端对本站所有管辖范围的全选区、多个选区或单个选区进行话筒广播、语音广播、语音段选择、线路广播、背景音乐广播;客运值班员可通过站台监察亭广播控制终端对本站台广播区进行话筒、语音、线路广播。站台客运值班员利用无线手持台进行站台广播,广播系统接收无线系统控制信号打开/关闭广播区。

3. 多级优先广播功能

本系统的优先级可根据用户需求灵活设置,包括车站现场话筒广播、选择广播、紧急广播、最后班车广播、服务中止广播、站台自动广播、背景音乐广播等。以上除现场广播外,其他广播内容均为系统预先录制的语句。

若在同一广播区(群)需要进行不同的广播时,系统按表 5-2 中广播优先权处理,如广播优先权相同时,以先来先处理的原则进行处理。

广播优先权 表5-2

广播语句类型	广播优先权				
	车站综控室值班员	站台监察亭值班员	无线广播(通过无线系统移动便携台)	通信设备用房、广播设备柜	运营控制中心调度员(含信息管理员)
现场广播	1	3	3	7	2
预先录制语句 紧急广播	2	×	×	7	2
预先录制语句 服务中止广播	3	4	×	7	2
预先录制语句 现场录制广播	4	4	×	7	2
预先录制语句 车站控制广播	5	×	×	7	2
预先录制语句 选择广播	5	×	×	7	2
预先录制语句 最后班车广播	6	×	×	7	2
预先录制语句 站台自动广播	6	×	×	7	2
其他 测试口	×	×	×	7	×
其他 背景音乐	7	×	×	7	×

注：表中"1"表示最高广播优先权，"7"表示最低广播优先权；"×"表示不适用。

4. 预示音

系统有内置的预示音提示，每次播音前可设定广播提示音的开启和关闭。

5. 预录音存储功能

已录制的语句包括预先录制的广播语句和现场录制的广播语句。中心及车站操作人员可通过中心、车站广播控制终端的线路输入插口（或通过光盘）存储预先录制的语句，或由操作人员通过各自的广播控制终端在现场录制广播语句，两种语句分别存放在硬盘上，由操作人员通过广播控制终端进行操作选取。

6. 广播编组及设定功能

中心、车站广播控制终端及中心广播控制台均可设置多个编组，用户可按编组操作程序对任意站、任意广播区选择组合编组，广播时仅按编组序号图标（按键），即可对已存编组内的各广播区进行广播。本功能设定后，可以简化操作，实现快速地向多个广播区同时广播。

7. 平行广播功能

可将不同的音源通过不同的通道同时播向不同的广播区，即中心广播、行车广播、站台广播、列车到发自动广播等不同的音源均可通过不同的通道，将各音频信号同时连接到不同的广播区。中心广播和备用中心各具备两路话筒语音通道，可分别对车站进行平行广播。

8. 应急广播功能

车站广播控制台设有"应急"广播按键，当车站广播控制单元出现故障时，按下"应急"广播按键，可将车站广播控制台的话筒广播音频通过应急通道直接送往功率放大器，对所有广播区进行应急广播。

9. 监听功能

在中心广播控制台、车站广播控制台内均设有监听电路和迷你型监听扬声器。车站值班员可通过车站广播控制终端及车站广播控制台选择监听本站任意一广播区的广播内容。

10. 广播自动退出功能

当预录制语音段或其他音源广播(话筒广播、防灾广播除外)完毕后 5～10s,如果没有话音信号,各广播控制终端及广播控制台将自动退出预制话音或其他音源广播状态,释放其占用的广播区。话筒广播(包括防灾人工话筒广播)广播时,须按住话筒广播按键,松开话筒按键即退出本次广播。

11. 集中录音功能

中心、车站及站台广播控制台均具有录音输出接口,所有现场人工话筒广播内容送往中心通信集中录音设备进行自动录音,并能记录通话日期、起止时间等管理信息。预先录制的语句、现场录制的语句及线路输入的广播内容不送往集中录音设备。

12. 噪声检测及音量自动调节功能

用于对安装噪声传感器的广播区的环境噪声进行检测,并根据检测结果对该广播区的音频信号进行调整,并将调整后的音频信号送往该广播区的功率放大器,自动调节该广播区功率放大器输出功率,以保证现场广播声高于环境噪声,达到较好的播音效果。

13. 音量调节功能

维护人员在网管维护终端上可按时间分段设定调节时间段,调整全站车站广播时扬声器声音大小。调节时间段被设定后,每日将自动按设定好的时间段,调节广播时的输出电平,实现广播音量自动降低的功能。

14. 广播与乘客信息系统联动功能

具有与乘客信息系统接口,用于接收乘客信息系统提供的列车在车站运行的乘客服务信息,包括站台自动广播信息及列车服务信息(列车接近、列车到达、列车离站)、最后班车广播及站务信息、服务中止广播及站务信息、车站控制广播及站务信息等。当收到上述信息后,自动启动广播系统,播放相应的广播内容。

15. 背景音乐功能

背景音乐的语音信源存储在音频话筒盒内,音频话筒盒上具备液晶显示屏,可显示 4 行以上中文字符,可在音频话筒盒上选择相应背景音乐段进行播放,应能在液晶屏上显示相应语音段名称及序号。存储音乐可随时写入、修改、更新,操作方便、快捷、安全。

车站音频话筒盒内的音频文件可通过通用串行总线(Universal Serial Bus,USB)接口进行维护。

背景音乐的优先级别最低,当其他信源开始广播时,背景音乐音量自动降低,当高优先级广播结束后,背景音乐音量自动恢复到原来正常水平。

三、广播系统的控制

广播系统由运营控制中心和车站两级控制。正常情况以车站广播为主;事故抢险、组织指挥,以运营控制中心防灾广播为主。为了运营防灾的需要,运营控制中心环控调度员有最高优先级。在优先级上,环控调度员高于行车调度员,行车调度员高于维修调度员,运营控制中心调度员高于车站值班员,站长广播台高于站台广播员。同一广播优先级,预存语音信息高于人工广播,通常预存信息防灾广播优先级最高。当多等级信息相继触发时,正在播放广播中断,自动进入"按序等待"状态。

广播系统主要由运营控制中心广播、车站广播和车辆段广播组成。中心智能广播台,设置在运营控制中心,具有语音、信号等控制功能,供环控调度员、行车调度员、维修调度员使用;紧急情况下,调度人员可对中心和车站任何区域进行广播。站长广播台,设于车站控制室,具有语音、信号及各种控制功能,即人工广播、线路广播、预存广播,车站值班员可对站台、站厅、办公区进行广播。站台(轨旁)广播台防水,可在恶劣环境下使用;站台广播设于站台中部的墙上,每站台1个,对站台定向广播;轨旁广播设于车辆段及地面站轨道沿线,对检修区域定向广播。桌面广播台,车辆段范围的通号楼、检修楼、运用库,对车辆段道岔群、检修主厂房、运用库定向广播。

四、广播词

广播以及时准确引导乘客安全、快捷乘坐轨道交通为原则。广播要根据监控 CCTV 或站台岗、站厅岗报告,观察、分析和掌握站台、站厅、扶梯、出入口的乘客实时动态,选择适当时机,确定广播内容和广播区域。无恰当的录音广播时,人工广播要先组织好语言再播放。进行广播时,严禁突然中断,严禁广播与运营服务无关的内容。

车站广播主要是日常引导服务广播、安全广播、非正常情况下广播、人工广播以及其他广播等。

1. 日常引导服务广播

列车到站广播:"乘客您好,开往××方向的列车即将进站,请先下后上,小心列车与站台之间的空隙。"

站台候车引导广播:"乘客您好,由于站台人员较多,请您分散排队候车,感谢您的合作!"

引导排队候车广播:"乘客您好,请按照地面箭头排队候车,留出中间下车通道,先下后上,不要拥挤,上车后请往车厢中部走,感谢您的合作!"

末班车出发预报广播:"乘客请注意,开往××方向的末班车即将出发,请抓紧时间上车。"

运营结束清站广播:"乘客请注意,今日运营服务已结束,车站即将关闭,请您尽快出站,欢迎再次乘坐。"

2. 安全广播

候车广播:"乘客您好,为了您的安全,请站在黄线以外候车,谢谢合作!"

列车进站时广播:"乘客您好,列车即将进站,请注意安全,站在黄线以外候车,上下列车时,请先下后上,注意站台与列车之间的空隙。谢谢合作!"

列车关闭车门广播:"乘客您好,车门即将关闭,请不要越出黄线,不要手扶车门,谨防夹伤,谢谢合作!"

列车客满广播:"乘客请注意,由于列车满载,请未上车的乘客注意安全,站在黄线以外,耐心等候下一趟列车,不便之处,敬请原谅!"

安全疏导广播:"乘客您好,由于人多拥挤,请下车乘客尽快出站,不要在站内及通道处停留,谢谢您的合作!"

雨天广播:"乘客您好,由于天气原因,地面和楼梯较滑,请大家在行走、上下楼梯时注意安全,以免滑倒摔伤。"

3. 非正常情况下广播

险情疏导广播:"乘客请注意,因车站发生险情,可能危及您的人身安全,请听从工作人员的指引,尽快离开车站。谢谢合作!"

列车故障清客广播:"乘客请注意,本趟开往××方向的列车因故需要退出服务,请耐心等候下一趟列车,赶时间的乘客,请改乘其他交通工具。不便之处,敬请原谅!"

列车延误广播:"乘客请注意,开往××方向的列车因故延误,请耐心等候。赶时间的乘客,请改乘其他交通工具。"

列车通过本站广播:"乘客请注意,本趟开往××的列车因故在本站通过不停车,请大家注意安全,站在黄线以外,耐心等候下一趟列车,谢谢合作!"

车站拥挤广播:"乘客请注意,由于车站比较拥挤,请出站的乘客尽快出站,不要在站内逗留,谢谢合作!"

客流控制分批乘车广播:"乘客请注意,由于乘客较多,现在实行客流控制,请听从工作人员指挥,分批乘车,感谢您的谅解与合作。"

客流控制分批乘车广播:"乘客请注意,由于乘客较多,现在实行客流控制,请听从工作人员指挥,分批乘车,感谢您的谅解与合作。"

自动售票机故障广播:"乘客请注意,自动售票机因故暂停使用,请到售票窗口购票,谢谢合作!"

4. 人工广播

当无恰当的录音广播或者有其他紧急情况时,须进行人工广播。

5. 其他广播

安全广播:"乘客您好,为了您和他人的健康,请不要在车站内吸烟、吐痰和乱扔废弃物;如果您不慎有物品落入轨道,请不要自行拾取,请与工作人员联系,以免发生危险。"

出闸广播:"乘客您好,出站时请将单程票投入右手侧闸机上方回收孔内,绿色指示灯亮后出闸。"

进闸广播:"乘客您好,进站检票时,请每人持一张车票放在右手侧闸机上方的绿色感应区内验票,绿色箭头亮后进闸;乘车过程中请妥善保管车票,以免丢失。"

自动扶梯安全广播:"乘客您好,为了您的安全,在乘坐自动扶梯时请站稳、扶好,不要将身体倚靠在扶梯上;不要在扶梯上玩耍、逆行,以免发生危险。"

购票须知广播:"乘客您好,单程票仅限本站使用且当天使用,请不要提前购买车票,谢谢合作!"

项目实施与评估

任务5.1 使用专用电话发布和接收调度命令

【任务目的】

使用专用电话完成调度和车站等调度命令的发布和接收。

【任务设备】

专用电话含调度台和调度分机。

【任务步骤】

(1)熟悉专用电话的使用方法和具体功能。

(2)教师组织学生分别扮演行车调度员、电力调度员、环控调度员、车站值班员等不同角色,利用专用电话进行调度命令的发布和接收练习。

(3)行车调度员向车站值班员发起通话。

行车调度员:"行调呼叫××站值班员。"

××站值班员:"××站有,行调请讲。"

行车调度员:"马上进站的××次列车运行至××站清客完毕后,转线临时停车线,退出运营,请车站协助清客。"

××站值班员复诵:"收到,明白。协助××次列车清客,转线临时停车线,退出运营。"

行车调度员:"行调××,完毕。"

××站值班员:"××站收到,完毕。"

(4)电力调度员向变电所值班员发起通话。

电力调度员:"电调呼叫××所值班员。"

××所值班员:"××所有,电调请讲。"

电力调度员:"××站临时停车线接触轨停电,检修列车。"

××所值班员:"明白,××站临时停车线接触轨停电,马上停电。"

操作停电后,报告电调。

××所值班员:"××站临时停车线接触轨已经停电。"

电力调度员:"收到,电调××,完毕。"

××所值班员:"××所,完毕。"

(5)环控调度员向车站发起通话。

环控调度员:"环调呼叫××站综控员。"

××站综控员:"××站有,环调请讲。"

环控调度员:"立即在××上执行××系统××模式。"

××站综控员复诵:"立即在××上执行××系统××模式。"

环控调度员:"环调××,完毕。"

××站综控员:"××站收到,完毕。"

【任务评估】

班级		姓名		学号		日期	

任务目的
使用专用电话完成调度和车站等调度命令的发布和接收。

任务	操作步骤与标准	总分	得分
1. 调度总机呼叫与接听	1. 调度台的使用,针对对应角色选择正确的呼叫方式; 2. 正确接听分机呼叫	20	
2. 调度分机呼叫与接听	1. 接听调度总机呼叫; 2. 正确呼叫调度总机	20	
3. 调度通话	行车调度员向车站值班员发起通话	20	
	电力调度员向变电所值班员发起通话	20	
	环控调度员向车站发起通话	20	
总得分			

任务反思与总结:

任务5.2　无线通信系统通话

【任务目的】

使用无线通信设备完成规范通话。

【任务设备】

无线通信台、手台。

【任务步骤】

(1)熟悉手台各种按钮的使用方法和意义。

(2)分别扮演调度员、司机、站长、站务等不同角色,组织进行无线通话练习。

【注意事项】

(1)标准通话格式:

开始通话:自己呼号 + 呼叫对方呼号 + 请回话;

应答:自己呼号 + 请回话;

每次通话:自己呼号 + 内容(注意标准术语) + 请回话;

结束通话:自己呼号 + 内容 + 通话完毕。

(2)常用术语:

"所有单位、请注意、正确、明白、请复诵、请回话、请再讲一次、请稍候、确认后继续、照办、错误、通话完毕、通信测试、接收正常、接收困难、接收不清"等。

(3)有需要达成共识的安全相关信息,接收人必须向发送人复诵信息,以确保正确接收信息内容并严格遵行。

(4)有关紧急事件的通信必须先说出"紧急事件"才开始讲话,同时紧急信息有优先发送权;听到"紧急事件"时,有关员工必须及时让出通信频道,直至整个紧急信息已完全发送完毕并得到确认为止。

(5)为保证信息的正确表达,必须注意保持正常谈话的自然节奏和模式。传递整段信息时,保持速度平稳并稍慢于正常谈话时的速度,切勿呼喊,亦切勿在句子尾段逐渐减弱声量,音调须较正常谈话时适度提高。

(6)开始传递每段信息时,进行通话的发送者和接收者必须清楚确认对方身份,以确保正确传递信息。使用无线电设备时,必须采用编配给所用设备的呼号来识别身份,但不包括列车和进行事故管理。

【任务评估】

班级		姓名		学号		日期	

任务目的
使用无线通信设备完成调度员、司机、站长和站务等的通话。

任务	操作步骤与标准	总分	得分
1.调度台的操作	1.单呼移动台(固定台、车载台和手持台均可成为移动台,下同); 2.组呼移动台	15	
2.固定台操作	1.呼叫调度台; 2.呼叫手持台	15	
3.车载台的操作	1.呼叫调度台; 2.组呼移动台; 3.单呼移动台	15	
4.手持台的操作	1.呼叫调度台; 2.呼叫固定台; 3.呼叫本组	15	
5.使用无线通信完成通话	1.调度台与固定台的通话; 2.调度台与车载台的通话; 3.调度台与手持台的通话; 4.固定台与车载台的通话; 5.固定台与手持台的通话; 6.手持台与手持台的通话	40	
总得分			

任务反思与总结:

任务 5.3 广播系统的操作

【任务目的】

熟练中心和车站广播系统的操作。

【任务设备】

中心和车站广播系统各一套。

【任务步骤】

1. 即时广播的操作

操作人员点击 ISCS 界面"广播",出现广播控制菜单,点击即可进入,如图 5-30 所示。

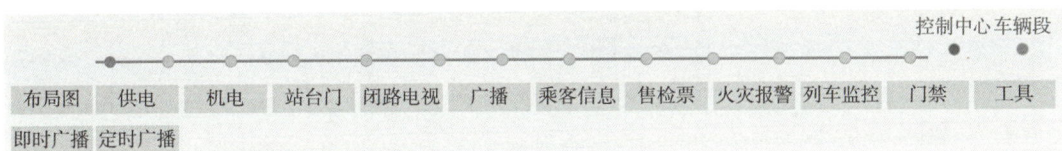

控制中心车辆段

| 布局图 | 供电 | 机电 | 站台门 | 闭路电视 | 广播 | 乘客信息 | 售检票 | 火灾报警 | 列车监控 | 门禁 | 工具 |

即时广播 定时广播

图 5-30 广播导航栏

广播控制页面实现如下功能:广播区编组、广播区单(组)选、音源选择、定时广播设置、广播监听、广播控制状态显示功能,即时广播控制画面如图 5-31 所示。

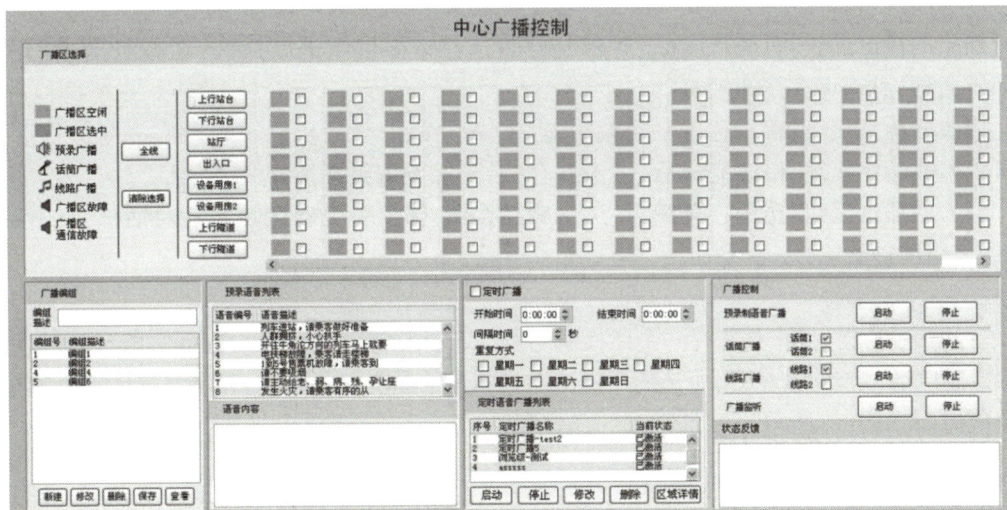

图 5-31 即时广播控制画面

(1)广播区选择。

单选广播区:通过勾选广播区域右侧的复选框,即可选择该广播区。 █广播区空闲 表示该广播未选中; █广播区选中 表示广播区被选中;

按车站或广播区域实现多选:点击车站或广播区域按钮,即可选择按钮对应的所有广播区,如图 5-32 所示。

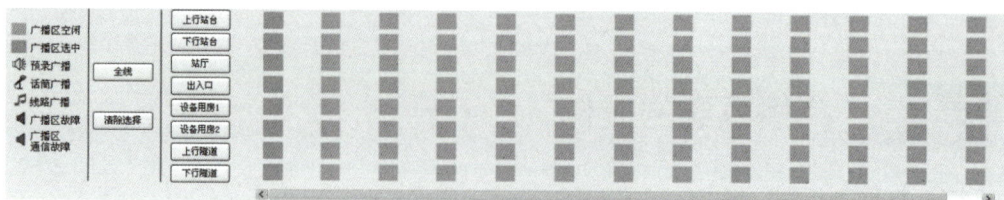

图 5-32　广播区选择

广播区任意多选:勾选任意多个广播区,即可实现对任意广播区的选择。

(2)广播编组(图 5-33)。

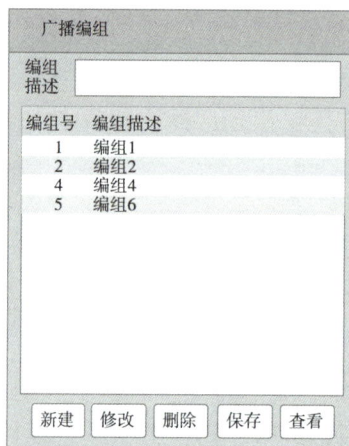

图 5-33　广播编组

新建广播区编组:首先点击新建按钮,然后选择需要编组的广播区,在编组描述里面输入编组名称,点击保存按钮即可。

修改广播区编组:首先选中一条编组,点击修改按钮,然后可以重新对广播区进行选择,还可以修改编组描述,修改完成后,点击保存按钮,该条编组即被修改。

删除广播区编组:选中一条编组,点击删除按钮,弹出一个确认删除的对话框,点击确定后,该编组即被删除。

(3)预录广播。

开始预录广播:操作员选择一个广播编组及/或一个或多个广播区,选择一条预录信息,点击预录制广播"启动"按钮,当所选的广播区上显示预录制广播图标时,表示该选区正在进行预录制广播,如图 5-34 所示。

图 5-34　预录广播启动

同样,点击预录制广播"停止"按钮,可以停止预录制广播,仅有当前选中的广播区会停止预录制广播,返回到原来的播音状态;未选中的广播区继续保持预录制广播状态。

(4)话筒广播。

操作员选择一个广播编组及/或一个或多个广播区,选择一个话筒,点击话筒广播"启动"按钮,当所选的广播区上显示话筒图标时,操作员可使用音频话筒进行语音广播,如

图 5-35 所示。

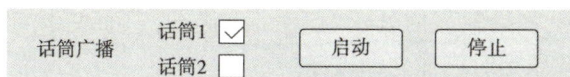

图 5-35　话筒广播开始

同样，点击话筒广播"停止"按钮，仅有当前选中的广播区会停止话筒广播，返回到原来的播音状态；未选中的广播区继续保持原来的播音状态。

（5）线路广播。

操作员选择一个广播编组及/或一个或多个广播区，选择一个输入线路点击线路广播"启动"按钮，当所选的广播区上显示线路广播图标时，表示该选区正在进行线路广播。同样点击"停止"线路广播按钮，线路广播停止，如图 5-36 所示。

图 5-36　线路广播

2. 定时广播

定时广播控制界面功能包括：定时广播的启动、停止、新建、修改、删除，以及查看定时广播参数详情，如图 5-37 所示。

图 5-37　定时广播界面

中心 ISCS 系统的定时语音广播管理，与车站 ISCS 系统的定时语音广播管理独立，OCC 不能显示、修改车站的定时语音广播，反之亦然。

在定时广播列表中，每一条定时广播的状态有 2 种情况：已激活，表示该条定时广播处于活动状态，系统会按照设定时间定时进行广播；未激活，表示该条定时广播处于冻结状态，不会自动执行广播。

（1）启动定时广播。

选择一条定时广播，如果它当前处于"未激活"状态，"启动"按钮有效，"停止"按钮无效，点击"启动"按钮，该条定时广播立即被激活。

（2）停止定时广播。

选择一条定时广播，如果它当前处于"已激活"状态，"启动"按钮无效，"停止"按钮有效，点击"停止"按钮，该条定时广播立即被冻结。

（3）新建定时广播。

点击"新建"按钮，选择一个广播编组/或一个或多个广播区，选中一条预录制语音，选择重复方式，选中即表示该条定时广播在这一天被激活，设置开始结束时间和间隔时间，输入定时广播的名称点击"保存"按钮，该条定时广播立即生成，并添加至定时广播管理列表，默认状态为"已激活"。

（4）修改定时广播。

已经存在的定时广播可以进行修改，可修改的参数包括：广播区、预录语音、时间、定时广播名称等。

在定时广播管理列表中选中一条"未激活"的定时广播，"修改"按钮变成可用，点击"修改"按钮，即可弹出定时广播的编辑面板。该条定时广播的详细信息会在编辑面板里显示，修改部分信息后，点击"保存"按钮，该条定时广播即被修改。

（5）删除定时广播

在定时广播管理列表中选中一条"未激活"的定时广播，"删除"按钮变成可用；点击"删除"按钮，弹出确认对话框，确定后该条定时广播即被删除。

【任务评估】

班级		姓名		学号		日期	
任务目的 完成车站广播的操作。							
任务		操作步骤与标准				总分	得分
1. 车站即时广播		选择广播区				10	
		新建*广播编组				10	
		选择*预录广播				10	
		选择*话筒广播				10	
		选择*线路广播				10	
2. 车站定时广播		启动*定时广播				10	
		停止*定时广播				10	
		新建*定时广播				10	
		修改*定时广播				10	
		删除*定时广播				10	
总得分							
任务反思与总结：							

注：*可根据当前设备状态选择。

课后巩固

一、填空题

1.公务电话系统由多台程控数字交换机通过传输系统以＿＿＿＿＿＿＿＿形网络构成。

2.专用电话系统有＿＿＿＿＿＿＿、＿＿＿＿＿＿＿、＿＿＿＿＿＿＿和轨旁电话。

3.＿＿＿＿＿＿＿是调度电话的核心,由具有交换功能的＿＿＿＿＿＿＿组成。

4.调度台与调度分机可以实现＿＿＿＿＿＿＿或＿＿＿＿＿＿＿。

5.城市轨道交通无线通信系统按频段分为＿＿＿＿＿＿＿和＿＿＿＿＿＿＿两种。

6.无线通信系统的四台调度台分别由＿＿＿＿＿＿＿调度员、＿＿＿＿＿＿＿调度员、＿＿＿＿＿＿＿调度员和车辆段调度员值守。

7.广播系统按使用用户划分为＿＿＿＿＿＿＿和＿＿＿＿＿＿＿。

8.广播系统由＿＿＿＿＿＿＿和＿＿＿＿＿＿＿两级控制。

二、选择题

1.公务电话系统的核心设备是(　　)。
A.程控数字交换机　　　　B.电话机
C.交换机　　　　D.网管

2.录音设备采用(　　)方式。
A.话机录音　　B.集中录音　　C.车站录音　　D.车站集中录音

3.调度员可根据预先设置的分组用户进行(　　)。
A.组呼　　B.单呼　　C.全呼　　D.群呼

4.无线通信系统隧道场强覆盖所使用的波导线是(　　)。
A.漏泄同轴电缆　　　　B.无线接入点
C.基站天线　　　　D.吸顶天线

5.当移动用户对相对的调度台发起呼叫但系统资源全部被占用时,系统将中断权限为最低级的用户通话,并向发起呼叫的用户立刻分配信道资源,这种呼叫被称为(　　)。
A.组呼　　B.单呼　　C.紧急呼叫　　D.通播组呼

6.TETRA系统可以在终端机之间直接通过空中接口通信,不需要网络基础设施的方式是(　　)。
A.PDO　　B.DMO　　C.TMO　　D.V+D

三、简述题

1.简述调度机与程控数字交换机的区别。
2.简述专用频道和集群方式的区别和优缺点。
3.简述录音设备的作用。
4.简述城市轨道交通站厅、站台、线路和车辆段的无线覆盖方式。

城市轨道交通视频与图像通信系统应用

项目说明

随着视频与图像技术的快速发展,城市轨道交通视频监视系统和乘客信息系统,为城市轨道交通工作人员提供了清晰的视频监控信息,也为乘客提供了更多有利于出行的运营和乘车信息,这有效保障了城市轨道交通的正常组织和运行,成为城市轨道交通运营组织和保证城市轨道交通畅通的重要手段。

学习目标

◇ 知识目标

1. 掌握视频监视系统的作用。

2. 掌握视频监视系统的构成。

3. 掌握视频监视系统的功能。

4. 掌握乘客信息系统的构成。

5. 掌握乘客信息系统的功能。

◇ 能力目标

1. 会视频监视系统显示界面的设置。

2. 会视频监视系统录像的查询。

3. 会通过乘客信息系统发布信息。

◇ 素质目标

1. 通过使用城市轨道交通视频监视系统培养细致入微的观察力。

2. 通过使用城市轨道交通乘客信息系统增强服务意识和创新精神。

◇ 建议学时

6 课时

项目准备

课题6.1 视频监视系统的应用

视频监视系统（Closed Circuit Television,CCTV）是利用视频技术探测、监视设防区域,实时显示、记录现场图像,检索和显示历史图像的系统,CCTV 向调度中心一级行车管理人员（行车调度员、环控调度员、公安值班员、值班主任等）提供各站台区行车情况和站厅区乘客流向的图像信息;向车站行车值班员提供本站列车停靠、起动、车门开闭,以及售票机、闸机出入口等处的现场实时图像信息,掌握客流大小和流向;向列车司机和站台工作人员提供相应站台乘客上下列车的图像信息,掌握开关车门时间等。CCTV 是提高行车指挥透明度的辅助通信工具,是确保地铁行车组织和安全的重要手段。当车站发生灾情时,视频监视系统可作为防灾调度的指挥工具,如图 6-1 所示。

a)   b)

图6-1 地铁视频监视系统

一、视频监视系统的构成

地铁视频监视系统由运营控制中心监控设备、车站/车辆段监控传输设备构成,如图 6-2 所示。

1. 运营控制中心监控设备

运营控制中心接收各车站发送的图像信息,各车站所有高清视频均为数字码流上传,各调度员通过中心视频控制设备将任选的多路车站上传的视频信号,经高清数字视频解码器处理后,送入彩色监视器和大屏上,以便各调度员可以对各个车站所有摄像机摄取的画面进行选择监视。

中心调度员能够远程控制全线任意车站任意一台球形一体化云台的转动。可根据具体需要设置多个控制优先级,并可进行云台变速控制。各调度员通过登录的用户名和密码来区分优先级,车站的云台被控制时能在软件上显示占用者名称。系统可支持足够多的用户级别,当高优先级用户在操作云台时,低级别用户不能操作,只有当高级别用户释放时,低级别用户才能操作云台。运营控制中心视频服务器可完成监控处理、摄像机选择处理、云台优先级控制、信令控制、权限控制等功能,在运营控制中心视频服务器故障时,可由备用运营控制中心视频服务器完成相应功能,实现视频服务器异地备用。

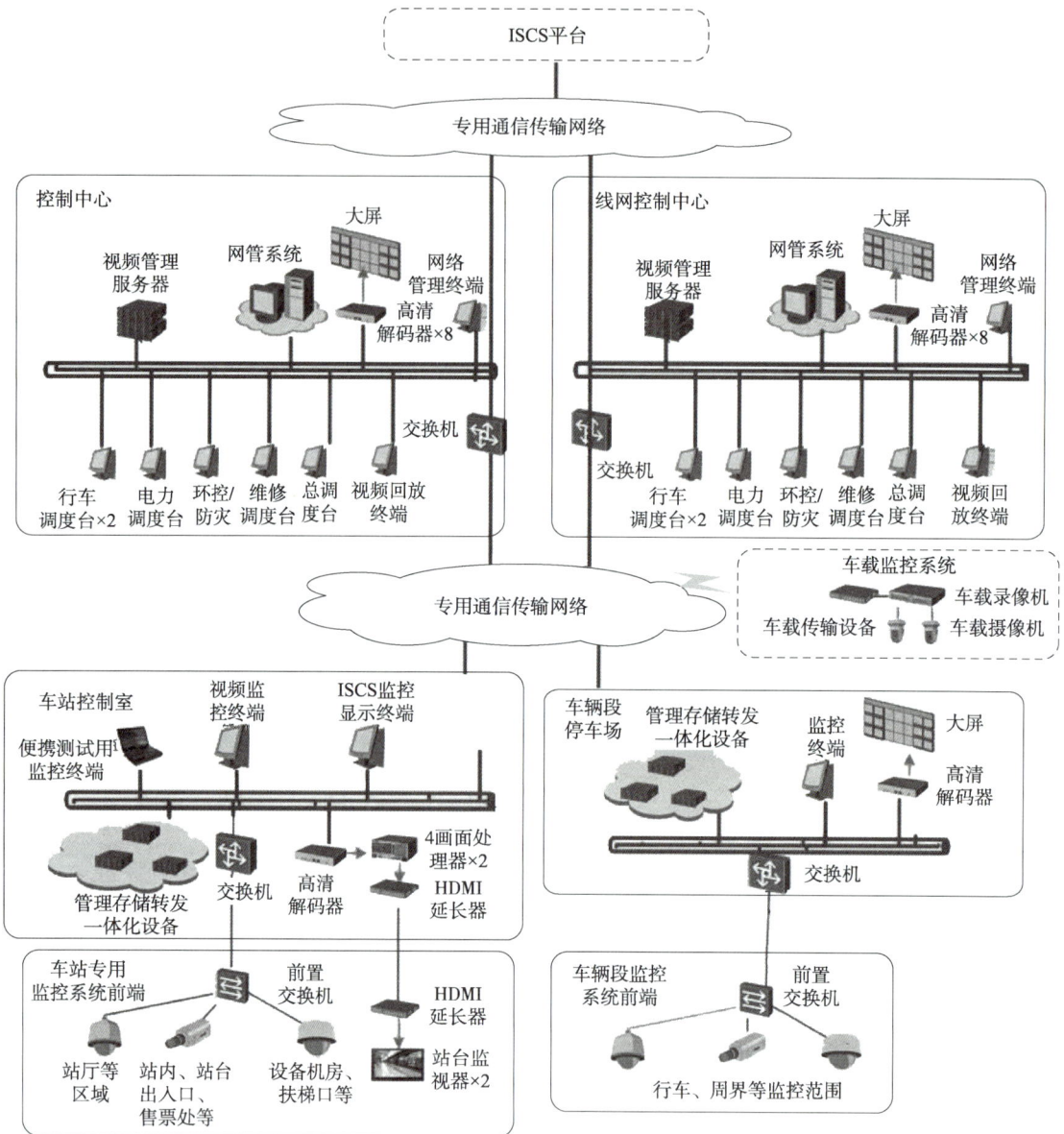

图 6-2　视频监视系统的构成

　　运营控制中心监控设备包括中心视频服务器、多画面处理器、解码设备、录像存储设备、录像回放设备(含显示器和内置 DVD 光盘刻录机)、视频控制终端、监视器、网管服务器等。

　　(1)中心视频服务器。

　　中心视频服务器可将车站视频信息切换到屏幕墙上、对系统参数进行配置、输出系统报警等,如图 6-3 所示。

　　(2)多画面处理器。

　　多画面处理器也叫多画面分割器,可以让一台监视器上同时显示出四个、九个、十六个摄像机送来的画面,如图 6-4 所示。

图 6-3 中心视频服务器

图 6-4 多画面处理器

(3)编解码设备。

视频编解码设备就是指通过压缩和解压缩技术,先将原始视频格式的文件转换成另一种视频格式文件,在需要的时候再进行解码的操作。目前比较成熟的图像压缩编码有多种方式,比较适合地铁视频监视系统图像质量要求的主要有 M-JPEG、MPEG-2、MPEG-4、H.264四种编码方式,如图 6-5 所示。

图 6-5 编解码设备

(4)录像存储设备。

录像存储设备能够将需要的视频信息按要求保存下来,此设备有两种形式:一种是 PC型录像存储机,另一种是专用硬盘录像机。后者是目前城市轨道交通视频监控系统中常用的视频存储方式,数字录像设备(Digital Video Recorder,DVR)相对于传统的模拟视频录像机,采用硬盘录像,故常被称为数字硬盘录像机。DVR 由于设备简单、价格低廉,在既有轨道交通线路的监控系统中有着成熟的应用,但其存在着数据安全缺陷、网络应用性能差、远程回放检索效率低等缺点,如图 6-6 所示。

为了满足存储容量的需要,视频录像机一般会安装磁盘阵列,如图 6-7 所示。

图 6-6　数字硬盘录像机

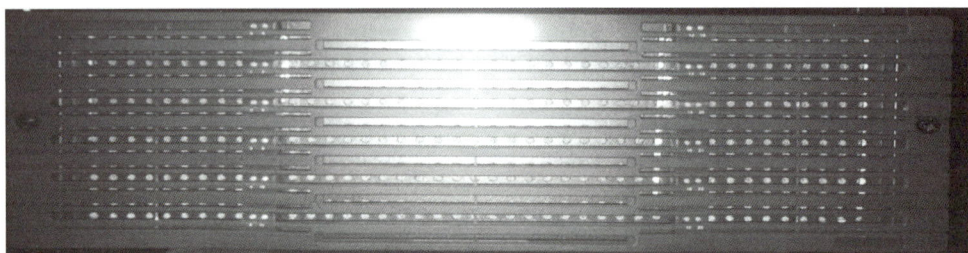

图 6-7　磁盘阵列

（5）录像回放设备。

一般通过数字硬盘录像机中心控制软件对所有连接在网络上的录像机进行录像回放等功能。

（6）视频控制终端。

视频控制终端用于查看实时监控画面或者调取回放录像等。中心控制终端可以是 PC 平台的监控软件，如图 6-8 所示。

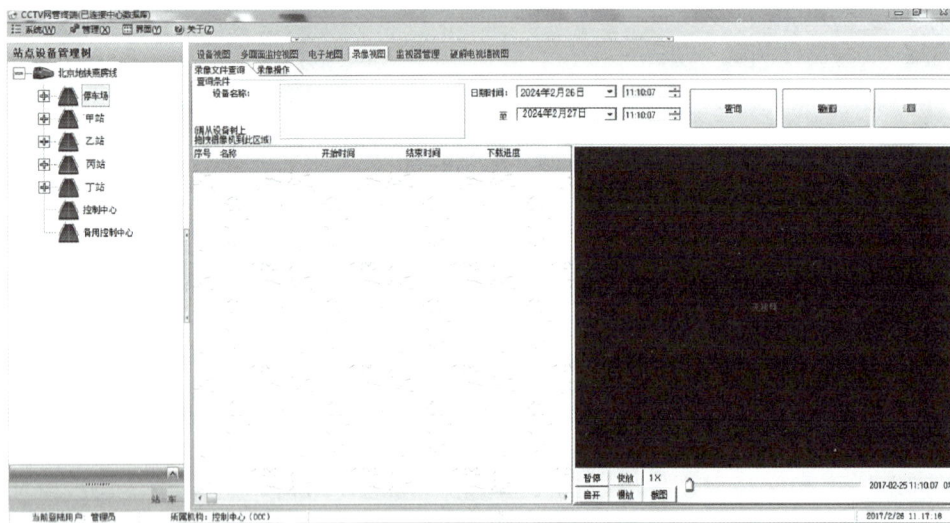

图 6-8　视频控制终端

（7）监视器。

中心监视器一般由多台监视器、监视屏幕墙或计算机显示器组成。其功能是将传送过来的图像显示出来。在视频监视系统中,特别是在由多台摄像机组成的电视监控系统中,一般都不是一台监视器对应一台摄像机进行显示,而是几台摄像机的图像信号用一台监视器轮流切换显示,如图6-9所示。

图6-9　中心监视器

(8)网管服务器。

用户管理、用户的增减、用户的授权、用户优先级等,均由系统管理员完成。

系统网管,即系统服务器自动完成系统的管理,包括设备在线检测、连接管理、自我诊断、网络诊断等。登录用户可查询系统的使用和运行情况,如在线用户名单、前端运行状态、报警信息等。

2. 车站/车辆段监控设备

车站监控主要完成对本车站管辖范围内站台、站厅、自动扶梯、无人值守机房、变电所变压器室、10kV开关柜室、AFC售票机、闸机、出入口、垂直电梯口及轿厢视频信号的监控和录像,网络摄像机输出的数字视频信号传送至车站交换机、存储设备及传输设备。本站值班员通过监视器监视本站视频图像;通过录像存储设备对本站图像进行录制,在授权的情况下可在本站调看本站存储的历史图像。

车辆段监控主要是为了方便车辆段值班员监视车场停车列检库、牵引降压变电所以及信号楼主要系统设备室等地区,同时能够监视与正线联络线等区域。摄像机输出的数字信号通过光纤等方式传送至停车场交换机、存储设备及传输设备。车辆段视频服务器可实现本地监控的处理、摄像机选择处理、云台优先级控制等功能。

车站和车辆段监控设备比较相似,除了有和运营控制中心类似的多画面处理器、车站视频交换机、监控终端、解码设备、管理服务器、录像存储设备、系统软件外,还有高清摄像机和多功能控制设备,如图6-10所示。

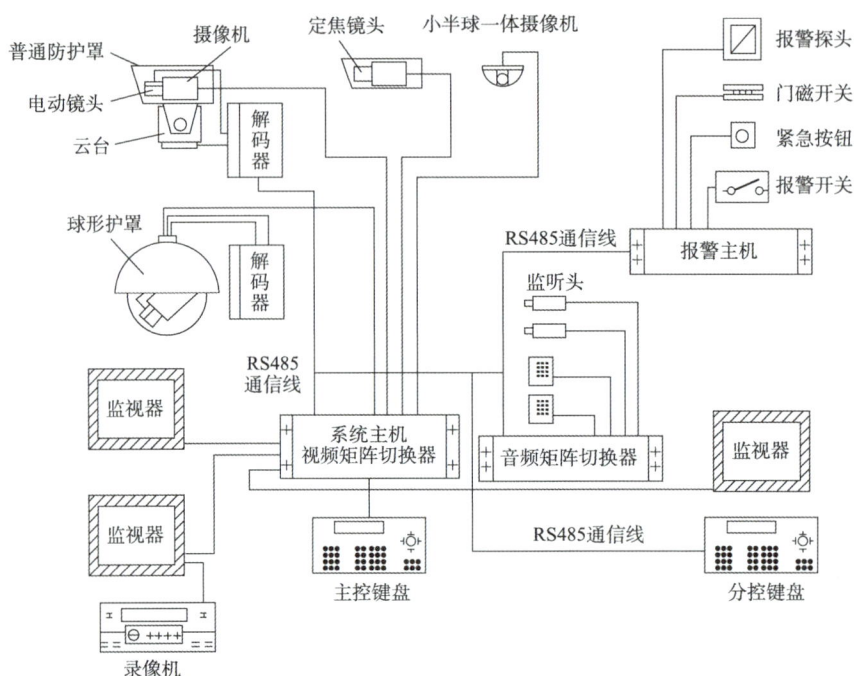

图 6-10　视频监视系统的设备连接

（1）高清摄像机。

摄像机是一种视频输入设备,在视频监控系统中所采用的摄像机分为一体化摄像机和固定摄像机 2 大类。其中的一体化摄像机是受控摄像机,其摄像头安装在云台上,可以上下左右 4 个方向受控移动;另外摄像头上的镜头亦能受控调节焦距与光圈,如图 6-11 所示。

a)固定枪式摄像机　　　b)固定半球摄像机　　　c)球形一体化摄像机

图 6-11　摄像机

（2）多功能控制设备。

控制部分是整个视频监视系统的核心,由主控制台、副控制台与远端解码器组成。

系统主控制台亦称主机,对系统中各个设备进行控制。其主要功能为:视频信号的放大与分配、图像信号的校正和补偿、视频网络控制、图像信号的切换和分割、图像信号的记录、摄像机及其辅助部件的控制。

主控制台由视频网络控制器、视频切换器、画面分割器、帧场切换处理机、视频放大器、视频分配器、时间/日期发生器、字符叠加器、录像机等设备组成。控制台设备,如图 6-12 所示。

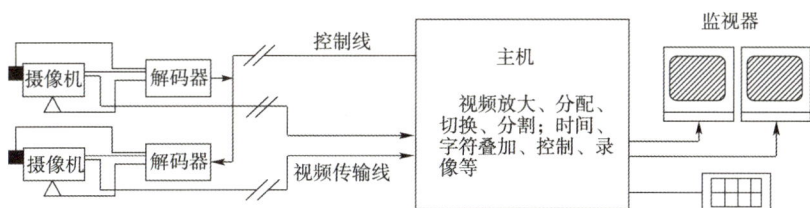

图 6-12　控制台设备

视频切换器亦称为视频矩阵器或视频交换设备。若摄像头与监视器数量相等,就不需要有视频切换器,一般情况下若监视器数量远少于摄像头数量,就需要配置视频切换器,对所监控的图像进行选择性地显示。其技术原理类似于空分电话交换机的技术原理,但视频切换器所交换的是视频信号。矩阵切换方式是比较常用的视频切换方式,它是由多条视频输入子线与多条视频输出母线构成的,所有子母线的交叉点均可由开关控制其通断。矩阵切换方式,如图 6-13 所示。

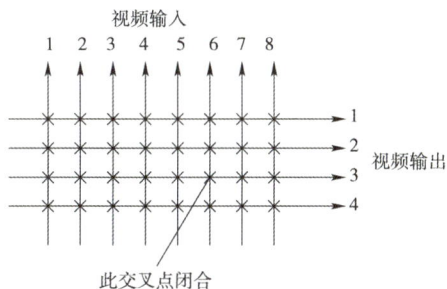

图 6-13　矩阵切换方式

视频切换器的摄像头与监视器的集线比一般为 2:1、4:1、8:1 或 16:1,用户可根据所配置的摄像头与监视器的数量选择视频切换器的容量与集线比。

视频分配器将一路视频输入信号转换为多路(1、2、4、8 路)视频输出信号,而要求输出信号频响、电平、阻抗不变。视频分配器,如图 6-14 所示。

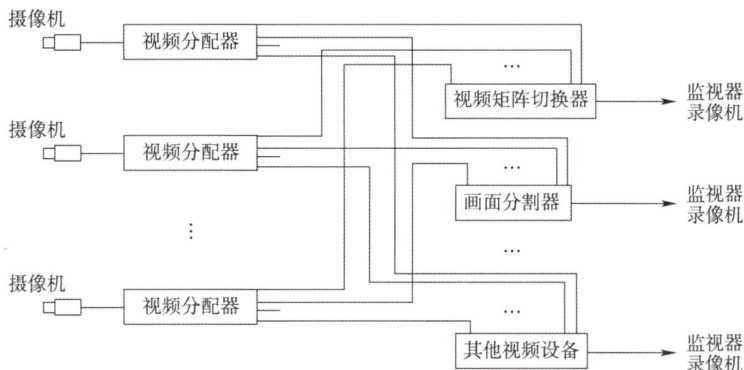

图 6-14　视频分配器

画面分割器的作用是在一台监视器上同时显示 1、4、9、16 个窗口的监控画面。

录像机,模拟视频信号数字化(压缩编码)后才能接入录像设备。

字符叠加器将反映图像场景特征信息或摄像头标题的字符叠加在视频信号中,因而用户在监视器的屏幕上可以看到诸如:1 号车站、2 号车站,1 号变电站、2 号变电站等字符提示。

副控制台设有一个或多个监控分点,副控制台只是一个操作键盘,采用 RS485 通信总线连接主控制台,与主控制台操作键盘的功能相同,可以对整个系统进行各种控制和操作。操作键盘如图 6-15 所示。

图 6-15　操作键盘

远端解码器属 CCTV 监控系统的前端设备。由控制台操作键盘产生的对摄像机及其辅助设备(云台等,亦包括视频切换、音频切换与录像设备)的编码控制信号送到摄像机附近的解码器;在远端解码器中,若控制信号地址编码与解码器地址编码一致,则该解码器将控制台送来的编码控制信号解出,成为控制摄像机及其辅助设备的控制信号。

3. 传输设备

城市轨道交通视频监视系统的运营控制中心和车站等设备都要通过传输系统进行通信。一般来说,传输部分单指的是传输图像信号,由于某些系统中除图像外,还要传输声音信号,有时需要由运营控制中心通过控制台对摄像机、镜头、云台、防护罩等进行控制,因而在传输系统中还包含有控制信号的传输。

图像信号的传输,要求在图像信号经过传输系统后,不产生明显的噪声、失真,保证原始图像信号的清晰度和灰度等级没有明显下降。这要求传输系统在衰减方面、引入噪声方面、幅频特性和相频特性方面都有良好的性能。

在传输方式上,目前电视监控系统多半采用视频基带传输方式。如果摄像机距离运营控制中心较远,可采用射频传输方式或光纤传输方式。

车站、车辆段和备用运营控制中心配有以太网交换机,车站视频设备经交换机汇聚后,通过专用传输系统的以太网通道进行视频信号和控制信号的传输。

二、视频监视系统的功能

视频监视系统在使用上要满足车站和运营控制中心的两级监视要求,所以视频监视系统需要满足以下功能。

1. 监视功能

中心调度员可在各自的显示终端或大屏幕上调看全线任一摄像机的图像,车站/车辆段值班员可调看本站/段任意摄像机的图像。列车司机监视站台和乘客上下车情况。

2. 图像调用功能

车站/车辆段值班员可调用本站/段任一摄像机的图像显示,既可用各种时序自动循环切换,也可由操作人员手动切换。运营控制中心各调度员可通过控制终端切换软件选择本线任一摄像机的图像显示,既可自动循环切换,也可由操作人员手动切换。

3. 录像功能

车站/车辆段设置数字视频图像存储设备,对本站/段所有摄像机摄取的视频信号进行实时不间断录像,保存时间≥7d,具有自溢出功能;运营控制中心调度员也可根据时间、地点等信息对全线车站/车辆段内任何一路图像信号进行检索及查询,应回放时不影响录制。录像功能有两种模式,即 LONG PLAY(24h)和 NORMAL(3h)。LONG PLAY,图像是不连续的、跳跃的,24h 不间断录像;NORMAL(3h)则是连续录取图像。正常时使用 LONG PLAY,有突发情况或需实时录像时转到 NORMAL 模式。在无视频信号输入时,录像自动停止。

4. 摄像范围控制功能

运营控制中心各调度员和各车站值班员分别能够在远程和本地控制云台摄像机,并可设定优先级。

5. 优先级设置功能

视频监视系统可以设置优先级,优先级顺序为:中心防灾调度员、车站防灾值班员、中心行车调度员、车站/车辆段行车值班员、中心电力调度员。具备公安视频监控及其他共享视频信息的优先级设置。

6. 字符叠加功能

视频监视系统应能将摄像机的号码及位置、摄像日期和时间等信息进行叠加,以便在监视器上显示;所有字符的格式、内容等信息,均可由用户方便地自由修改。

7. 画面分割显示功能

视频监视系统应能将不同路数的图像显示在同一屏幕上。

8. 系统网络管理功能

在运营控制中心中心网管室设置网管设备,分别对视频前端设备、控制设备和编解码设备的运行状态进行监视、管理与维护,对系统数据及配置做及时的修改。

三、视频监视系统的控制

城市轨道交通视频监视系统采用车站、运营控制中心两级互相独立的监控方式,平常以车站值班员控制为主进行视频监控,运营控制中心调度员可任意选择上调各车站的任一摄像头的监控画面。在紧急情况下则转换为以运营控制中心调度员控制为主进行视频监控。在一个城市有多条线路的情况下,上层的线网管理中心可以设置为线网视频监视中心,根据需要调看各线路监控画面,从而形成车站、运营控制中心和线网管理中心的 3 级视频监控系统。出于安全与事故取证要求,车站和运营控制中心还应具有录像功能。

由运营控制中心和车站两级组网,两级调度指挥人员均可通过控制终端设备对系统内的图像进行监视和控制。车站值班员通过控制键盘可选择显示任意 2 幅本站图像,2 幅图像可自动循环显示。站台监控室监视器显示本站站台图像;站台监视器固定显示本侧站台二合一图像。调度员通过控制键盘可选择调入任意一幅图像至本台监视器,电视监视屏幕墙可人工选择或自动显示同一车站的全部图像,也可同时显示不同车站任何图像。

运营控制中心图像和车站值班员图像具有不同的显示方式,可人工选择监视,也可按不同的编程规律自动循环显示。控制键盘具有可控制摄像机云台和镜头动作,可调焦、旋转、定点等控制功能。当运营控制中心和车站同时控制相同的云台、镜头进行选择监视时,环控(防灾)调度员具有最高控制权,向下依次为行车调度员、车站值班员、公安调度员。同一站台的2个摄像机图像合为一幅图像,岛式站的4台摄像机合为一幅图像。指挥中心调度员可通过控制器对图像进行长时录像。

OCC能在任一监视器上实时显示任一摄像机画面;在一台监视器上能自动(通过时序编程循环显示)或手动实现任一摄像机及摄像机预置位图像的快速切换。工作人员通过控制盘控制视频交换矩阵选择图像,查看全站范围图像,每个摄像头单幅图片、分屏单元的站台分屏图像,有单幅切换方式、分组扫描显示方式、单幅切换方式。

循环扫描方式就是按固定顺序固定图像循环显示,不需要操作键盘实现全站或所需区域的查看。例如:

第1组:站台、站厅所有单幅图像,站台分屏图像。

第2组:站厅所有单幅图像,站台分屏图像。

第3组:站厅所有单幅图像。

第1组包括所有本站图像,以下递减,满足不同需要,在不同监视器显示不同站图像。车站分组显示功能的操作,按车站将图像分组,同时显示同一个车站的所有图像。站台分组显示的选择操作,按站台进行图像分组;图像可分为两组,一组显示站台上行,另一组显示站台下行,按分组顺序自动显示。

视频监视系统24h不间断运行,在运营时间,提供客流和列车情况;非运营时,实时不间断地提供现场图像并按需要进行实时录像,以保证安全。

课题6.2　乘客信息系统的应用

乘客信息系统(Passenger Information System,PIS)是以计算机及多媒体应用为平台,以车站和车载显示终端为媒介向乘客提供信息的系统,如图6-16所示。

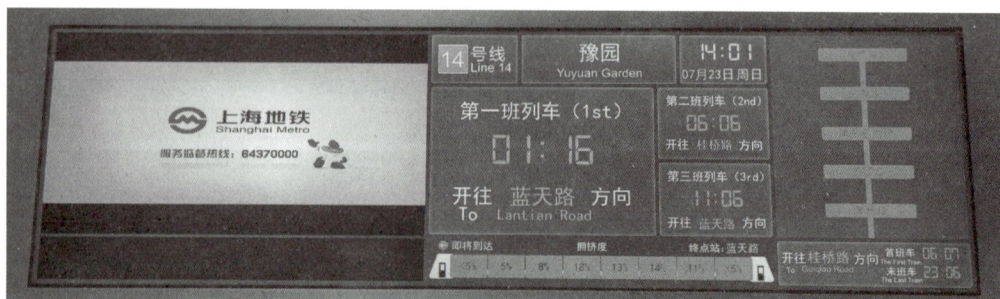

图6-16　乘客信息系统

乘客信息系统在正常情况下,提供乘车须知、轨道交通首末车服务时间、列车到站时间、列车时刻表、管理者公告等运营信息及政府公告、出行参考、媒体新闻、赛事、广告等公共媒体信息;在紧急情况下,本着运营信息优先使用的原则,可提供动态辅助性提示。车载设备负责接收系统无线传输的信息,经处理后在列车客室内终端设备上播放,使乘客通过正确的服务信息引导,安全、便捷地乘坐轨道交通。

一、乘客信息系统的构成

乘客信息系统从控制功能上分为四个层次:信息源、中心播出控制层、车站车载播出控制层和车站车载播出显示终端设备。

信息源主要设备为视频流和数据服务器,信息源向整个系统发放网络视频和数据,能够同时提供多种标准的视频。

中心播出控制层,主要负责信息的采集、编辑和播出以及对系统内的播出设备进行集中的播出控制管理。通过对各个车站的播出设备进行集中控制,各个车站乘客信息系统实现无人值守的运行,降低了人为操作带来的失误和故障。

二维码
乘客信息系统的
使用

车站车载播出控制层,可以在此及时编辑指定的信息,并发布到指定的终端显示屏,提示乘客注意,可以进行整个车站的某一/某组的工作状态切换,实行对车站的所有播放设备的操作控制。

车站车载播出显示终端设备,如站台显示器显示即将到来的列车的信息以及车站状况的信息;车厢显示器显示列车车厢状况,播放新闻、注意事项等,同时提供广播、磁带、CD、小影碟等播放娱乐服务。乘客紧急报警通信装置,即乘客遇到紧急情况,为乘客信息系统产生报警信息,有防止误操作功能。扬声器提供车内广播,为乘客提供语音信息。

乘客信息系统从结构上可分为:中心子系统、车站子系统、网络子系统和车载子系统四个部分(图6-17)。中心子系统、车站子系统通过网络子系统进行连接。

1. 中心子系统

中心子系统采集外部信息流,经编辑、处理手段,生成内部信息,按既定规则或版式播出,以达到向乘客传递信息的目的。

中心子系统负责视频流的转换及各类信息的播放;监视控制网络及终端设备的工作状态;负责系统故障维修的集中管理,确保系统正常运营。中心子系统可作为与外部信息源的接口;可采集信息、处理系统内各类数据;可管理/控制系统设备;可编辑生成播出版式;可制定播放优先等级;可进行信息的统计分析;可提供系统安全机制;可制定系统岗位操作规程。

中心子系统设备放置在运营控制中心通信机房,同时在中心设播出控制工作站,由中心值班员控制。

在运营控制中心设置视频监控终端,可调用车载 CCTV 系统视频图像,并可设置轮巡监视等复杂功能。由于受无线带宽的限制,正常情况下,运营控制中心可同时调用每列车上的2 路 CCTV 视频图像,如发生紧急情况时,系统将自动停止车载视频的下载功能,全部带宽用来保证 CCTV 视频图像的上传,同时可将同一列车所有 CCTV 视频图像上传至运营控制中心。

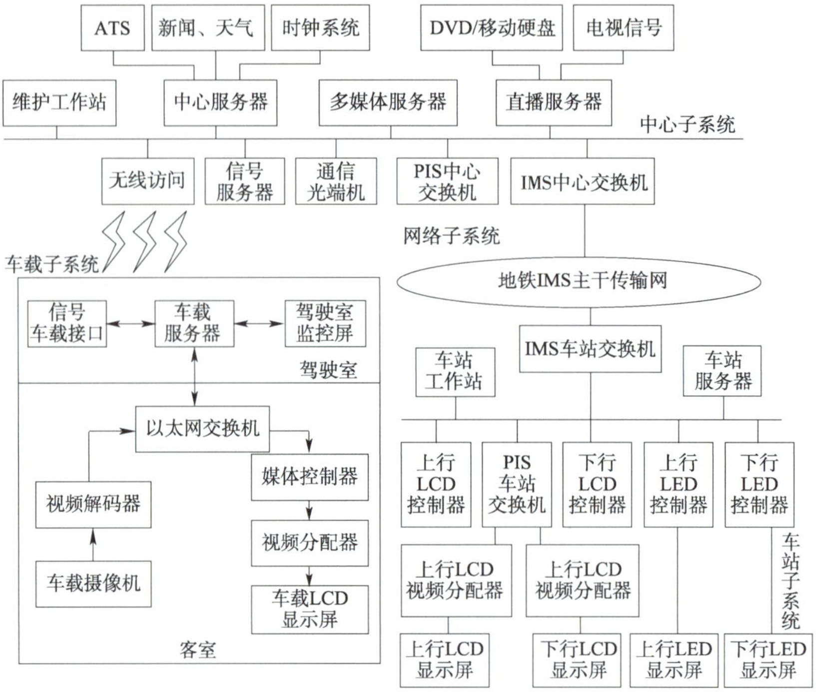

图 6-17　乘客信息系统的结构

中心子系统的设备主要由中心操作员工作站、网管及监控工作站、无线管理工作站、多媒体素材管理工作站、播出控制工作站、中心监视终端、中心服务器[图 6-18a)]、视频流服务器、资讯应用服务器、直播数字电视编码器、中心存储设备、有线电视解调器、音视频切换矩阵[图 6-18b)]、上/下变换器、打印机、有线电视传输制式转换设备、外部信号源和中心集成化软件系统等构成。整个中心子系统设备构成了一个完整的播出、集中控制、集中监控系统,同时中心子系统还将提供多种连接其他系统的接口。

a)

b)

图 6-18　中心子系统的设备

2. 车站子系统

车站子系统由车站服务器、车站操作终端（紧急信息发布）、媒体控制器、网络系统和集成化软件系统等组成。车站子系统通过传输通道转播来自运营控制中心的数据，实时播放和本地播放，媒体控制器通过模板播出显示，并在模板划分的不同区域显示本站的信息，如列车运行信息和各类个性化信息等。

车站子系统分为控制和现场显示两部分。控制部分包括车站服务器、车站操作终端、网络系统。现场显示部分包括所有的 LCD/LED 屏（图 6-19）以及相应的媒体控制器（图 6-20）。车站操作终端安装在车站的综控室内，根据车站规模及客流量的大小，在车站每侧站台设置不等数量的 LCD 显示屏，如图 6-21 所示。

图 6-19　出入口 LED 显示屏

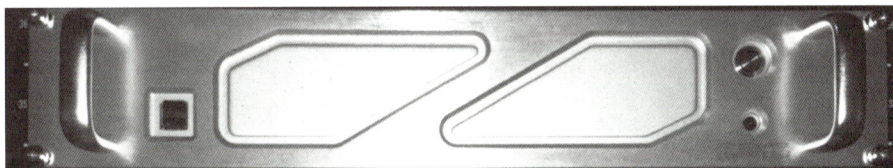

图 6-20　LCD 控制器

图 6-21　站台 LCD 显示屏

车站子系统负责接收并下载运营控制中心下传命令（设备开关机等）、各类信息内容（连同节目列表等）、系统参数（时钟信息等）。

车站子系统原则上无须人工干预,只有特殊或紧急情况下,通过车站权限操作员登录将需要发布的信息(或预定义号码)、发布信息显示屏组以及发布申请提交运营控制中心,由运营控制中心审核后将相关信息发布至指定显示屏组。播出版面在正常运营期间自动定时切换而不需人工干预,以避免固定显示的文字或图像对显示终端的灼伤(烧屏)现象。

3. 网络子系统

网络子系统分为有线网络子系统和无线网络子系统。

有线网络子系统为 PIS 系统提供运营控制中心到各车站(含无线接入点)的视频和数据信号传输通道。运营控制中心和所有车站的设备连接到传输网络提供的传输通道上,PIS 系统在每个车站和车辆段、停车库设置 PIS 系统车站交换机,从而构成一个完整的 PIS 系统的信息传输路径。

无线网络子系统实现运营控制中心与车载子系统之间的数据信息传输,根据车载乘客信息系统的功能,要求移动的列车与地面之间具有实时双向数据传输的能力。

无线网络子系统作为有线网络的延伸,提供地面与列车的通信。设备包括设置在运营控制中心的无线控制器、沿途隧道内的光缆、无线接入点设备、车载的无线单元和天线。

无线控制器(Wireless Access Point Controller,WAPC)是一种网络设备,如图 6-22 所示,用来集中化控制无线接入点(AP),是无线网络的核心,负责管理无线网络中的所有 AP,对AP 的管理包括:下发配置、修改相关配置参数、射频智能管理、接入安全控制等。

图 6-22　无线控制器

无线网络应充分考虑列车在高速情况下的切换问题,应采取有效措施减少切换时间和降低因切换带来的数据损失,在列车高速运行时,不应丢失连接和引起画面质量降低。正常情况下,列车能到达的地方都应进行全面的网络覆盖测试,并满足覆盖要求,以保证数据在车上的实时播放不中断,且播放质量不受影响。

无线接入点(AP)是使无线设备用户进入有线网络的接入点,作为无线局域网的中心点,供其他装有无线网卡的计算机通过 AP 接入无线局域网;也可以通过对有线局域网络提供长距离无线连接,或对小型无线局域网络提供长距离有线连接,从而达到延伸网络范围的目的,如图 6-23 所示。

PIS 与专用通信 CCTV 以太网交换机共用,合用以太网通道,PIS 专业带宽不应超过200Mbit/s。CCTV 与 PIS 共享中心、车站以太网交换机及传输带宽的具体方案,包括带宽分配、流量控制、VLAN 划分、IP 划分等内容。地面至列车的信息传输采用无线方式。PIS 使用802.11 或者 LTE 网络,与车载无线接收设备具备互联互通功能。

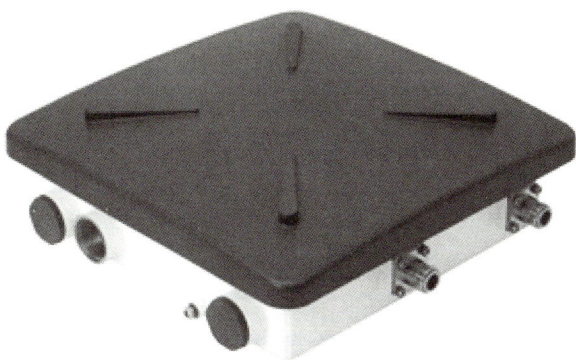

图 6-23　无线接入点

4. 车载子系统

传统的乘客信息系统只有车站的信息向导,无全网概念,系统功能较弱;随着无线传输的成熟,很多的城市轨道交通乘客信息系统设置了车载的乘客信息系统。中心子系统与各车站子系统通过传输系统相连,车载子系统与各车站子系统通过无线网络相连,接收相关的信息并在列车的显示屏上显示。车载信息显示系统的建设是为了更好地提高对乘客的服务质量,通过此系统,中心能快捷、方便地将一些热点新闻、资讯信息、交通状况、体育赛况、天气预报、时政要闻、股票、广告和公告等信息,通过视频、音频或文字的方式传播到列车上,供乘客消遣、娱乐,并及时了解到对自己有用的相关信息。

车载 PIS 系统,包括车载乘客信息显示系统(Passenger Information Display System,PIS)和视频监控子系统(CCTV)。

车载 PIDS 采用先进的、成熟的多媒体信息处理技术和计算机通信网络技术,在编组列车上构建一个多媒体信息处理与传输平台,为列车乘客提供更多的、高质量的信息服务。

车载 PIS 视频无线接收/发送以及播放控制装置,均设置在驾驶室;LCD 视频传输、分屏和客室视频监控、编解码及传输装置,设置在客室,如图 6-24 所示。

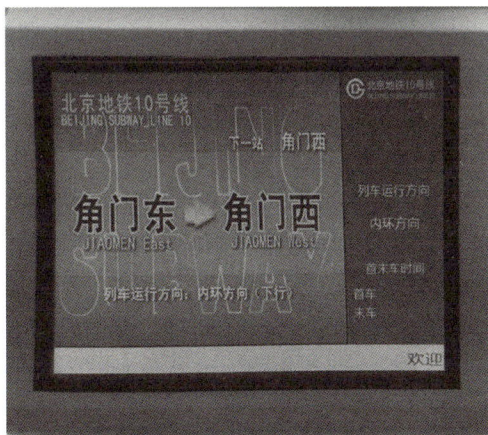

图 6-24　客室 LCD 显示屏

车载子系统核心的问题是无线传输,目前用于车-地通信的无线网络有无线局域网(WLAN)、WinMAX、LTE/数字电视地面广播、地铁专用无线通信(数字集群 TETRA),采用

TETRA 提供的传输通道不需另建无线网络,但采用此方式时,传输带宽较低,车-地间信息传输内容和类型有局限性,目前通常采用 WLAN 或 LTE 方式。另外,为实现大量数据向列车的传输,可在车辆段设置系统节点,通过无线方式向列车传输部分大容量数据。

车载监控系统通过安装在客室的摄像机和安装在驾驶室顶部的摄像机,分别用于监控乘客在整个乘客室内的活动情况和记录列车司机的在司机操作台上的操作过程,并使司机能够通过安装在驾驶室中的 CCTV 监视触摸屏实时监视或录像回播客室内乘客的活动情况。

客室车厢中各安装 2 台摄像机。车辆上的客室摄像机输出的信号经过视频编码后,视频流通过以太网传输到驾驶室媒体主机中保存。每个驾驶室内安装 1 台驾驶室媒体主机,拥有监控视频存储功能。驾驶室媒体主机自带以太网络接口可连接各客室网络交换机。驾驶室媒体主机内部设置有一个工业级的防振硬盘支架,可以放置硬盘。

每个驾驶室内 CCTV 监控触摸屏内集成 CCTV 系统控制模块,模块支持网络接口,可实时监视列车以太网上的视频流,也可以从驾驶室媒体主机内读取硬盘内的视频文件。即使驾驶室媒体主机出现故障,也不影响在触摸屏上观看监控视频。监控软件支持多种监控功能,能够自动轮巡显示一路或四路实时画面或由司机手动调看指定摄像机画面,如图 6-25 所示。

图 6-25　驾驶室视频监控

二、乘客信息系统的功能

1. 应急功能

乘客信息系统可以预先设定多种紧急灾难告警模式,方便系统自动或人工触发进入告警模式。通过设置在调度大厅的紧急信息发布工作站,设定每种模式的告警信息及各种告警信息发布参数。在发生火警、恐怖袭击等情况时,由相应的接口系统或人工触发,进入紧急灾难告警模式。此时,相应的终端显示屏显示发布乘客告警信息及人流疏导信息。

当车站发生非预期的灾难且需要乘客信息系统实时发布灾难告警信息时,乘客信息系统软件可以即时编辑发布紧急信息。通过中心紧急信息发布工作站,由相应权限的操作员即时编辑各种告警信息,并送至指定的终端显示屏,使乘客及时看到告警信息及人流疏导信息。

2. 宣传及广告发布功能

乘客信息系统通过形象视频、图片、文字的播出,可以为城市轨道交通进行更多的形象宣传。形象宣传的多媒体播放方式支持 DVD 视像播放,VCD 视像播放,AVI、MPEG2/4、FLASH、GIF 等动画效果播放,文本动画显示、图像动画显示、网页显示、常用文件播放显示。

乘客信息系统还可作为广告的发布平台。广告的类型可以为短片视频广告,也可以播出图片和文字等灵活多样的广告,更能够吸引乘客的注意。另外,乘客信息系统也提供了广告合同管理功能,使得运营企业能够更好地对广告业务进行运作。

3. 区域屏幕分割功能

终端显示屏幕模板可根据要求分割为多个区域,不同区域可同时显示不同的各类资讯,包括文字、图片和视频信息;不同区域的信息可采用不同的显示方式,以吸引更多的观众。播出的版面可以根据不同需要而进行调整,各子窗口可以独立制定时间表,通过时间表的控制,每一子窗口可以单独用于显示列车服务信息、乘客引导信息、商业广告信息、一般站务信息及公共信息、新闻、天气、通告等,同时也可对某个信息进行全屏播放。

4. 显示列车服务信息

车站子系统的信息播放控制器直接从信号系统实时接收 ATS 列车服务信息,再控制指定的终端显示器显示相应的列车服务信息,如列车的到站时间、列车时间表、列车阻塞/异常、特别的列车服务安排等信息,还有车厢空调冷热安排及车厢内拥挤程度显示。车站 PIS 显示列车服务信息如图 6-26 所示。

5. 车载信息播放功能

列车能实时接收、存储并播放中心下发的新闻、公告、商业广告等。车载信息的播放是由播放控制设备根据播放列表自动进行播放,播出版面在正常运营期间自动定时切换而不需人工干预,以避免固定显示的文字或图像对显示终端的灼伤(烧屏)现象。在接收故障、中心故障或通道故障等情况下,应能自动切换,将存储信息进行播放,不应让乘客有突兀的感觉。车载信息播放如图 6-27 所示。

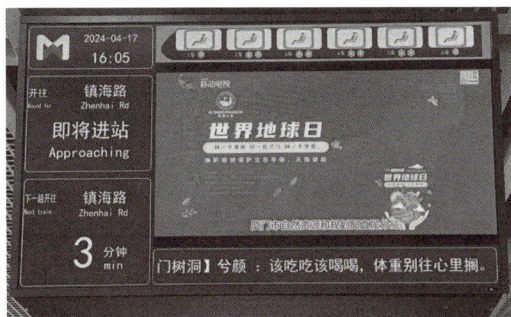

图 6-26　车站 PIS 显示列车服务信息

图 6-27　车载信息播放

乘客信息系统主要是确保乘客安全的到达目的地,在此基础上给乘客提供更多的信息和商业广告等,因此,在乘客信息系统中必须考虑信息显示的优先级。高优先级的先显示,相同优先级的按先后顺序显示。

紧急灾难信息的优先级最高,然后依次是列车服务信息、乘客导向信息、站务信息、公共信息和商业信息。高优先级的信息可中断低优先级信息的播出,低优先级的信息不能中断高优先级信息的播出。当高优先级信息被触发时,低优先级信息被中断停止播出,如果发生紧急信息,自动进入紧急信息播出状态,其他信息播放中止,系统以醒目的方式提示乘客紧急疏散,直到警告解除。相同优先级的信息按信息发出的先后顺序播放。

6. 时钟显示的功能

乘客信息系统可以接收时钟系统的时钟信号,确保终端显示屏幕显示时钟的准确性。屏幕可以在播出各类信息的同时提供显时服务和日期显示。通过时间表可以设定终端显示屏的全屏或指定的子窗口显示多媒体时钟。

7. 与其他设备的接口功能

乘客信息系统为多种设备提供接口,提供多种信息服务。

乘客信息系统与传输系统之间设有接口,传输系统为乘客信息系统和视频监视系统提供一路共享的以太网通道。

乘客信息系统与 CCTV 之间设有接口,乘客信息系统在中心将列车视频监控信息传送给CCTV 车站交换机系统,CCTV 系统接收列车视频监控信息后提供给相关人员进行调用显示。

乘客信息系统与时钟系统之间设有接口,PIS 与时钟系统进行时间同步。

乘客信息系统与 FAS 之间设有接口,乘客信息系统能够接收并解释 FAS 发送的命令,并回送乘客信息系统的状态给 FAS 系统。

乘客信息系统与 ATS 之间设有接口,乘客信息系统能够接收并解释 ATS 发送的命令,进行列车进站、位置等信息的显示。

三、乘客信息系统的运行

1. 车站子系统的运行

车站子系统根据系统各级设备是否能正常提供服务,可以分为正常模式、降级模式和单点故障模式。

正常模式,乘客信息系统由运营控制中心直接组织信息播放,车站子系统接收实时节目内容,并按照接收到的播放列表和窗口框架播出。

降级模式(应急模式),当运营控制中心故障或网络通信中断时,受到影响的车站子系统迅速自动转入降级模式,按已预先定义的应急播放列表和本地存储的节目内容自行组织播放。

单点故障模式,当个别终端显示设备与系统通信中断时,通信中断的终端设备按已预先定义的应急播放列表和本地存储的节目内容自行组织播放。其余设备按照原有模式运行。

2. 车载子系统的运行

车载子系统根据系统结构或者其他设备所提供信息等,可以分为实时模式、准实时模式、录播模式、单点故障模式。车载子系统的运行与乘客信息系统无线子系统所提供的信息密切相关。

实时模式,车载子系统实时接收的视频和文本信息在车载子系统显示屏显示。

准实时模式,当车载系统无法与地面进行不间断实时通信时,车载子系统在列车进站停靠期间或车辆回库期间,通过无线网络在非移动的情况下高速传输并预存显示信息、播放列表和窗口框架,供车载系统组织播出,以保证列车在整个运行期间播出节目不间断。

录播模式,每天运营结束后,车载子系统车辆段集中接收并存储运营控制中心下发的次日播放列表及节目内容。车辆运营时,车载系统按照接收到的播放列表,自行播放预存的节目内容。

单点故障模式,当个别列车车载显示设备与系统通信中断时,通信中断的列车按照预先定义的应急播放列表和本地存储的节目内容自行组织播放。其余设备按照原有模式运行。

项目实施与评估

任务6.1 视频监视系统视频操作和录像调取设置

【任务目的】

掌握视频监视系统视频操作和录像调取设置。

【任务设备】

中心或车站视频监视系统一套。

【任务步骤】

(1)视频显示设置和操作。

登录用户接口系统后,工作站会显示一个菜单条,位于屏幕的底部。操作人员点击"CCTV",进入设置界面。

①选择监视器操作(图6-28)。

图6-28 选择监视器

②多画面显示操作。

操作员从"选择监视器"框中的下拉列表中选择需要进行图像切换的摄像机。下方提供"单画面显示""四画面显示""九画面显示"三个功能按钮,用于不同的功能切换。可以切换多个画面的显示,如图6-29所示。

在"单画面控制"页签中切换所选监视器上的图像。从车站列表中选择所需车站后,系统自动切换到所选车站的平面地图。平面地图显示每个摄像机的状态,并显示占用操作员的级别。操作员通过"选择摄像机"列表下拉框,或者通过鼠标双击平面地图上的摄像机图符,相当于直接从列表中选择该摄像机。当选择摄像机后,"确定"按钮被激活。点击"确定"按钮后,监视器上显示指定摄像机采集到的图像。当所选摄像机为云台摄像机时,右边的所有按钮被激活,可对摄像机进行 P/T/Z 控制。

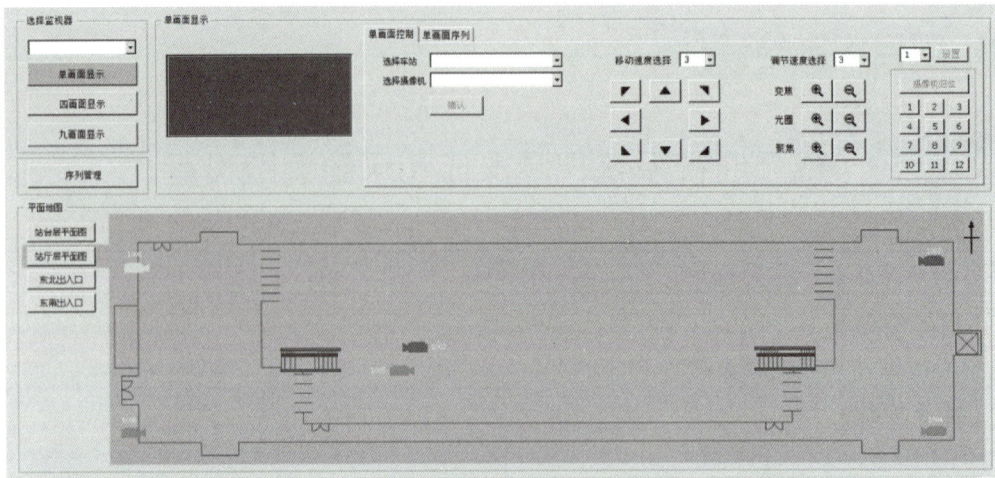

a) 单画面显示

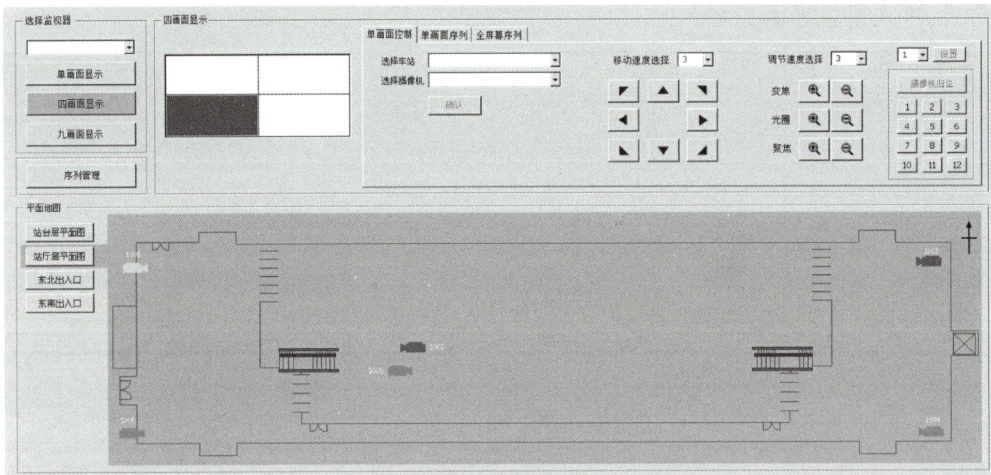

b) 四画面显示

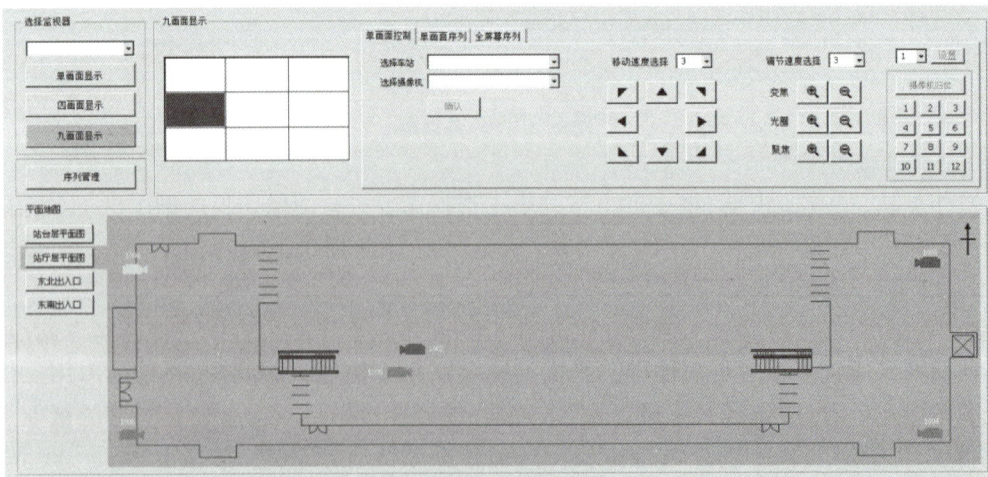

c) 九画面显示

图6-29　多画面显示

摄像机 P/T/Z 控制有：水平 360°旋转、上下 180°俯仰、任意角度转动、焦距、变焦、大小、归位、预设位存储/读取。

在四画面和九画面显示时，可以在"单画面序列""全屏幕序列"页签中选择在所选监视器上的所有画面中依次播放的摄像机序列，并且通过下拉框选择该序列的播放方式（正序/逆序）。指示器中的每个画面都为选中状态，且用序号标出了序列步骤显示的顺序。在九画面指示器下方会显示当前正在执行的序列名称。具体如图 6-30 所示。

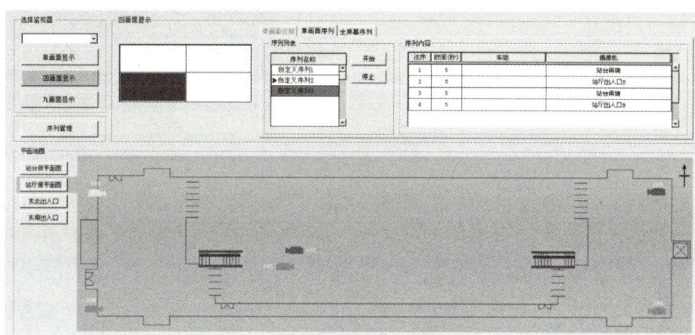

a) 四画面单画面序列

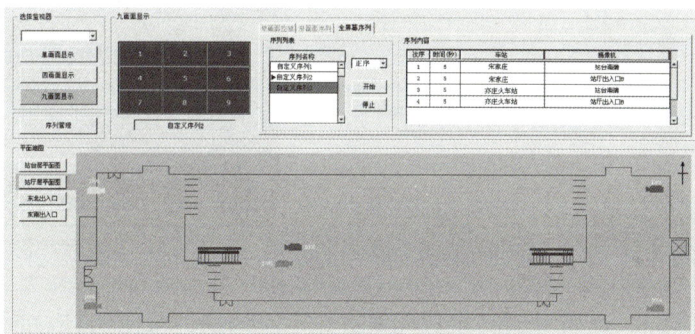

b) 九画面全屏序列

图 6-30　多画面全屏序列

点击"序列管理"按钮，右侧显示序列列表，可完成序列的新增、编辑和删除，如图 6-31 所示。

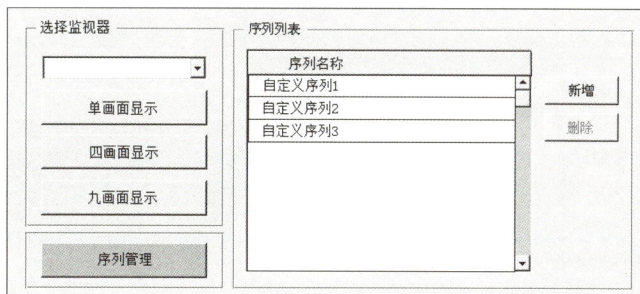

图 6-31　序列管理

（2）录像查询。

①选择"录像视图"模块，如图 6-32 所示。

②在"站点设备管理树"中选择摄像机，拖至"设备名称"右侧的灰色框内，如图 6-33 所示。

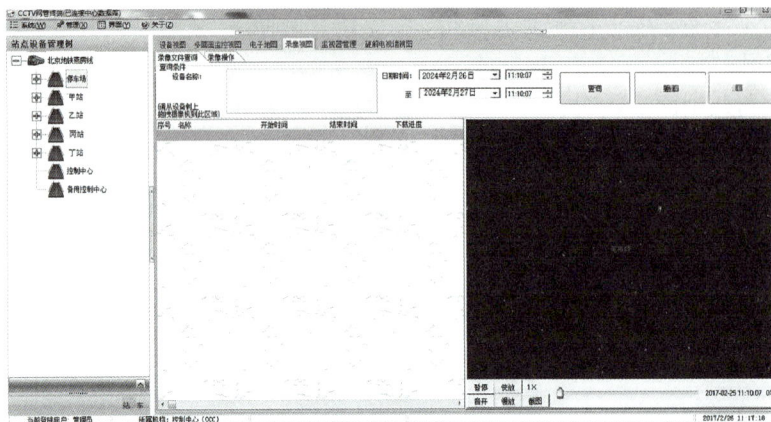

图 6-32　录像视图

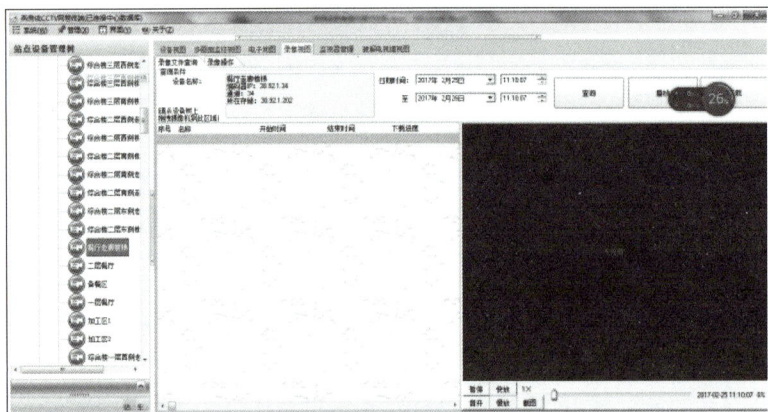

图 6-33　站点设备管理

③选择时间,点击"查询"按钮,录像列表会显示查询到的录像信息,如图 6-34 所示。

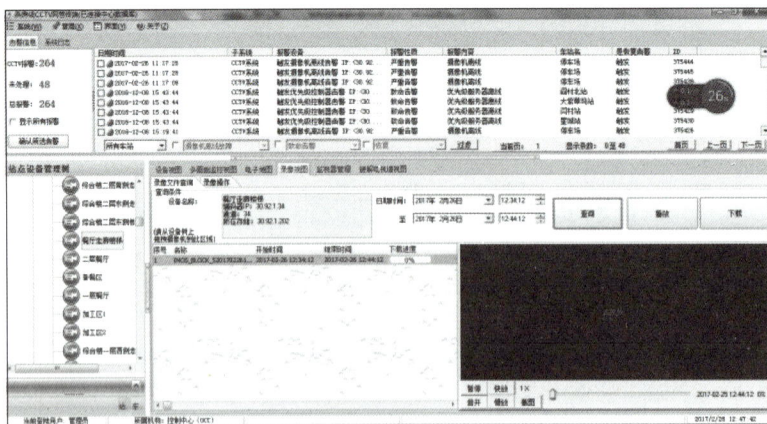

图 6-34　录像查询

④播放录像,录像查询操作后选中列表中的录像文件,点击播放按钮,播放录像;点击"暂停"或"继续"按钮,可暂停/继续录像播放;点击"慢放""拖动进度条"按钮来控制录像播放,如图 6-35 所示。

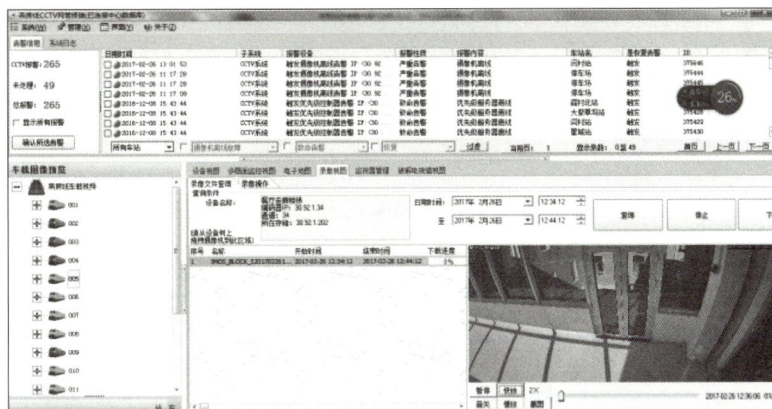

图 6-35　播放录像

⑤录像下载,录像查询后,选中列表的录像文件,点击下载按钮,选择下载目录,如图 6-36 所示。录像列表中显示下载进度,录像进度为 100% 时完成下载,如图 6-36 所示。

图 6-36　下载录像

【任务评估】

班级		姓名		学号		日期	
任务目的 视频监视系统的操作和录像管理。							
任务		操作			总分		得分
1. 视频显示设置和操作		设置单画面显示			10		
		设置四画面显示			10		
		设置九画面显示			10		
		摄像机 * 选择			20		
		显示序列管理			10		
2. 录像管理		查询 * 录像			15		
		播放 * 录像			10		
		下载 * 录像			15		
总得分							
任务反思与总结：							

注：* 可根据当前设备状态选择。

任务6.2　乘客信息系统信息的发布

【任务目的】

掌握乘客信息系统信息的发布。

【任务设备】

乘客信息系统一套。

【任务步骤】

消息常规发送操作如下：

（1）勾选目的设备（播放器或 LED 屏），或者指定列车，如图 6-37 所示。

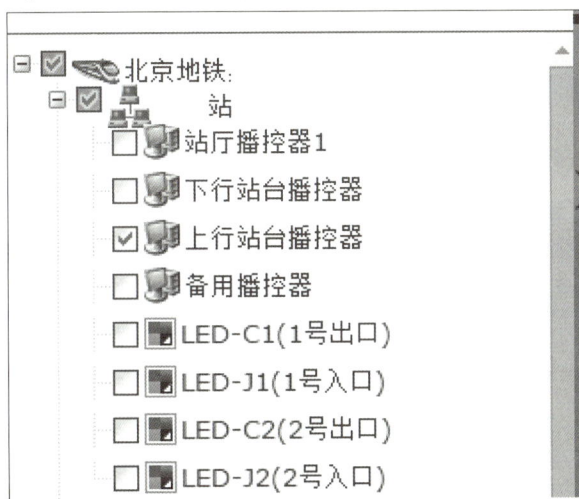

图 6-37　选择目的设备

（2）选择消息的类型，如图 6-38 所示。

图 6-38　选择消息类型

（3）选取消息模板，如图 6-39 所示。

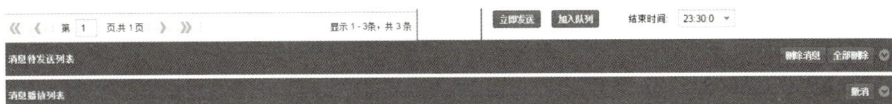

图 6-39　选择消息模板

（4）选择是否为中英文双语显示，若是，则勾选"双语播放"按键。

（5）编辑选定的消息，消息模板中含有变量如车站、数目等，在选择发送时根据需要修改变量的值，如图 6-40 所示。

图 6-40　选择双语和编辑选定消息

（6）输入消息的播放时间，当需要立即发送时，起始时间可以为空，如图 6-41 所示。

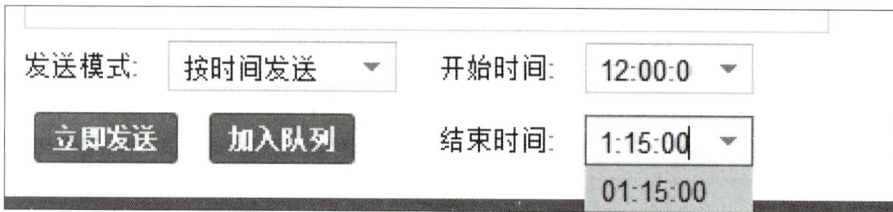

图 6-41　发送时间设置

（7）消息发送，点击"立即发送"或"加入队列"完成消息发送的操作，该操作需要输入密码确认。

【任务评估】

班级		姓名		学号		日期	

任务目的
乘客信息系统信息的发布。

任务	操作	总分	得分
1.消息发布	选择目的设备或者指定列车	10	
	选择消息的类型	10	
	选取消息模板	10	
	选择中英文双语显示	10	
	编辑选定的消息	10	
	输入消息的播放时间	10	
	消息发送	10	
2.PIS 信息制作 *	按照设备具备的视频制作条件和要求,完成一条熟悉车站的 PIS 信息制作	30	
总得分			

任务反思与总结:

注:*可根据当前设备状态选择。

项目拓展

基于人工智能的视频分析系统的应用

城市轨道交通视频监视系统数以千计的前端摄像机以及海量的存储视频,很难有效进行主动性的防范、预警,更多的只是在事件发生后,为事件调查分析提供相关音视频举证。因缺乏对视频的智能分析,事后举证只是根据大致时间段进行人工查找,消耗大量的人力物力。

利用现有城市轨道交通视频监视系统图像,对各路视频数据进行不间断实时监视和智能视频分析,让系统自动替代人眼分析出重要的信息数据,做到主动报警,第一时间通知运营管理人员该关注的视频信息,减少异常事件发生带来的危害,提高运营效率,是实现城市轨道交通运营管理智慧化转型的手段。

智能视频分析技术主要基于计算机视觉和人工智能(Artificial Intelligence,AI),并模仿人类的视觉认知机理,通过使用计算机图像视觉分析技术,将场景中背景和目标分离,进而分析并追踪在场景内出现的目标。城市轨道交通运营企业可以根据视频内容分析功能,通过在不同摄像机的场景中预设不同的报警规则,一旦目标在场景中出现了违反预定义规则的行为,系统会自动发出报警。智能视频监视的目标是对监视视频画面中的场景和事件进行自动理解,在理解的基础上对人们关注的目标或者事件进行探测、报警,并且基于海量数据生成各种统计信息。

根据城市轨道交通运营业务需要,视频分析技术通常在城市轨道交通的出入口、通道、站厅、站台等地方需要大量地运用,这些地方是城市轨道交通人流汇集的地方,是事故发生的高频地点。智能视频分析系统能支持安全区域检测、客流分析、异常情况检测等。

1. 安全区域检测

城市轨道交通除了提供一般乘客使用的自由活动的空间和区域外,还存在出于安全考虑对乘客关闭并对异常情况保持敏感的空间或区域。对无人值守的禁区划界,如地铁隧道或者围栏处、各种设备用房,能实现如有人闯入禁区即主动报警的功能;对在禁区附近徘徊超过一定时限的人员也能进行检测,并主动报警;对只允许单向通行的通道,检测其中有逆行事件,能够主动报警;对公共区域内遗留超过一定时间的物品也能进行监控,实现主动报警,及时防范恶意破坏行为。

2. 客流分析

城市轨道交通车厢、站台、检票口以及各种通道是乘客必经的空间,每天都有数量巨大的人流通过或停留,这些位置的阻塞直接影响车站甚至网络的运行状态。客流数据一般是通过清分系统获取的,由于清分系统的特性,只能了解到一定时间内线网各车站的进出站客流和某区间之前一段时间的断面客流,对于车站空间的实时客流无法得知。采用智能视频分析系统进行客流密度检测,可以获知车站总体区域,特别是站台区域的人流密度。

智能视频分析系统可以自动检测用户设定的监控区域内人流的密度,以密度统计值的形式定时更新,按照预设的值分等级进行报警,也可以根据人体检测算法,估算出当前区域的人数。全面掌握车站及网络运营状态,可为运营管理措施提供明确的数据支持,实时获取城市轨道交通网络各处的客流量,使城市轨道交通运营状态的判断和发布更客观、更科学。

3. 异常情况检测

异常情况检测包括乘客异常行为、设备异常情况及异常事件等。乘客异常行为包括在摄像头显示监视区域内系统自动识别出摔倒、逃票、隔栏递物、徘徊、入侵等行为,并通过告警及时通知车站值班人员;设备异常情况包括自动扶梯、站台门、闸机异常等,自动扶梯异常检测能分析识别自动扶梯的运行方向及停止还是运动的状态,并能监测扶梯上乘客状态是否正常,如逆行、摔倒及夹人等。异常事件包括异常客流、站台火灾、异常天气等,系统一旦分析到异常的情况,会通过激活视频窗口和声光报警的方式提醒车站值班人员进行关注,工作人员可随时对视频场景中的情况进行观察并做出判断和处置,保证城市轨道交通稳定运行和人员安全。

课后巩固

一、填空题

1. 视频监视系统为_____、_____和_____提供图像信息。

2. 录像存储设备能够将需要的视频信息保存下来,此设备有_____和_____两种形式。

3. 城市轨道交通视频监视系统采用_____和_____两级互相独立的监控方式。

4. 乘客信息系统从结构上可分为_____、_____、_____和_____四个部分。

5. 网络子系统分为_____网络子系统和_____网络子系统。

6. 车站子系统根据系统各级设备是否能正常提供服务可分为_____、_____和_____三种。

二、选择题

1. 视频监视系统将不同路数的图像显示在同一屏幕上的功能是( )。

A. 监视功能　　　　　　　　　　B. 图像调用功能

C. 录像功能　　　　　　　　　　D. 画面分割显示功能

2. ( )采集外部信息流,经编辑、处理手段,生成内部信息,按既定规则或版式播出。

A. 中心子系统　　B. 车站子系统　　C. 网络子系统　　D. 车载子系统

3. 乘客信息系统车载信息中( )的优先级最高。

A. 紧急灾难信息　　　　　　　　B. 列车服务信息

C. 乘客导向信息　　　　　　　　D. 公共信息

4. 车载子系统实时接收播出的视频和文本信息在显示屏显示的运行模式是( )。

A. 实时模式　　　B. 准实时模式　　　C. 录播模式　　　D. 单点故障模式

三、简述题

1. 简述视频监视系统的作用。

2. 简述视频监视系统的不同控制方式。

3. 简述乘客信息系统的功能。

4. 简述乘客信息系统车载子系统准实时模式的运行方式。

缩略语中英文对照表

英文缩写	中文名称	英文全称
5G	第五代移动通信技术	the 5th Generation Mobile Communication Technology
ADM	分插复用器	Add drop Multiplexer
ADSL	非对称数字用户线路	Asymmetric Digital Subscriber Line
AFC	自动售检票系统	Automatic Fare Collection
AM	调幅	Amplitude Modulation
AP	接入点	Access Point
AR	自动折返	Automatic Reversal Operation
ASK	幅移键控	Amplitude-shift Keying
ATM	异步传输模式	Asynchronous Transfer Mode
ATC	列车自动控制	Automatic Train Control
ATP	列车自动防护	Automatic Train Protection
ATPM	ATP 监督下的人工驾驶模式	Automatic Train Protection Mode
ATO	列车自动运行	Automatic Train Operation
ATS	列车自动监控	Automatic Train Supervision
AU	管理单元	Administrative Unit
BF	波束成形	Beamforming
BS	基站	Base Station
CBTC	基于通信的列车控制	Communication Based Train Control
CCTV	视频监视系统	Closed Circuit Television
CDMA	码分多址	Code Division Multiple Access
CM	编码人工驾驶模式	Code Train Operation Mode
CI	计算机联锁	Computer Interlocking
CPU	中央处理器	Central Processing Unit
dB	分贝	Decibel
DCS	数据通信系统	Data Communication System
DMI	司机人机交互	Driver-machine Interface
DMO	直通通信方式	Direct Mode Operation
DSU	数据服务单元	Data Service Unit
DTI	发车计时器	Departure Time Indication
DTMF	双音多频	Dual Tone Multi-frequency

英文缩写	中文名称	英文全称
DWDM	密集型光波复用	Dense Wavelength Division Multiplexing
EB	紧急制动	Emergency Braking
EU	电子单元	Electronic Unit
FAO	全自动运行	Fully Automatic Operation
FAS	火灾自动报警系统	Fire Alarm System
FDM	频分复用	Frequency Division Multiple
FDMA	频分多址	Frequency Division Multiple Access
FM	调频	Frequency Modulation
FSK	频移键控	Frequency-shift Keying
GPS	全球定位系统	Global Positioning System
GPRS	通用分组无线业务	General Packet Radio Service
GSM	全球移动通信	Global System for Mobile Communications
HMI	人机交互	Human Machine Interfaction
IBP	综合后备盘	Integrated Backup Panel
ID	身份识别	Identity Document
IP	互联网协议	Internet Protocol
IRC	因特网中继聊天	Internet Relay Chat
ISCS	综合监控系统	Integrated Supervisory and Control System
ISDN	综合业务数字网	Integrated Services Digital Network
LAN	局域网	Local Area Network
LCD	液晶显示器	Liquid Crystal Display
LED	发光二极管	Light Emitting Diode
LEU	轨旁电子单元	Lineside Electronic Unit
LOW	现场操作工作站	Local Operation Workstation
LTE	长期演进	Long Term Evolution
MA	移动授权	Movement Authority
MMI	人机交互	Man Machine Interface
MGCP	媒体网关控制协议	Media Gateway Control Protocol
NRM	非限制人工驾驶	Non-restricted Mode
OCC	运营控制中心	Operation Control Center
OFDM	正交多址复用	Orthogonal Frequency Division Multiplexing
OTN	光传送网络	Optical Transport Network
PA	广播	Public Address
PABX	用户自动交换机	Private Automatic Branch Exchange

英文缩写	中文名称	英文全称
PB	停车制动	Parking Brake
PC	个人计算机	Personal Computer
PCM	脉码调制	Pulse Code Modulation
PIDS	乘客信息显示系统	Passenger Information Display System
PIS	乘客信息系统	Passenger Information System
PLC	可编程逻辑控制器	Programmable Logic Controller
PM	调相	Phase Modulation
PSD	站台门	Platform Screen Door
PSK	相移键控	Phase-shift Keying
PTI	列车识别系统	Positive Train Identification
PTT	按讲通话	Push to Talk
RM	限制人工驾驶模式	Restrict Mode
SDH	同步数字系列	Synchronous Digital Hierarchy
SDMA	空分多址	Space Division Multiple Access
SIP	会话初始协议	Session Initiation Protocol
SMC	系统管理中心	System Management Center
STC	车站控制器	Station Controller
STP	屏蔽双绞线	Shielded Twisted Pair
TACS	基于车车通信的列车自主运行系统	Train Autonomous Circumambulate System
TETRA	陆地集群无线电	Terrestrial Trunked Radio
TCC	指挥中心	Traffic Control Center
TDMA	时分多址	Time Division Multiple Access
TD-SCDMA	时分复用码分多址	Time Division-Synchronous Code Division Multiple Access
TOD	列车显示屏	Train Operator Display
TMO	集群模式	Trunked Mode Operation
USB	通用串行总线	Universal Serial Bus
UTP	非屏蔽双绞线	Unshielded Twisted Pair
VCC	车辆运营控制中心	Vehicle Control Center
VOBC	车载控制器	Vehicle On-Board Controller
WDM	光波分复用	Wavelength Division Multiplexing
WLAN	无线局域网	Wireless Local Area Network
ZC	区域控制器	Zone Controller

参 考 文 献

[1] 吴汶麒. 城市轨道交通信号与通信系统[M]. 北京:中国铁道出版社,1998.

[2] 何宗华,汪松滋,何其光. 城市轨道交通通信信号系统运行与维修[M]. 北京:中国建筑工业出版社,2007.

[3] 贾毓杰. 城市轨道交通通信与信号[M]. 北京:机械工业出版社,2011.

[4] 樊昌信,曹丽娜. 通信原理[M]. 7版. 北京:国防工业出版社,2017.

[5] 刘金虎. 铁路专用通信[M]. 北京:中国铁道出版社,2005.

[6] 李建国. 城市轨道交通系统概论[M]. 3版. 北京:中国铁道出版社,2019.

[7] 上海申通地铁集团有限公司轨道交通培训中心. 城市轨道交通信号技术[M]. 北京:中国铁道出版社,2012.

[8] 李伟章,杨海江. 城市轨道交通通信[M]. 2版. 北京:中国铁道出版社,2013.

[9] 李丽兰. 信号联锁设备维护[M]. 北京:化学工业出版社,2014.

[10] 付兵,廖理明. 城市轨道交通 CBTC 信号系统[M]. 成都:西南交通大学出版社,2016.

[11] 张建平. 城市轨道交通列车运行自动控制系统[M]. 成都:西南交通大学出版社,2017.

[12] 杨屏. 城市轨道交通通信技术[M]. 北京:机械工业出版社,2017.

[13] 徐文燕,孙颖,曹冰. 城市轨道交通专用通信设备维护[M]. 成都:西南交通大学出版社,2017.

[14] 郜春海. 基于通信的列车运行控制(CBTC)系统[M]. 北京:中国铁道出版社,2018.

[15] 林瑜筠. 城市轨道交通信号基础设备[M]. 北京:中国铁道出版社,2020.